भारतीय संस्कृति के क्षितिज

डॉ॰ शारदा रानी
डॉ॰ सुदर्शना देवी सिंघल

संपादिका
शशिबाला

अक्षय प्रकाशन
दिल्ली

प्रथम संस्करण 2021

ISBN 13: 978-81-88643-85-1

प्रकाशक
अक्षय प्रकाशन
208 एम.जी. हाउस, 2 कम्युनिटी सेन्टर
वजीरपुर इंडस्ट्रियल एरिया
दिल्ली–110052
e-mail: harish@akshayaprakashan.com
www.akshayaprakashan.com
Tel.: 011-47049292, 47021664

भारत में मुद्रित।

विषय सूची

भूमिका

डॉ॰ शारदा रानी जी अपने लेख ''भारतीय संस्कृति के पथिक आचार्य रघुवीर'' में उनकी पुत्रवधू के रूप में उनका भारत-भारती के एक तेजस्वी तपस्वी, अनन्य उपासक के रूप में परिचय करवाती हैं। उनके लिए भारतीय संस्कृति से अनुप्राणित एशिया के देशों की यात्राओं की कठिनाइयाँ कष्टदायक न हो कर चिर-सँजोये स्वप्नों का साक्षात्कार थीं। मोंगोल विहारों में स्थापित भव्य मूर्तियों एवं संस्कृत ग्रन्थों ने उन्हें भव्य भारत के दर्शन करवाए। मोंगोल जनता का उनके दर्शनार्थ उमड़ना उनकी भारत-भक्ति का परिचय करवाता है। लेख के अंत में लेखिका एक कर्मयोगी राष्ट्र-निष्ठ के निर्वाण की वेदना एवं उनके द्वारा प्रदत्त संस्कारों के प्रति संकल्प की कामना प्रकट करती हैं।

''भारत का विराट् स्वरूप'' लेख उन भारतीय आचार्यों की गाथा है जिन्होंने सूदूर उत्तर में सीबीरिया और मोंगोलिया से दक्षिण-पूर्व में इंडोनीसिया तक सभी देशों को भारतीय संस्कृति से प्राणवन्त कर दिया। डॉ॰ शारदा रानी इन बिखरी पड़ी अनंत ज्ञान-मणियों की याचिका भिक्षुणी के रूप में विभिन्न देशों की भारत-भावित संस्कृति से परिचय करवाती हैं। पुनश्च ''भारत की कहानी'' में वे पाठक को अफगास्तिान के बामियान् स्थित गुहा-मन्दिर, कैस्पियन सागर से प्राप्त पद्मपुराण, शिबिर देश के जन-जन के हृदयों में व्याप्त धर्म-निष्ठा के विषय में लिखती हैं। मोंगोल देश से प्राप्त मेघदूत, विक्रमादित्य एवं राजा भोज की कथाएं, पूर्णिमा एवं अमावस्या पर किया जाने वाला अखंड पाठ, अनेक देशों में बिखरी पड़ीं भारतीय आचार्यों की स्मृतियाँ, शाकाहारी भोजन के प्रति श्रद्धा, आदि के विवरण अपनी यात्रा वृत्तांतों के आधार पर करती हुईं चीन, जापान, कोरिया एवं दक्षिण-पूर्वी एशिया के देशों का विवरण प्रस्तुत करती हैं। चीनी भिक्षु-विद्वानों की पुण्य-भूमि भारत की यात्राएं, उनके द्वारा संस्कृत के मंत्र तूलिका द्वारा लिखा जाना, कोरिया में स्थापित बौद्ध विहार, जापान में सूर्य, चन्द्र, ब्रह्मा, विष्णु, शिव, गणपति आदि की पूजा, लाओस, थाइलैंड आदि की भाषाओं में संस्कृत के शब्द, भारतीय लिपियों के आधार पर निर्मित उनकी लिपियाँ आदि उन्हें अनायास ही आकर्षित करती रहीं। इण्डोनीसिया यात्रा में वे रामायण, महाभारत, भारतीय छंद, अलंकार, कोश आदि का अन्वेषण करती हुई भारत-भूमि लौटीं।

''लल्ला वाक्यानि'' लेख कश्मीर की एक सुप्रतिष्ठित परिवार में जन्मी, शैव योगिनी का जीवन-दर्शन बड़े मनोयोग पूर्ण शैली में प्रस्तुत किया गया है। उनकी रचनाएं युगांतकारी थीं। कश्मीर में

व्याप्त शैव दर्शन की गहनता एवं गांभीर्य को लल्ला अपनी मधुर एवं सुबोध वाणी में जन-जन तक पहुंचाती हैं। अपने अंतःकरण की अनुभूति के आधार पर परमशिव की प्राप्ति, ज्ञानदीप के माध्यम से स्थूलशरीर के तम से मुक्ति, अंतर्मुखी हो परम धाम की प्राप्ति, ईश्वरीय शक्ति के अस्तित्व की अनुभूति एवं अलौकिक ज्ञान की प्राप्ति का मार्ग दिखाती हैं।

डॉ॰ शारदा रानी ने "चैक देश में भारतविद्या" लेख चैक देश की यात्रा से लौटने पर लिखा था। वहां वे लोगों के हृदयों में भारतीय भाषाओं एवं संस्कृत के प्रति प्रेम से अभिभूत हो गईं थीं। प्रस्तुत लेख में चैक देश में कालिदास के काव्य ऋतुसंहार की लोकप्रियता, भारतीय कथा साहित्य में रुचि, विद्वानों एवं विद्यार्थियों द्वारा धाराप्रवाह हिन्दी बोलने के विवरण प्रस्तुत करती हैं। इस अवसर पर वे चैक देश में रहने वाले रोमा अर्थात् जिप्सी लोगों के मध्य भी गईं। उनके संगीत, नृत्य एवं रोमणी भाषा का हिन्दी भाषा से साम्य उनके भारतमय जीवन से परिचय करवाता है।

"छिनगिस् खान के देश में आचार्य रघुवीर" एवं "मोंगोल देश की यात्रा के संस्मरण" सुदूर उत्तर में मोंगोल की धरती, उनके हिमांचलों एवं मरुभूमियों के इतिहास, उनके विजय प्रयाण एवं धर्माचरण भारतीयों के हृदयों को स्पर्श कर जाता है। वे भारत के शताब्दियों से सखा रहे हैं। आचार्य रघुवीर पुनः इन सांस्कृतिक सम्बन्धों की स्थापना हेतु शून्य से 50 अंश नीचे के तापमान में उस धरती पर पहुंच गए जहां संस्कृत मन्त्रों से सतत पूजा होती है, मन्दिरों में लोग साष्टांग प्रणाम करते हैं, राजा भोज और कृष्ण की कथाएं सुनते हैं। मोंगोलिया की यात्रा से लौटने पर शीघ्र ही आचार्य रघुवीर ने उनकी भाषा एवं साहित्य का अध्ययन, मोंगोल संस्कृत कोश का निर्माण, उनके ग्रन्थों का प्रकाशन, मोंगोल विद्यार्थियों को हिन्दी एवं संस्कृत के अध्ययन हेतु सरस्वती विहार में निमन्त्रण एवं मोंगोल विद्वानों को सहयोग देना आदि कार्य प्रारम्भ कर दिया। मोंगोलिया की यात्रा के समय वहां स्थित महाकाल मन्दिर के उन्होंने हिन्दी भाषा के लिए 20 लाख शब्दों के निर्माण का संकल्प लिया था। डॉ॰ शारदा रानी अपने लेखों के माध्यम से अपनी एवं आचार्य जी की यात्राओं के आश्चर्य-चकित कर देने वाले वृत्तान्त प्रस्तुत करती हैं।

"मोंगोल देश की झांकी" मोंगोलिया की धरती, उनके इतिहास, वहां के जनजीवन, जाति की शूरवीरता, उनकी राष्ट्र-लिपि, एवं संस्कृत ग्रन्थों के मोंगोल में अनुवाद आदि विषयों का प्रतिपादन करता है। दर्शन, व्याकरण, ज्योतिष, आयुर्वेद, तन्त्र, इतिहास इत्यादि विभिन्न विषयों पर लिखे गये संस्कृत के ग्रन्थ शताब्दियों से भारत और मोंगोल देश के सखत्व के आधार हैं। वहां के भव्य विहारों में पूजा एवं उत्सव, राष्ट्रीय एवं क्रान्ति दिवस समारोह, खीर और बताशे बनाना, विहारों एवं

विश्वविद्यालयों के विवरण कर अन्त में उनकी राजधानी का जनजीवन एवं मोंगोल एवं हिन्दी भाषा की वाक्य रचना में समानता वर्णित है।

''सूर्योदय का देश-जापान'' जापानी जीवन शैली, उनका प्रकृति के प्रति प्रेम, हर्ष और दुःख, आमोद-प्रमोद, अतिथि सत्कार में नैपुण्य, चाय परोसने की विलक्षण शैली आदि ने डॉ॰ शारदा रानी को अभिभूत कर दिया था। बौद्ध धर्म का राज-प्रासाद में प्रवेश, होर्यूजी जैसे विश्व-विख्यात मन्दिरों का निर्माण, जापानी राजकुमार शोतोकु ताइशी की धर्म-निष्ठा, आचार्य कोबोदाइशि द्वारा मन्त्रयान की स्थापना, आदि का विवरण प्रस्तुत कर लेखिका कोयासान नामक धर्म-नगरी ले जाती हैं जहां 1100 वर्षों से अखण्ड ज्योति जल रही है। जापान में त्रिपिटक का अध्ययन आज तक हो रहा है। वे अपनी ही भाषा में हर प्रकार के वैज्ञानिक अध्ययन कर द्रुत गति से आगे बढ़ रहे हैं।

भारत और तिब्बत के घनिष्ठ सांस्कृतिक सम्बन्धों की चर्चा ''तिब्बत और भारत के सांस्कृतिक सम्बन्ध'' एवं ''तिब्बत की संस्कृति और संस्कार'' में की गयी है। डॉ॰ शारदा रानी सातवीं शताब्दी में हुए सम्राट् स्रोङ्त्साङ्गाम्पो द्वारा धर्म के आधार पर एक विराट् साम्राज्य की स्थापना का वर्णन करती हैं। उनका प्रश्रय प्राप्त कर थोन्मि सम्भोट नामक विद्वान् ने भोट लिपि की रचना की, संस्कृत ग्रन्थों के आधार पर बौद्ध धर्म को एक सुदृढ़ नींव पर स्थापित किया। भारत से आचार्य आमन्त्रित किये जाने लगे। विहारों में लामा शक्तिसम्पन्न हो गये। अनेक सम्प्रदायों की स्थापना हुई, पाञ्छेन एवं दलाई लामाओं ने सतत धर्मनिष्ठ राष्ट्र-निर्माण में शताब्दियों तक सहयोग किया। भव्य विहार तिब्बत की पहचान बन गये। ड्रेपुङ्, सेरा, टाशिल्हुम्पो आदि विहारों के वर्णन करने के उपरान्त उनकी कला, पूजा परम्पराओं एवं साहित्य का विशद विवरण है। उनके धार्मिक उत्सव एवं मेले, विवाहों के आयोजन एवं मृत्यु संस्कार सामान्य जीवन का परिचय देते हैं। आचार्य पद्मसम्भव एवं शान्तरक्षित उनके लिए पूज्य हैं। तिब्बत में संस्कृत-भोट कोश एक अमर कृति है।

डॉ॰ शारदा रानी का बाली द्वीप से विशेष स्नेह था। ''बाली द्वीप'' लेख में वे अपनी लेखनी के माध्यम से उनके जीवन के विभिन्न पक्षों से साक्षात् करवाती हैं। पुष्पों से आच्छादित, पृथ्वी पर स्वर्ग समान इस द्वीप का जन-जीवन कलात्मकता से ओत प्रोत है। स्थान–स्थान पर मन्दिर एवं मूर्त्तियां, मन्दिरों के चारों ओर बसे गांव, संस्कृतानुप्राणित धार्मिक पुस्तकें, ताडपत्र, ताम्र एवं चांदी पर उकेरी कलाकृतियां मन्त्रमुग्ध कर देती हैं। प्रस्तुत लेख में बाली-निवासियों की सौन्दर्याभिव्यक्ति का उच्च स्तर, कठपुतली निर्माण में कलाकौशल, संगीत का माधुर्य एवं श्रेष्ठ नृत्य-नैपुण्य हर मानव मन

को प्रभावित करते हैं। बाली में स्त्रियों का सम्मान एवं परिवार की व्यवस्था भी उत्कृष्ट कोटि की हैं। "Kechak dance" एवं "Kunti yadnya" बाली की भिन्न-भिन्न नृत्य शैलियों से अवगत करवाते हैं। Kechak dance में राम के वन-गमन से लेकर रावण-वध के उपरान्त उनके अयोध्या आगमन की कथा का पांच भागों में प्रदर्शन है। "Kunti yadnya" की कथा का आधार भारतयुद्ध नामक ग्रन्थ है। इसमें पाण्डवों का दानवराज धर्मवंश से युद्ध का विवरण है।

योगीराज श्री कृष्ण का चरित्र कहीं दुर्गम समुद्र को तो कहीं हिमाच्छादित दुरूह पर्वतों को पार कर सुदूर देशों में पहुंचा। "एशिया में कृष्ण चरित" इसी का वर्णन प्रस्तुत करता है। इण्डोनीसिया के विद्वानों ने संस्कृत महाभारत के आधार पर पर्व एवं भगवद्गीता लिखी, कृष्ण कथा को मन्दिरों की भित्तियों पर उत्कीर्ण किया, वहां के राष्ट्रपति तक उससे शक्ति अर्जित करते रहे।

आचार्य रघुवीर के स्वर्गारोहरण के उपरान्त भारतीय जनसंघ के महिला अधिवेशन में अपने अध्यक्षीय भाषण के माध्यम से भारत के विराट् सांस्कृतिक साम्राज्य एवं उसकी पुनः स्थापना में आचार्य रघुवीर के योगदान से परिचय करवाते हुए डॉ॰ शारदा रानी ने महिलाओं के हृदयों को आन्दोलित कर दिया। वे जहां कहीं भी इस प्रकार के सम्मेलनों में जातीं जन-जन के हृदय को बृहद् भारत के विषय से झंकृत कर देतीं।

प्रो॰ डॉ॰ सुदर्शना देवी सिंहल के लेख एक परम विदुषी के द्वारा लिखी गयी अनुसंधानात्मक कृतियां हैं। अप्रैल 1957 में उनकी मोंगोल यात्रा के संस्मरण "भारत और मोंगोल देश के सांस्कृतिक सम्बन्ध" लेख के माध्यम से मंगोलिया के विहारों के दर्शन करवा देते हैं। उनका राष्ट्रीयता पुस्तकालय, बौद्ध साहित्य के विभिन्न संस्करण, भारतीय आचार्यों की जीवनियां एवं इतिहास, विहारों के विभिन्न भवनों से स्थापित विलक्षण मूर्त्तियां एवं भित्तिचित्र, पूजा करते मोंगोल लोग घृत के जलते दीपक, मुद्रणालय एवं पुस्तकालय, दीक्षा-मंच, गंगा जल के प्रति श्रद्धा, पाणिनि के आधार पर बने मोंगोल व्याकरण इत्यादि सभी कुछ भारतीयता से ओत-प्रोत है।

इण्डोनीसिया के दार्शनिक ग्रन्थ, उनका साहित्य एवं कलाएं, डॉ॰ सुदर्शना देवी सिंहल के जीवन में अनुसन्धान के विशेष क्षेत्र रहे। इस पुस्तक में उनके द्वारा ग्यारह लेख विभिन्न विषयों पर लिखे गये हैं। भारत और इण्डोनीसिया के सांस्कृतिक सौख्य के इतिहास के लिखित प्रमाणों का वर्णन वे पांचवीं शताब्दी से प्रारम्भ कर देती हैं। जावा में संस्कृत भाषा सीखने के लिए लिखे गये ग्रन्थों में छन्दःकरण एवं वृत्तसंचय आदि का विशेष स्थान है। उन्होंने बड़ी संख्या में स्तोत्र लिखे। रामायण,

महाभारत, पुराण आदि उनके सांस्कृतिक जीवन के अभिन्न अंग हैं। वृहस्पतितत्त्व, गणपतितत्त्व, सं ह्यं तत्त्वज्ञान एवं सं ह्यं महाज्ञान आदि शैव दार्शनिक ग्रन्थों का डॉ॰ सुदर्शना देवी ने सम्पादन किया था। अतः उनके लेखों में उन में उपलब्ध शैव दर्शन की विशद विवेचना की गयी है। उन्होंने सं ह्यं कमहायानिकन् नामक बौद्ध ग्रन्थ की शैव दार्शनिक ग्रन्थों से तुलनात्मक अध्ययन भी प्रस्तुत किया है। षडंगयोग की चर्चा करते-करते वे तिब्बत से प्राप्त योग के ग्रन्थों एवं कश्मीर शैव दर्शन से तुलना प्रस्तुत करती हैं। तिब्बती और चीनी विद्वान् अध्ययन हेतु इण्डोनीसिया जाया करते थे।

''इण्डोनीसिया के छाया नाटक वायाङ्'' लेख के अनुसार यह केवल एक मनोरंजन का साधन मात्र नहीं है। अपितु इसके माध्यम से लोगों को नैतिक शिक्षा भी प्राप्त होती है। वायाङ् के विभिन्न प्रकार हैं ये जीवन की विभिन्न अवस्थाओं का चित्रण करता है। इनका प्रस्तुतीकरण देवालयों से प्रारम्भ होकर जन-जन तक पहुंच गया। इसके उद्भव के विषय में विद्वानों में मतैक्य नहीं है। लेखिका इस की विधि एवं उसमें प्रयुक्त कथाओं का वर्णन करती हैं। वायाङ् में राजा वृकोदर एवं पांडवों की कथा का विशेष स्थान है। अतः अगले दो लेखों का विषय ''राजा वृकोदर की कथा'' एवं ''पंच पाण्डव एवं कृष्ण'' हैं। एक ओर राजा कृष्ण की द्वारवती एवं पाण्डवों की हस्तिनापुर स्थित राजसभाओं का प्रदर्शन होता है तो दूसरी ओर भगवान् व्यास के आश्रम का। अर्जुन और अभिमन्यु का साहस एवं वीरता, घटोत्कच का आकाश मार्ग से आगमन एवं युद्ध के दृश्य लोगों का आनन्दित कर देते हैं।

पांडव वायाङ् के मुख्य पात्र होते हैं। उनकी सत्य–निष्ठा, गाम्भीर्य एवं सौष्ठव को शूरता एवं वीरता के साथ प्रस्तुत किया जाता है। ''चर्मपुत्तलिकाओं का निर्माण'' लेख में पुत्तलिकाएं बनाने की विधि का विषद विवरण है। इनके निर्माण में परम्परागत शैली का पालन किया जाता है। इनमें प्रयुक्त रंगों का भी विशेष महत्त्व है। इनके माध्यम से विशेष चरित्र एवं भावों की अभिव्यक्ति होती है।

''इण्डोनीसिया के साहित्य में प्रणव'' मुख्य रूप से इण्डोनीसिया से प्राप्त शैव ग्रंथों–वृहस्पतितत्त्व, गणपतितत्त्व, सं ह्यं महाज्ञान एवं सं ह्यं तत्त्वज्ञान का शिवमहापुराण, वेदपरिक्रम आदि ग्रन्थों में वर्णित शैव दर्शन के विभिन्न पक्षों का विशद तुलनात्मक अध्ययन प्रस्तुत करता है। जैसे भुवनोत्पत्ति, ओं, पंचाक्षर, त्र्यक्षर, सप्तोंकार, प्रणव के भेद आदि।

प्रज्ञापारमिता सम्पूर्ण बौद्ध जगत् का एक महत्त्वपूर्ण दर्शन रहा है। ''प्रज्ञापारमिता का साहित्य'' में इस पर लिखे गये ग्रन्थों तथा उनके इतिहास का विशद विवरण प्रस्तुत किया गया है। इसके उद्भव के विषय में विभिन्न मत दिये गये हैं। प्रथम शताब्दी तक यह अपने विशालतम रूप को प्राप्त कर चुकी थी। विश्व के अनेक देशों से इसके ग्रन्थ प्राप्त हुए हैं। इस पर आचार्यों ने अनेक टीकाएं

भी समय-समय पर लिखीं। यह कलामय रूप में भी श्रद्धालुओं की भक्ति एवं ज्ञानमीमांसा का निरन्तर संवर्धन करती रही। इन ग्रन्थों में मुद्राओं, मन्त्रों, मण्डल एवं पूजा का भी सविस्तर विवरण है।

वायाङ् पर डॉ॰ सुदर्शना देवी सिंहल का लिखा हुए एक लेख अंग्रेजी में भी है- "Symbolism of Wayang Purva"। इस अभिनय के विभिन्न भाग ब्रह्माण्ड एवं जीवन की भिन्न-भिन्न अवस्थाओं के प्रतीक हैं। इसमें प्रयुक्त प्रत्येक वस्तु का प्रतीकात्मक महत्त्व है। प्रत्येक पात्र द्वारा धारण किये वस्त्र, उनके रंग, आभूषण आदि सभी कुछ उनके चरित्रों की विशेषताओं की द्योतक हैं।

शैव दर्शन पर लिखे लेखों में "Śaivism in Indonesia" दार्शनिक तत्त्वों का गहन चिन्तन है। जैसे—भुवनोत्पत्ति, चेतन-अचेतन, प्रमाण, शुभाशुभ कर्म, आत्मा की स्थितियां, षडंग और अष्टांगयोग एवं त्रिगुण।

शैव दर्शन में प्रणव का सदैव विशेष स्थान रहा है। ''Praṇava in the Śaiva Philosophy of Indonesia'' प्रणव के शैव पदाण्डों द्वारा प्रयोग से प्रारम्भ होता है। डॉ॰ सुदर्शना देवी ने इण्डोनीसिया से इस विषय पर अनेक ग्रन्थ खोजे और उन पर अनुसंधान किया। उसी की विवेचना वे प्रस्तुत लेख के माध्यम से प्रस्तुत की गयी है। इनमें ओं अथवा प्रणव को सर्वोच्च सत्य माना गया है। लेख में त्र्यक्षर एवं सप्तोंकार का शैव ग्रन्थों के आधार पर वर्णन है।

चेतन तत्त्व को इण्डोनीसिया के शैव दर्शन में विशेष स्थान दिया गया है। ''The Concept of Cetana in Indonesian Śaivism'' चेतन एवं अचेतन तत्त्वों का विभिन्न शैव ग्रन्थों से प्राप्त विवरणों का तुलनात्मक अध्ययन प्रस्तुत करता है। इसमें पुरुष, प्रकृति क्रियाशक्ति, इच्छाशक्ति, सर्वज्ञ, सर्वकार्यकर्त्ता, व्यक्त, अव्यक्त, सदाशिवतत्त्व, परमशिवतत्त्व आदि पर गहन चिन्तन प्रस्तुत है।

रूद्र अग्नि के देवता हैं वे सृजन शक्ति के प्रतीक हैं। उनकी इण्डोनीसिया के शैव दर्शन के ग्रन्थों के आधार पर विवेचना ''Rudra and Kālāgnirudra In Indonesia'' में की गयी है। रुद्र के विभिन्न स्वरूपों के वर्णन के उपरान्त कालाग्नि रुद्र की चर्चा है। वे सम्पूर्ण जगत् का आधार हैं। वे व्यक्त एवं अव्यक्त दोनों स्वरूपों में विद्यमान हैं।

"Women in Buddhism" लेख में बौद्ध धर्म में महिलाओं का सम्मानीय स्थान बौद्ध ग्रन्थों में आये कथानकों के आधार पर प्रस्तुत है। बुद्ध भगवान् सदैव महिलाओं के प्रति विशेष सम्मान एवं दया दोनों का भाव रखते थे; उनकी समस्याओं को सदैव ध्यान से सुनते थे। समाज के विभिन्न वर्गों से भिक्षुणियां संघ में आती थीं। उनमें से कुछ भिक्षुणियां प्रमुख प्रचारिकाएं बनीं। बौद्ध ग्रन्थों के अनुसार

वे बोधि प्राप्त करने में पूर्णरूपेण सक्षम हैं। बौद्ध देवतावलियों में अनेक देवियां भी हैं जिनकी सदैव पूजा होती रही है।

आचार्य रघुवीर की सुपुत्री डॉ॰ सुदर्शना देवी सिंघल एवं उनकी पुत्रवधू डॉ॰ शारदा रानी मेरे जीवन की मातृस्वरूपा, स्नेह-निष्यन्दिनी ऐसी आदर्श भारतीय नारियां थीं जिन्होंने गृहस्थ एवं विद्वज्जीवन में सन्तुलन एवं तारतम्य की शिक्षा दी। उन दोनों के द्वारा दिये विद्या के प्रति अनुराग एवं दृढ़ संकल्प की रेखाएं मेरे जीवन में सदैव मानस पटल पर अंकित रहीं। डॉ॰ शारदा रानी जी के जीवन में कला-प्रियता, कण्ठ-माधुर्य, वात्सल्य एवं वैदुष्य की अद्‌भुत छटा थी।

सरस्वती विहार में ही भारतीय संस्कृति के चतुर्दिक् क्षितिज के दर्शन होते रहते थे। कभी बालिशैली में साज-सज्जा एवं नृत्य, तो कभी मोंगोल विहारों में गुंजायमान संस्कृत स्तोत्र पाठ हृदय को स्पर्श कर जाते थे। कभी बाली द्वीप से लाकर ओषधियों के पौधे प्रांगण में आरोपित किये जाते तो कभी जापानी भिक्षुओं को उनकी शैली में भोजन परोसा जाता। चाहे कार्यालय का पटल हो चाहे संस्था का प्रांगण, सभी स्थानों पर चर्चा का मात्र एक ही विषय रहता था– भारत और एशिया के देशों के बीच सेतु बन्धन करती भारत-भारती। प्रो॰ यामामोतो की धर्मपत्नी चीन की महाभित्ति पर लिखित संस्कृत के मन्त्र जापानी तूलिका से भोट पत्र पर लिखतीं, कभी तिब्बती लामा कौशेय पटों को देवी-देवताओं के चित्रों से प्राणवन्त कर देते, कभी मैं मोंगोल कंजूर की छपाई हेतु आये धातु फलकों की स्वच्छता में जुट जाती, तो कभी रोमा संगीत की स्वर लहरियां सुनती। डॉ॰ शारदा रानी एवं डॉ॰ सुदर्शना देवी से उनकी यात्राओं के वृत्तान्त सुन कर मन्त्र-मुग्ध हो जाती। कभी इण्डोनीसिया का गामेलान्।

आज दोनों को दिवंगत हुए 30-30 वर्ष से अधिक का समय हो चुका है और मैं आचार्य रघुवीर की मानस पुत्री के रूप में उन्हें श्रद्धांजलि स्वरूप यह पुस्तक सम्पादित कर रही हूँ।

शशिबाला

भारतीय संस्कृति के पथिक आचार्य रघुवीर

मां भारती की वीणा एशिया के जिन-जिन प्रदेशों में झंकृत हुई वहां-वहां भारत भारती के अनन्य उपासक पूज्य पिताजी आचार्य रघुवीर गए। कोई अज्ञात प्रेरक शक्ति उन्हें निरन्तर आनान दिया करती थी। इन प्रदेशों की शीत न उन्हें वहां जाने में बाधा पहुंचाती थी, न मन पर कोई निराशा लाती थी। मोंगोल देश की खोज करने में पिताजी की चिरकाल से बड़ी इच्छा थी। एशिया के सुदूरवर्ती प्रदेश भारतीय संस्कृति से ओतप्रोत है यह उन्हें अपने विद्यार्थी जीवन में ही ज्ञात था। अनुसन्धान और अन्वेषण की प्रतिभा का जन्मसिद्ध वरदान था। भारतीय संस्कृति का किन-किन देशों में पदार्पण हुआ है और कहां-कहां संस्कृत भाषा पहुंची है इसका पता लगाने के लिए वे कभी योरोपीय इतिहासकारों पर निर्भर नहीं रहे। उन्होंने स्वयं खोज करनी आरंभ कर दी और इस प्रकार सरस्वती विहार (International Academy of Indian Culture) नामक संस्था का जन्म हुआ। १९३५ में पिताजी (आचार्य रघुवीर) ने इसकी स्थापना लाहौर में की। दो जापानी विद्वान् अनुसंधान कार्य में सहयोग देने के लिए आमंत्रित किए गए। शोदो ताकी अपने साथ आलिकालि नामक हस्तलिखित ग्रन्थ लाए। यह मोंगोल, संस्कृत और भोट (तिब्बती) भाषा में संस्कृत की वर्णमाला थी। आलि का अर्थ स्वर और कालि का अर्थ व्यंजन, अर्थात् स्वर व्यंजन की माला। इस ग्रन्थ के द्वारा पिताजी का मोंगोल जाति के प्रति असीमित प्रेम हो गया। यह ग्रन्थ सरस्वती-विहार माला में प्रकाशित किया। १९३७ में बुर्यात देश के साङ्पो लामा को आमंत्रित किया गया। सरस्वती विहार में मोंगोल अध्ययन का सूत्रपात यहां से होता है।

विभाजन के कारण पिताजी संस्था सहित नागपुर चले गए। १९५५ में पिताजी आभ्यन्तर मोंगोल देश की यात्रा पर गए। मोंगोल देश यदि भाषा और जाति की दृष्टि से देखें तो बहुत विस्तृत है। आभ्यन्तर मोंगोल, बाह्य मोंगोल, बुर्यात मोंगोल, ये तीन प्रमुख प्रदेश हैं जहां मोंगोल जाति निवास करती है। मोंगोल बड़े पराक्रमी और शूरवीर योद्धा रहे हैं। किसी समय इनकी विजय-पताका हंगरी तक लहराई थी। पूर्व में व्लैडीवौस्टक और पश्चिम में ताजिकिस्तान तक मोंगोल साम्राज्य रहा है। पिताजी इनके वैभव युग के अवशेषों के दर्शन करने के लिए उत्सुक थे। पिताजी ने सुना था कि ये अपने साथ मूर्ति और ग्रन्थ लेकर घोड़ों पर यात्रा करते हैं। उत्सुकता रहती थी ये कौन सी मूर्तियां हैं, ये कौन से ग्रन्थ हैं। जब पिताजी मोंगोल देश की यात्रा के लिए गए तो चिर संजोये स्वप्नों का साक्षात्कार हो गया। ये मूर्तियां महाकाल, गणेश, ब्रह्मा, बोधिसत्त्व, तारा देवी

आदि की थीं। संस्कृत ग्रन्थ, मन्त्र और धारणियां थीं। ग्रन्थ छापने की कला प्राचीन समय से चली आ रही है। ये लकड़ी के पट्ट पर सारे अक्षर उलटे खोद लेते हैं। इन पट्टों पर मसी लगा कर पत्र के ऊपर छापते हैं। ग्रन्थों के प्रति पिताजी का अनुपम अनुराग था। दुर्लभ ग्रन्थों के भाचित्र लेते थे। अपने साथ कई रूपित्र लेकर चलते थे। एक रंगीन चित्रों के लिए, दूसरा काले चित्रों के लिए, तीसरा चलचित्र के लिए।

मोंगोल विहारों में पिताजी का बहुत स्वागत हुआ। जम्बुद्वीप (भारत) से आचार्य का आगमन हुआ है सुनकर बहुत जनता उनके दर्शनों के लिए आया करती थी। एक स्थान पर पिताजी ने संस्कृत का श्लोक सुनाया और सिर पर हाथ रखकर आशीर्वाद दिया। पिताजी के हाथ से आशीष पाने के लिए सब ही लालायित हो गए। दो घण्टे तक यही उपक्रम चलता रहा। भारत का शताब्दियों पुराना चिरसंचित प्रेम पिताजी के हाथों से पुनः जीवन पाने लगा। पिताजी जहां कहीं जाते वहां पर्वतों और समुद्रों की दूरी लुप्त हो जाती थी, भूत वर्तमान में परिणत हो जाता था, विदेशी भाषा निजभाषा का स्वरूप हो जाती थी। भाषा के मर्म को पहचानने की अद्भुत शक्ति पिताजी में थी। दुभाषिए द्वारा वार्तालाप करना उन्हें अच्छा नहीं लगता था। आभ्यन्तर मोंगोल देश के पश्चात् वे बाह्य मोंगोल देश गए। बाह्य मोंगोल स्वतन्त्र देश है तथा आभ्यन्तर मोंगोल चीन के अधीन और बुर्यात मोंगोल रूस के अधीन है। बाह्य मोंगोल देश में पिताजी ने जिस समय यात्रा की तब वहां वे भारत के प्रथम नागरिक थे जिन्होंने भारत और मोंगोल देश के प्राचीन सम्बन्धों से उन्हें अवगत कराया। पिताजी की यात्रा के दूसरे दिन ही भारत और मोंगोल के राजनयिक सम्बन्ध स्थापित हो गए।

पूज्य पिताजी के चले जाने से पारिवारिक दुःख तो अथाह हुआ किन्तु देश और हिन्दू समाज को महान् हानि हुई है, उसकी पूर्ति कौन करेगा। अब पूज्य पिताजी कहां से आएंगे हिन्दू जाति को गहरी नींद से जगाने के लिए, उसे अपना गौरव सुनाने के लिए, भारत की सीमा सुरक्षा के लिए, जन जन को जागृत करने के लिए। वे कर्मठ योगी तपस्वी आग सा सन्देश देकर अन्तर्धान हो गए। उनके मन की लगन, व्यास और वाल्मीकि जैसा पाण्डित्य अब कहां से प्रकट होगा। हिन्दी भाषा का पाणिनि अब कहां से आएगा। पिताजी जनता के हृदय में ऐसे समा गए थे मानों दूध और पानी। उनकी कही हुई एक एक बात हृदय को छूती थी। उनका चिन्तन अध्ययन और मनन अनन्त था। हमारा सौभाग्य था कि हम उनकी छत्रछाया एवं अनन्त प्रेम में इतने दिन रहे। कभी भी अनुभव नहीं हुआ कि पिताजी हमसे इतने बड़े हैं, उनका वात्सल्य अटूट था। बाहर से जब भी लौटे, घर के प्रत्येक व्यक्ति की कुशल मंगल पूछा करते थे। घर में कोई रोगी हो जाए

तो दिन में दस बार जाकर उसका समाचार लेते थे। घर के लोगों की तो बात ही क्या एक दिन हमारा चपरासी रोगी हो गया। पू॰ पिताजी ने पूछा कि आज बहादुर काम पर क्यों नहीं आया। उसके रोग का पता लगते ही तुरन्त वहां जा पहुंचे और चपरासी का माथा छू कर कहने लगे इसे तो ताप है। तुरन्त फोन करके डॉक्टर को बुलाया। डॉ॰ आया, चिकित्सा हुई। पिताजी स्वयं उसके लिए चाय और भोजन लेकर उसके कोष्ठ तक गए। दो दिन पश्चात् सेवक ठीक हो गया और उसके हृदय से पिताजी के लिए अनेक आशीर्वाद निकल रहे थे। यह था पिताजी का अपूर्व स्नेह। उनके लिए प्रत्येक छोटा श्रमिक, सेवक अपने आत्मीय जैसा था। अपने पराये का भेद उन्हें छू तक न गया था। भारतमाता के उत्थान और गौरव के लिए वे बड़े से बड़ा त्याग कर देते थे। यह गुण पिताजी में विद्यार्थी जीवन से था जबकि वे ५ वर्ष योरोप में रह कर पढ़े। वहाँ रहते हुए भी वहां के वैभव की चमक पिताजी को लुभा न सकी, उलटा उसके प्रति उपेक्षा और भारत मां के उत्थान की टीस मन में रात दिन कसकने लगी। एक दिन पिताजी मित्र को अपनी किशोरावस्था की बात सुना रहे थे कि जर्मन विश्वविद्यालय कई हज़ार मासिक पर उन्हें काम देता था। परन्तु उन्होंने अधिकारियों को धन्यवाद देते हुए कहा "मै निरन्तर भारत से अनुपस्थित रहने में असमर्थ हूँ। मैंने वहां कुछ इस प्रकार का काम अपने ऊपर लिया है जो मैं ही कर सकता हूँ। मुझे गंगा, यमुना, हिमालय और वहां के कण-कण से प्यार है। कोई मुझे वहां से अलग न कर सकेगा। मुझे विदेश के धन, मान गौरव किसी भी बात का मोह नहीं। मुझे तो भारत का कल्याण प्यारा है और उसी देश में मेरा स्थान है। ऐसा कहते कहते पिताजी की आंखे दमकने लगी और अगले क्षण गीली हो क्षरने लगीं। यह अपूर्व प्रेम भारत भूमि के प्रति पिताजी का था। पिताजी जो आदर्श छोड़ गए हैं उसको पूरा करना, उनके संजोये स्वप्नों को साकार करना हमारा परम कर्तव्य है।

भारत का विराट् स्वरूप

भारतीय पण्डित गण आध्यात्मिक सौख्य की प्राप्ति के लिए तन मन धन एक करके तपस्या करते थे। भारत माता का संदेश पहुंचाने में किसी भी भौगोलिक बाधा का लंघन करके सुदूर स्थित देशों तक पहुंच जाते थे। बर्बर नृशंस जातियों को शान्त सौम्य बना देते थे। रणभेरी घोष को शान्ति घोष में परिणत कर देते थे। भारत ने भले ही उन दिव्य पण्डितों को भुला दिया हो किन्तु इनके आध्यात्मिक संदेशों ने भारत को नहीं भुलाया। आज भी आप भारत से सहस्रों मील दूर शिबिर देश (साइबेरिया), मोंगोलिया, कोरिया, चीन, जापान, भोट (तिब्बत), म्यान्मार, थाई, कम्बुज, लवदेश (लाओस), द्वीपान्तर (इंडोनीसिया), श्रीलंका, इत्यादि देशों में जाएंगे तो भारत की

संस्कृति के प्रतीक आयुर्वेद, ज्योतिषशास्त्र, दर्शनशास्त्र, महाभारत, रामायण इत्यादि को किसी न किसी रूप में पाएंगे। इन देशों के भ्रमण से पता चलता है कि हमने अपने सम्पर्कों को भुला दिया है। किन्तु ये देश आज भी भारत की धरोहर को संजोये बैठे हैं।

आचार्य रघुवीर जी ने आज से ३० वर्ष पूर्व भारत के भविष्य को पढ़ लिया और इस दिशा में अनुसन्धान करना, सामग्री इकट्ठा करना प्रारम्भ कर दिया। उन्हीं की अनोखी दूरदर्शिता का फल 'सरस्वती विहार' नामक संस्था का निर्माण है। यह संस्था उन्हीं के अंचल में पोषण पाकर सुपल्लवित एंव सुपुष्पित हो रही है। यहां विभिन्न देशों का अद्‌भुत संग्रह है। किसी भी देश का अध्ययन उसके साहित्य द्वारा होता है । साहित्य से ही सारी चिन्तन परम्पराओं का पता चलता है। इसलिए आचार्य जी ने विभिन्न देशों में स्वयं भ्रमण करके, खोज करके अनेक अमूल्य रत्नों का संग्रह किया है। कुछ एक निदर्शनों से बात अधिक स्पष्ट हो जाएगी। यथा साइबेरिया से ८४ सिद्धों के विभिन्न योग मुद्राओं में रंगीन चित्र। छिंगिस खां की राजधानी खाराखोरम से संस्कृत मन्त्र लिखे स्तूप। मोंगोल का विराट् संग्रह कंजूर जिसके १०८ भाग हैं। एक एक भाग में कई कई पुस्तकें हैं जो प्राचीन काल में संस्कृत से अनुवाद की गईं थीं। सरस्वती विहार में सुरक्षित अष्टांगहृदय, तंजूर जिसमें संस्कृत से अनूदित अनुपम ग्रन्थ हैं– अमरकोष, मेघदूत, काव्यादर्श, पाणिनि की अष्टाध्यायी, इत्यादि। इसी प्रकार मंचूरिया से गायत्री मंत्र तथा मंत्र बीजों से अलंकृत विशाल धारणी-ग्रन्थ। चीन की महाभित्ति से संस्कृत का २३ पाद लम्बा शिलालेख। भोट देश का प्रमुख प्राचीन साहित्य यहां सुरक्षित है। द्वीपान्तर का साहित्य उपस्थित है। इस सामग्री के आधार पर भारत का नया इतिहास लिखा जाना चाहिए। अपने पड़ोसी देशों को समझने के लिए तथा उनसे भारत के कैसे मधुर सम्बन्ध रहे हैं इत्यादि को जानने के लिए भारतीय दृष्टिकोण से नए इतिहास का प्रकाशन होना चाहिए।

प्रत्येक भारतीय बच्चे को आरम्भ से यह जानना चाहिए कि भारत की राजनैतिक सीमाएं क्रमशः प्रत्येक शताब्दी में भले कितनी ही संकुचित होती गई हों किन्तु उसकी **बौद्धिक चिन्तन एवं आध्यत्मिक प्रेम** की सीमाएं विस्तृत हैं। भारत के विराट् रूप का पता आज भारत को नहीं। यह साहित्य एवं सामग्री जो सरस्वती विहार में पूज्य आचार्य जी ने अथक परिश्रम एवं लगन से संग्रह की है इसका प्रकाशन हुआ है। यह स्वरूप आजकल योरोपीय भौतिक उन्नति की कृष्ण यवनिका से ढ़का हुआ है। इसके वास्तविक स्वरूप के दर्शन कराने में प्रयास चाहिए। भारत मां का प्रसुप्त प्रदीप पुनः संसार को नवज्योति प्रदान करेगा।

लेखिका इस अनन्त ज्ञान समुद्र की भिक्षुणी याचिका है। इस असीम समुद्र की कहीं सीमाएं नहीं दिखाई देतीं किन्तु लघु उडुप से इसे पार करने के लिए उत्सुक हूँ। **द्वीपान्तर के साहित्य-मन्दिर** में एक दो पत्र-पुष्प लिए प्रवेश कर रही हूँ। यह दिव्य साहित्य-मन्दिर भारतीय देववाणी संस्कृत के सुमधुर मन्त्र, सुभाषित, नीति, स्मृति, शैव, सांख्य, योग, स्तोत्र, दर्शन, आयुर्वेद इत्यादि से विभूषित है, यह भारत की ही प्रतिलिपि है। भारत के तीर्थ द्वीपान्तर में वर्तमान हैं। वहां गंगा, यमुना, सरयू नदियां प्रवाहित हैं। अयोध्या तथा काशी स्थित हैं। तपस्वी गुहाओं में रहते हैं। पदाण्ड गायत्री मन्त्र से पूजाविधि आरम्भ करके मंत्रपूत तोय भक्तों पर छिड़कते हैं। पापोऽहं पापकर्माऽहं के पाठ से पूजा समाप्त होती है। यह ऐसा स्वरूप है जिससे प्रत्येक भारतीय का हृदय द्रवित होगा। (१५.५.१९५९)

भारत की कहानी

प्यारे बच्चो, आज मैं तुम्हें भारत की कहानी सुनाऊंगी। यह भारत आज का भारत नहीं है जिसकी सीमाएं अमृतसर से आरम्भ होकर आसाम तक और कश्मीर से लेकर कन्याकुमारी तक हैं। भारत की सीमाएं बहुत बहुत बड़ी थीं। वह भारत किसी एक राजा का राज्य नहीं था, वह भारत था स्नेह का, प्रेम का, ज्ञान का साम्राज्य, जहां नित्य नए ज्ञान की वर्षा होती थी। लोग सांसारिक विघ्न बाधाओं से मुक्त होकर, एक देवलोक की, एक बन्धुत्व की कल्पना करते थे। कल्पना ही नहीं उसको साकार, प्रत्यक्ष करते थे, वह भारत आज कोई नहीं जानता। अब तक जो भारत के इतिहास लिखे गए हैं उनमें उसका उल्लेख नहीं। उस भारत को यदि पुनः जीवित करना है तो वह तुम बच्चे ही कर सकते हो।

भारत वही है जो **अफ़गानिस्तान** की बामियान गुफाओं में दृष्टिगोचर हो रहा है। अफ़गानिस्तान शब्द ही भारतीयता का प्रतीक है, अवगान अर्थात् अफ़गान लोगों के रहने का स्थान। अफ़गानिस्तान और भारत को मिलाने वाले दर्रों पर भारतीय मूर्तियां चट्टानों में बनी हुई हैं। आक्रमणकारी आए और इनसे ही लड़ना आरम्भ कर दिया, इन्हें तोड़ फोड़ डाला। किसी का सिर तोड़ दिया, तो किसी का मुख, हाथ पांव इत्यादि, फिर भी ये मूर्तियां भारत के इतिहास के अमर स्तम्भ हैं। अफ़गानिस्तान की राजधानी काबुल से ४०० मिलोमीटर दूर बामियान गुफाएं हैं। इनमें ७० मीटर ऊंची भ़गवान् बुद्ध की मूर्ति चट्टान में बनी हुई है। कभी यह भाग भारत का अंग रहा था।

कैस्पियन सागर के तट पर **अस्त्राखान** में भारतीय लोग १९वीं शताब्दी तक व्यापार करते थे। यहां से पद्मपुराण नामक ग्रन्थ मिला है। मध्य एशिया से नियमित व्यापार हुआ करता था। कश्मीर के विद्वान् लद्दाख और गिल्गित से होकर सिन्क्याङ् जाते थे। भारतीय विद्वान् उत्तर में साइबेरिया तक धर्मप्रचार के लिए घूमा करते थे। साइबेरिया अंग्रेजी उच्चारण है। वहां के लोग इसे **शिबिर देश** कहते हैं। तम्बू में रहने वालों के लिए शिबिर कहना ठीक ही है। यहां सब लोग तम्बूओं में रहते थे। ये लोग बहुत धार्मिक हैं। अपने मन्दिर को बहुत सजा कर रखते हैं। यहां भारतीय संस्कृति, साहित्य और धर्म प्रचलित है। मोंगोल में यही स्थिति है।

मोंगोल देश में दुर्गा नोर (झील), वैडूर्य पर्वत और सुमेरू पर्वत स्थित हैं। जब कोई युद्ध करना पड़ता है तब गांव वालों को शंख बजा कर इकट्ठा करते हैं। यहां के मन्दिर का नाम तुषित विहार गान्दन्, भविष्यवाणी मन्दिर, और रत्नकूट मन्दिर है। मन्दिर के बाहर द्वारपाल हैं जो हाथों में शस्त्र लिए हुए हैं। बाहर फाटक पर सिंह बने हैं। अन्दर शाक्यमुनि, मैत्रेय, तारामाता की विशाल मूर्तियां हैं। पूर्णिमा और अमावस्या को अखण्ड पाठ होता है। भक्त दण्डवत् प्रणाम करते हैं और मन्दिर की परिक्रमा करते हैं। लामा लोग संस्कृत की पुस्तकें पढ़ते हैं। पाणिनि का व्याकरण मोंगोल भाषा में है। मेघदूत, विक्रमादित्य और राजा भोज की कथाएं सुनाई जाती हैं। भारत से लाए गंगाजल की एक एक बूंद उनके लिए अमृत के समान है। हाथी को पवित्र पशु मानते हैं। भारतीय फल आम को देखने और खाने की उनकी बड़ी इच्छा है। केले को कदली कहते हैं। लड़कियों के नाम आयुषी, मुकुन्दी, पद्मी, इन्द्री, प्रज्ञापारमिता, प्रज्ञाप्रभा, प्रज्ञामेधा इत्यादि हैं। लड़कों के नाम बुद्धरक्षित, धर्मसिंह, रत्नवज्र, गुरूशरण, सुमतिवागिन्द्र, नाथवज्र, सूर्यरक्षित, संघधर्म और भद्र इत्यादि हैं। मोंगोलिया के राष्ट्रपति का नाम शम्भु और वहां के राष्ट्रीय झंडे का नाम स्वयंभू है। मोंगोल भाषा के प्राचीन ग्रन्थ संस्कृत से अनुप्राणित हैं। यहां ताडपत्र पर लिखे संस्कृत के ग्रन्थ आज तक रखे हुए हैं। सोने और चांदी में मढ़ा हुआ किसी भारतीय आचार्य का शंख यहां सुरक्षित है। ये लोग कहते हैं कि भारतीय लोगों ने हमें बताशे बनाने बताए और शाकाहारी भोजन करना सिखाया। मोंगोल देश में ७५० बड़े विहार थे। और छोटे-छोटे तो बहुत ही थे। यदि प्राचीन भारत के दर्शन करने हों तो मोंगोल देश के गांव-गांव में जाइए और देखिये कैसे वे लोग भारतीय संस्कृति को सुरक्षित रखे हैं।

अब **चीन** में आइए। बहुत शताब्दी पूर्व चीन के राजा को स्वप्न में दिखाई दिया कि एक सोने का हंस उड़कर उनके महल की ओर आ रहा है। और सारे महल में अपूर्व प्रकाश फैल गया

है। प्रातः उठे और सभा में ज्योतिषियों को बुलाकर पूछताछ की। ज्योतिषियों ने कहा यह हंस किस ओर से आया है। राजा ने कहा दक्षिण की ओर से। सब ज्योतिषियों ने कहा कि भारत में कोई महान् आत्मा उदित हुई है वह संदेश लेकर यहां आई है। उसी दिन दूत बुलाए गए और श्वेत घोड़ों पर बिठाकर उन्हें भारत से साहित्य और धार्मिक सन्देश लाने के लिए भेजा गया। वर्षों तक अध्ययन क्रम चला।

फिर **श्वेन्च्वाङ्** भारत आए। यहां से अध्ययन करके चीन देश लोटे और भारतीय संस्कृति और धर्म का प्रचार किया। अनेक मन्दिर और विहार बनवाए गए। आज भी चीन के मन्दिरों में संस्कृत के मन्त्र और धारणियां लिखी हुई हैं। चीनी लोग तूलिका से लिखते थे, उन्होंने संस्कृत को भी तूलिका से सिद्धम् लिपि में लिखा। बौद्ध धर्म चीन का राजधर्म बन गया। सब देवी देवता कमलों पर चित्रित किए जाने लगे। बड़े-बड़े तलाबों में बड़े-बड़े कमल उगाए गए। आज भी चीन में जाओ तो लोग पूछेंगे कि भारत में इतने बड़े-बड़े कमल होते हैं जिन पर भगवान् बुद्ध बैठ जाते थे। **मंचूरिया** में संस्कृत के मन्त्रों का पाठ होता था। वैदिक गायत्री का पाठ भी यहां मिलता है। मरूभूमि में तुन्नाङ् में ७५० गुफाएं हैं। ये संसार में कला के लिए बहुत प्रसिद्ध हैं।

चीन से होती हुई भारतीय संस्कृति **कोरिया और जापान** पहुंची। कोरिया में भारतीय मूर्तियां हैं। जापान में कोबोदाइशी ने मन्त्रयान का बहुत प्रचार किया। कोबोदाइशि ने कोयासान में विशाल विहार और मन्दिरों की स्थापना की। भगवान् बुद्ध के साथ अन्य देवी देवता, जैसे सूर्य, चन्द्र, सरस्वती, ब्रह्मा, महेश्वर, विष्णु इत्यादि की भी मूर्तियां प्रतिष्ठित हैं। चीन के समान यहां भी सिद्धम् लिपि में संस्कृत लिखी जाती है। त्रिपिटक में भारतीय ग्रन्थों के अनुवाद हैं। इसी प्रकार वियतनाम में भारतीय अवशेष मिलते हैं।

लाओस का नाम लव अथवा लाव है। **कम्बोडिया** को कम्बुज देश कहते हैं। यहां संस्कृत और पालि आज भी पढ़ी जाती है। इनके मन्दिर भारतीय शैली के बने हुए हैं। पवित्र मन्त्रों और सूत्रों का पाठ होता रहता है। जहां तहां पीले वस्त्र पहिने भिक्षु दिखाई देते हैं। बस ड्राइवर को सारथि कहते हैं। लोगों के नाम संस्कृतमय हैं। **थाई देश** में संस्कृत और पालि का प्रचलन है।

भारतीय देवी देवताओं से मन्दिर सुसज्जित हैं। थाई लिपि भारतीय लिपि से निकली है। भारत के प्रति इन लोगों को बहुत आदर है। यहां जोगिया वस्त्रधारी भिक्षु दिखलाई देते हैं।

अब **म्यानमार** में आइए। राजधर्म बौद्ध है। लिपि ब्राह्मी से निकली है। ताड़पत्र पर लिखी जाने के कारण गोल गोल हो गई। आज भी म्यानमार में ताड़पत्र पर ग्रन्थ लिखने का प्रचलन है। इंडोनीसिया के द्वीप सुमात्रा, जावा, बोर्नियो, बाली, लोम्बोक हैं। जावा संस्कृत के यव अर्थात् जौ से निकला है। बोर्नियो का प्राचीन नाम कालिमन्थन है।

इंडोनीसिया को द्वीपान्तर कहते हैं। इंडोनीसिया में भारतीय निरन्तर आया जाया करते थे। पल्लव लिपि से यहां की लिपि निकली है। इंडोनीसिया और भारत के बीच विशाल समुद्र है, यह समुद्र दोनों देशों के सम्बन्धों के जोड़ने के लिए बाधक नहीं अपितु सहायक सिद्ध हुआ है। शताब्दियों से भारतीय संस्कृति का आगमन होता रहा। रामायण और महाभारत इनकी भाषा में संस्कृत श्लोकों के उदाहरण सहित मिलते हैं। इंडोनीसिया की पुरानी साहित्यिक भाषा कवि है। इसमें संस्कृत के काव्य, इतिहास, कोश, अलंकार, छन्द सब प्रयोग हुए हैं। जावा में बोरोबुडूर नामक बहुत प्रसिद्ध मन्दिर है जिस पर भगवान् बुद्ध के जीवन से सम्बद्ध कथाएं खुदी हुई हैं। जावा में १५वीं शताब्दी तक हिन्दू राजाओं का राज्य था।

बाली और लोम्बोक द्वीप में आज भी हिन्दुओं के चारों वर्ण और ब्राह्मण पुजारी हैं। ये गायत्री से पूजा आरम्भ करते हैं। पूजा के समय सिर पर मुकुट पहनते हैं। यज्ञोपवीत धारण करते हैं और घण्टा हाथ में घण्टा लेकर मन्त्र पढ़ते हैं। मन्त्रपूत तोय भक्तजनों पर छिड़कते हैं। प्रत्येक गांव में एक मन्दिर अवश्य होता है। इसे ग्रामीण स्वयं श्रमदान से बनाते हैं। पूर्णिमा के दिन सारी रात नृत्य संगीत का उत्सव चलता है। अर्जुन, द्रौपदी, भीम, नकुल, सहदेव, दुर्योधन आदि नाटक के प्रमुख पात्र होते हैं। जावा और बाली द्वीप में छाया-नाटक बहुत प्रचलित हैं। कठपुतलियों की छाया परदे पर डालते हैं और पीछे से गायक कथा गाता जाता है। कथा रामायण और महाभारत पर आधारित होती है। बाली का साहित्य भारतीय साहित्य है। बाली का धर्म ग्रन्थ गीता है।

भारत के दक्षिण में **श्रीलंका** के विषय में सबको पता ही है कि वह भारतीय संस्कृति से भरा है। वहां की भाषा और लिपि भारतीय भाषा और लिपि की एक बहिन है। यहां के नाम सब भारतीय हैं। वेश भारतीय है। साहित्य पालि और संस्कृतमय है। तिब्बत भारत के उत्तर में स्थित है। यहां बौद्धधर्म सातवीं शताब्दी में गया।

तिब्बत के राजा सोङ्त्साङ्गाम्पो की दो रानियां थीं। एक नेपाल के राजा अंशुवर्मा की पुत्री भृकुटी देवी थी, और दूसरी चीन के राजा की पुत्री थी। दोनों रानियां अपने साथ शाक्यमुनि और अक्षोभ्य की प्रतिमाएं ले गईं। राजा पर रानियों का बहुत प्रभाव पड़ा। वह स्वयं बौद्ध बन गया और

थोम्मि सम्भोट को १६ व्यक्तियों के साथ नालन्दा विश्वविद्यालय में भेजा। थोम्मि सम्भोट ने नालन्दा में अध्ययन किया। स्वयं स्रोङ्त्साङ्गाम्पो ने इन ग्रन्थों का अध्ययन किया। तब से तिब्बत का राजधर्म बौद्ध धर्म हो गया। मन्दिरों में भारतीय मूर्तियां, चित्र और ग्रन्थ सजाए गए। भिक्षुओं को दीक्षा दी जाने लगी। मोंगोल राजा ने दलाई लामा की उपाधि दी। दलाई मोंगोल भाषा का शब्द है। इसका अर्थ सागर अर्थात् समुद्र है। दलाई लामा का अर्थ है सद्गुणों का सागर। दलाई लामा का प्रासाद पोतल कहलाता है। ये अवलोकितेश्वर के अवतार माने जाते है। अवलोकितेश्वर के प्रासाद का नाम भी पोतल है। तिब्बत का साहित्य संस्कृत के आधार पर बना है। इसमें कालिदास का मेघदूत, पाणिनि का व्याकरण है। काव्यादर्श, सुभाषितरत्ननिधि, चाणक्य-राजनीति, अष्टांगहृदय इत्यादि संस्कृत से अनुवाद किये गये हैं। जो पुस्तकें भारतवर्ष में लुप्त हो गईं वे यहां सुरक्षित हैं। भारत के खोये हुए इतिहास को जानने के लिए तिब्बत के साहित्य को जानना चाहिए। तिब्बत की लिपि देवनागरी के समान है। यह गौरवमयी कहानी भारत के प्रत्येक बच्चे को जाननी चाहिए।

वन्दे मातरम्।

लल्ला-वाक्यानि

लल्ला शैव योगिनी थी। १४वीं शताब्दी की दार्शनिक विचारधारा का सच्चा स्वरूप लल्ला की कविताओं में स्पष्ट दृष्टिगोचर होता है। उस समय उपनिषदों के गूढ़दर्शन ने भिन्न-भिन्न आचार्यों के मतों से प्रभावित होकर भिन्न-भिन्न रूप धारण कर लिए थे। लल्ला कश्मीर में व्याप्त शैव दर्शन तथा संस्कृत परम्परा को अपनी मधुर वाणी में उपस्थित करती है। कश्मीर की जनता लल्ला को विभिन्न नामों से जानती है। लाल दीदी, माई लाल दीदी, लल्लीश्री आदि। कश्मीर का शिक्षित पंडितवर्ग उसे लल्ला योगेश्वरी नाम से स्मरण करता आया है।

लल्ला सम्बन्धी कई कथाएं तथा किंवदन्तियां कश्मीर की घाटी में आज भी सुनी जा सकती हैं। कहते हैं कि लल्ला एक प्रतिष्ठित कुल की विवाहिता स्त्री थी। उसकी सास उसके साथ क्रूरतापूर्ण व्यवहार करती थी। अपने पुत्र से नित्य कहती रहती थी कि वह विश्वासघातिनी, चरित्रहीना और पतिता है। लल्ला के पति का उस पर विश्वास था, क्योंकि वह उसे भगवान् की पूजा अर्चना में प्रवृत्त देखता था। अन्त में सास के कुत्सित व्यवहार से तंग आकर लल्ला घर से निकल पड़ी और कश्मीर की घाटी में घूमने लगी। लल्ला के पारिवारिक जीवन की यह मार्मिक चोट उसके आध्यात्मिक मार्ग की ओर जाने में सहायक हुई। वह दिन-प्रतिदिन सामान्य जीवन से

विमुख होती गई। एक प्रसिद्ध शैव साधु सद्बाउ को अपना गुरू बना लिया। गुरू के आध्यात्मिक तथा हृदयस्पर्शी उपदेशों से वह इतनी प्रभावित हुई कि तन-मन की सुधि विस्मृत कर दिगम्बरावस्था में नाचती गाती कश्मीर की घाटी में अपने इष्टदेव शंकर को ढूंढती हुई घूमने लगी।

लल्लाहं निर्गता दूरम् अन्वेष्टुं शंकरं विभुं
भ्रान्त्वा लब्धो मया स्वस्मिन् देहे देवो गृहे स्थितः।
ततः प्राणादिरोधेन प्रज्वाल्य ज्ञानदीपिकां
स्फुटं दृष्टो मया तत्र चित्स्वरूपो निरामयः।। (पृ० २२)

लल्ला कहती है वह शंकर को खोजने सभी ऊँचे नीचे स्थानों पर हो आई। पुण्यतीर्थों में भी ढूंढा। सैद्धान्तिक विधि विधान भी सम्पन्न किए, परन्तु वे सब व्यर्थ गए। कुछ उपलब्धि नहीं हुई। सहसा उसे अन्तःकरण में अनुभूति हुई। जिसे प्राप्त करने वह इतनी भटकी थी वह तो उसकी आत्मा में ही विद्यमान है। उसकी आत्मा और परम शिव एक ही हैं। शिव के दर्शन तब ही सम्भव हैं जबकि श्वास-अवरोधन से ज्ञान दीप को प्रज्वलित कर लिया जाता है। स्थूल शरीर के तम से मुक्त होकर आत्मा-परमात्मा का एकीकरण हो जाता है। जब साक्षात्कार होता है तो उसे अपने पूर्व प्रयत्नों के लिए क्षोभ होता है क्योंकि उसके सारे प्रयत्न मानुषिक थे। मानुषिक प्रयत्नों से भगवत्– प्राप्ति नहीं होती। संसार से विमुख होने से ही उस ज्ञान की प्राप्ति होती है। अलौकिक ज्ञान के द्वारा वह सर्वव्याप्त चिन्मय ब्रह्म में तादात्म्य का अनुभव करने लगी। वही समय था जब उसे तत्त्वमसि की अनुभूति हुई और वह अमृत से भरे पात्रों के पास पहुँच गई, जिन्हें कोई स्पर्श नहीं कर सकता, केवल सिद्ध योगी ही छू सकता है।

स्वात्मान्वेषणयत्नमात्रनिरता श्रान्ता ततोऽहं स्थिता
तज्ज्ञानैकमहापदेऽतिविजने प्राणादिरोधात् ततः।
लब्धानन्दसुरागृहं च तद् अनुदृष्ट्वात्र भाण्डान्यलं
पूर्णान्येव तथापि तत्र विमुखः प्राप्तो जनः शोचितः।। (पृ० ७८)

लल्ला की बनाई हुई कविताएं लल्ला-वाक्यानि नाम से प्रख्यात हैं। अर्थ है लल्ला योगेश्वरी के अर्थपूर्ण कथन। कश्मीर में लल्ला का विशिष्ट स्थान है। उसके समय पुस्तकें लिखने की और कविताओं को लिपिबद्ध करने की अधिक प्रथा न थी। इसलिए लल्ला-वाक्यानि का कोई प्रामाणिक ग्रन्थ प्राप्त नहीं होता। एक दो जीर्ण अवस्था में शारदा लिपि में मिलते हैं, परन्तु इनकी भाषा में बहुत प्रक्षिप्त अंश आ गए हैं। स्मरण किए हुए पद तथा गीत अधिक प्रामाणिक माने जाते हैं।

लल्ला की कविताएं कश्मीर के कुछेक वृद्ध पंडितों को वंशपरम्परा में कण्ठस्थ हैं। लल्ला के जीवन काल में उसको विशेष स्थान नहीं मिला परन्तु अवसान के पश्चात् उसके गीत बहुत लोकप्रिय बन गए और उसके अनुयायियों ने कंठस्थ कर लिए। स्मरण शक्ति के बल पर लल्ला की अर्थगर्भित सूक्तियाँ, उपदेशात्मक तथा रहस्यात्मक पद आज तक कश्मीर की जनता को स्मरण हैं। हिन्दू ही नहीं मुसलमान भी उसकी सूक्तियां तथा कहावतें समय-समय पर कहते सुनाई देते हैं।

लल्ला की कविताएं युगांतकारी रचना हैं। वह भक्त कवियों की विनयशीलता तथा सन्त कवियों की आत्मश्लाघा का समन्वय करती हुई रूढ़िवादी धार्मिक और सामाजिक बन्धनों से मुक्त होकर एक नवीन पथ की प्रदर्शिका बनी। लल्ला ने साधारण जीवन के रूपकों द्वारा अथवा अनुभूतिपूर्ण सरस चित्रणों के सहारे ही आत्मा-परमात्मा और संसार की समस्याओं को सुलझाया है। लल्ला में धार्मिक दृष्टिकोण प्रधान है, काव्यगत दृष्टिकोण गौण है। लल्ला की कविताओं में धर्म प्राणमय होकर अनेक चित्रों में साकार हो गया है। लल्ला ने न तो भाषा के रूप को सँवारा न पिंगल की मात्रिक वर्णिक शैली का अनुकरण किया। गेय पदों के रूप में उसने कविता की और जनता ने उसमें कण्ठ मिला दिया। जनवाणी के रूप में ये पद समाज में संचरित हो गए। लल्ला ने जो विचारधारा भारत के उत्तर में बैठे कश्मीर से प्रवाहित की उसका अनुसरण तत्कालीन कवियों ने किया। वह १५वीं १६वीं शताब्दी के सुधारक कवियों की पूर्व-पथप्रदर्शिका बन गयी थी। स्वामी रामानन्द ने अपने उपदेशों के द्वारा लल्ला की चलाई परम्परा को पूर्व में काशी और बंगाल तक पहुंचा दिया। रामानन्द के शिष्य कबीर ने अपनी सूक्तियों पदों तथा दोहों द्वारा लल्ला की ही ध्वनि को पुनर्जीवन दिया। यद्यपि हम लल्ला-वाक्यानि में कई पन्थों का मिश्रण पाते हैं, परन्तु उन सब में प्रधान शैव पन्थ ही है।

जिस प्रकार बंगाल में चैतन्य महाप्रभु शरीर की सुधबुध भुलाकर भगवान् की भक्ति में तल्लीन होकर अपने सुमधुर भावमय गीतों की रचना करते थे उसी प्रकार लल्ला योगेश्वरी उस असीम अमूर्त्त परम शिव की साधना में तन्मय हो जाया करती थी। उसकी कविताएं छन्द-अलंकार, तथा काव्य के नियमों के आधार पर नहीं बनी हैं, वे एकमात्र पुजारिन के प्रेममय उद्‌गार हैं जो कविता के रूप में फूट पड़े हैं। लल्ला ने बाह्य संसार की स्थिति हृदय के अन्दर मानी है। वह कहती हैं हृदय में ज्ञान का आलोक होने से ही आत्मा उनका उपभोग कर सकती है। सांसारिक वस्तुओं का आनन्द क्षणिक होता है और उनका स्थायी।

कुछ पदों में लल्ला **साधना** की सभी प्रक्रिया बताती है। योग के द्वारा पिण्ड और ब्रह्माण्ड की एकता लक्षित करती हुई कवयित्री सारा यौगिक दर्शन उपस्थित करती है। जो योगी प्राणायाम द्वारा श्वास-निरोधन करता है और स्थिर चित्त करके शंकर में ध्यान केन्द्रित कर लेता है उसे न क्षुधा सताती है न पिपासा। वह जन्म-मरण के बन्धन से मुक्त होकर अमर पद प्राप्त करता है। उसका जीवन सफल हो जाता है।

लल्ला **शरीर में चक्रों और कमल** की स्थिति मानती है। उनमें दैवी शक्ति निहित है। योग द्वारा यह शक्ति जगाई जाती है। और साधक उसका लाभ उठाता है। मस्तिष्क में सहस्रदल कमल स्थित है। भृकुटी में आज्ञा चक्र अथवा परमहंस का वास है। कण्ठ में जीव तथा अविद्या का वास है। हृदय में अनाहत चक्र है। इसी प्रकार मणिपूर चक्र, स्वाधिष्ठान चक्र, मूलाधार चक्र शरीर के विभिन्न भागों में स्थित हैं। साधक प्राणायाम आदि यौगिक क्रियाओं द्वारा मूलाधार चक्र में स्थित सर्पिणी अथवा कुण्डलिनी को जागृत करता है। वह सुषुम्ना नाडी में विचरण करती हुई सांस के अवरोधन से ऊपर उठती जाती है। कुण्डलिनी ब्रह्मरन्ध्र तक पहुँचती है। वहाँ चन्द्रमा के अमृत का पान करता हुआ साधक असीम अव्यक्त आनन्द का भोग करता है जो स्थायी है। सुषुम्ना नाडी के बाईं ओर इडा नाडी और दाहिनी ओर पिंगला है। ये दोनों ब्रह्मरन्ध्र में मिल जाती हैं। जहां इडा द्वारा चन्द्रमा से अमृत बहता है इसलिए इसे चन्द्र कहते हैं, पिंगला को सूर्य और सुषुम्ना को अग्नि। चन्द्र के अमृत का पान करती हुई आत्मा जब परमहंस स्थिति में होती है, तब उसे अनाहत ध्वनि ओम् ओम् के रूप में निरन्तर सुनाई देती है।

आ ब्रह्माण्डं नाभितो येन नित्यम्
ओंकाराख्यो मन्त्र एको धृतोऽयम्।
कृत्वा चित्तं तद्विमर्शैकसारं
किं तस्यान्यैर्मन्त्रवृन्दैः विधेयम्।। (पृ० ५४)

लल्ला ने **ओम्** की महत्ता बहुत बताई है। इसकी स्थिति मस्तिष्क के मध्य में है। जहां भक्त का ध्यान केन्द्रित रहता है। यह सब क्रियाओं का केन्द्र है। वेदों में इसे प्रणव कहा है। प्राणायाम द्वारा निरोधित वायु इसी से गुंजरित होकर सारे शरीर में फैलती है। जब ब्रह्मरन्ध्र से अमृत झड़ने लगता है तब उसका पान करता हुआ योगी रज तममय सांसारिक बन्धनों से निर्मुक्त होकर सार्वभौम चैतन्य जगत् में प्रवेश पा जाता है जहां सत्यमय कल्याणकारी शिव का निवास है। यह अवस्था इन्द्रियों के नियमन से परमात्मा के निरन्तर चिन्तन से और निवृत्त योगी बनने से ही

प्राप्त होती है। चन्द्र-निःसृत अमृत का पान करता हुआ योगी जब एकचित्त हो जाता है तब नाडियों द्वारा अमृत सारे शरीर में फैल जाता है। उसे अपनी आत्मा में परमात्मा की अनुभूति होने लगती है। योगी निरंतर अजप मन्त्र का पाठ करता रहता है। अर्थात् उसके मुख से कोई ध्वनि नहीं निकलती, न मुख स्पन्दन ही होता है। वह केवल श्वास-प्रश्वास लेता दिखाई देता है।

तांत्रिक अभिधान में अजपा को **हंस** कहते हैं। हंसः के अनुस्वार को पुरूष का प्रतीक और विसर्ग को प्रकृति का प्रतीक माना है। ६० श्वास एक प्राण के बराबर, ६० प्राण एक नाडी के, और ६० नाडी एक अहोरात्र के समान हैं। श्वास-प्रश्वास तथा अजप जप करने से परम शिवपद प्राप्त होता हैं। निरन्तर अभ्यास से 'सोऽहम्' अर्थात् 'वह मैं हूँ' और 'तत्त्वमसि' 'तू वह है' का बोध होने लगता है। यही अद्वैत नाम से प्रसिद्ध है। जिस मस्तिष्क में द्वित्त्व की भावना नहीं रहती वह ब्रह्म के दर्शन प्रत्येक स्थान पर करता है। वही परमशिव पद प्राप्त सिद्ध योगी है–

कः पौष्पिकः कापि च तस्य पत्नी, पुष्पैश्च कैः देववरस्य पूजा।
कार्या, तथा किं गडुकं विधेयं, मन्त्रश्च कस्तत्र वद प्रयोज्यः।। (पृ० ५९)
इच्छामनोभ्यां ननु पौष्पिकाभ्यां, आदाय पुष्पं दृढभावनाख्यम्।
स्वानन्दपूरैः गडुकं च दत्त्वा, मौनाख्यमन्त्रेण समर्चयेशम्।।

लल्ला भगवान् से बारम्बार जन्म लेकर संसार में रहने की अपेक्षा मुक्ति पा जाने की प्रार्थना करती है। **परब्रह्म का शरीर** अमर तत्त्वों से बना है जिनमें निवास कर लल्ला की आत्मा भी पवित्र अमृत का पान करके निरन्तर उसके ध्यान में रह कर अमर हो जाना चाहती है। बाह्य पूजा विधि के पाखण्ड उसे अच्छे नहीं लगते। इसीलिए उसकी कविता बाह्योन्मुखी न होकर अन्तरोन्मुखी है। लल्ला का व्यष्टिगत चैतन्य, व्यावहारिक सत्तामूलक जगत् में अनुभूति के एकत्व सूत्र का अवलम्बन करके समष्टिगत चैतन्य का आभास पाता है। अनुभूति का यह एकत्व ज्ञान लोक, व्यष्टिगत मानसिक आवरणों की विभिन्नता तथा पृथक्ता के कारण मायागत आवरणों को भेद कर समष्टिगत चैतन्य के परम धाम में पहुँचाता है। साधक भक्तों की वासनाओं के कारण भगवान् की उपासना में

चाहे अनेकरूपता आगई हो, भिन्न-भिन्न मूत्त-अमूर्त्त साधनों की सृष्टि हुई हो, परन्तु लल्ला के लिए वे सब एकत्व में परिणत हो जाते हैं।

शिवो वा केशवो वापि जिनो वा द्रुहिणोऽपि वा।
संसाररोगेणाक्रान्तमबलं मां चिकित्सतु।

लल्ला अबला है, वह संसार के रोग से आक्रान्त है। चाहे शिव, केशव, जिन, अथवा ब्रह्मा कोई भी उसकी चिकित्सा करें उसके लिए सब एक से हैं। सबसे बड़ी वस्तु अपना अन्तःकरण है जिसको शुद्ध रखने से परमपद उपलब्ध हो सकता है।

लल्ला का अन्त रहस्यमय था। वह केवल भगवान् को ही मनुष्य मानती थी। कहती थी वह उसी मनुष्य से डरती है और किसी से नहीं। एक दिन सैयद अली हमदानी कश्मीर आए। लल्ला ने उन्हें दूर से सड़क पर आते हुए देखा। वह चिल्लाती हुई बोली 'उसने मनुष्य देख लिया' और पीछे की ओर भाग गई। एक वैश्य की दुकान में घुस गई, जिसने उसे बाहर निकाल दिया। तत्पश्चात् वह एक नानबाई की दुकान में गई। तंदूर बहुत उष्ण था। लल्ला सहसा उसमें कूद कर अन्तर्धान हो गयी। सैयद अली लल्ला को ढूंढता-ढूंढता वहां आया और नानबाई की स्त्री से पूछा कि क्या उसने एक स्त्री को वहां आते देखा है। नानबाई की स्त्री ने नकारात्मक उत्तर दिया। इतने में ही लल्ला की भव्य आकृति स्वर्गीय आभूषणों से मण्डित अद्‌भुत तेज से युक्त प्रकट हुई।

लल्ला दैहिक रूप से इस संसार से उठ गई, परन्तु उसकी आत्मा आज भी कश्मीर के ही नहीं, भारत के कण-कण में व्याप्त है। आधुनिक रहस्योन्मुख कवि तथा कवयित्रियों में हम उसकी ही ध्वनि प्रतिध्वनित होती हुई पाते हैं। वह नश्वर संसार से चली गयी, परन्तु आध्यात्मिक लोक में सदा के लिए अमर हो गयी। लल्ला योगेश्वरी का अनन्य भक्त एक योरोपीय विद्वान् उसे श्रद्धांजलि अर्पित करते हुआ कहता है– "हे सत्यमयी लल्ला! तू केवल भक्त-योगिनी ही न थी, परन्तु अपूर्व प्रेममय लोक की निवासिनी थी। तूने मुझे कविताओं द्वारा अपने प्रेमपाश में बाँध लिया है। तेरे उच्च विचारों के समीप पहुँचने में मैं असमर्थ हूँ। तेरी कविताएं दिव्य पुष्प-गुच्छ के समान हैं, जिनकी सुगन्धि हम तक नहीं पहुँचती। तू दिव्य पर्वत के उच्चतम शिखर पर विराजमान है और हम मायागत अन्धकार के गर्त में पडे. हुए हैं। तू इस संसार में रहने योग्य नहीं थी। तू आध्यात्मिक विभूति थी। तू स्वर्ग चली गई, परन्तु अपनी आत्मा का नैसर्गिक प्रभाव यहाँ छोड़ गई, जिसके कारण तू अजर-अमर हो गयी।

चेकदेश में भारतविद्या (१९५७)

भूत के गर्भ में विलुप्त इतिहास को पुनः प्रकाश में लाने के लिए भारत में अनेक प्रयास हो रहे हैं। इन में से एक **शतपिटक योजना** है। भारत की संस्कृति और अध्यात्मवाद से प्रभावित सब देशों का साहित्य एकत्र करना और उसको प्रकाशित करना इसका मुख्य उद्देश्य है। द्वीपान्तर,

कम्बोज, थाईदेश, श्रीलंका, म्यान्मार, चीन, जापान, कोरिया, तिब्बत आदि देशों का प्राचीन आध्यात्मिक साहित्य भारतीय विचारों और परम्पराओं से ओतप्रोत है। भारत के साहित्य का यदि विशाल सांगोपांग दिग्दर्शन करना हो तो, इन देशों के साहित्य पढ़ने अत्यावश्यक हैं। भारत सदैव से दाता रहा है। कभी उसने संसार को दर्शन दिया, तो कभी दिव्य गीत गाकर शान्तिमय उपदेश। आज वह अपनी गंभीर आध्यात्मिक पृष्ठभूमि के होते हुए भी वैज्ञानिक यन्त्रयुग के समक्ष ठिठक सा गया है।

भारत की शक्ति आज पाश्चात्यीकरण में लगी है। किन्तु वह अपने इतिहास, अपने दर्शन तथा अपने अध्यात्मवाद को कैसे भुला सकता है, ये तो उसके मर्मस्थल हैं। चाहे इसका गौरवमय इतिहास अन्धकार में पड़ा हो परन्तु उसकी गहनता और विशालता से कोई भी विमुख नहीं हो सकता। अज्ञानता के इस गहन परदे को खोलने के लिए आज का भारत प्रयत्नशील है। उसे अपने प्राचीन ऋषि मुनियों के सतत क्रियाशीलता के अमर गीत आज भी विस्मृत नहीं हुए हैं। उसकी आत्मा में आज भी उनकी ध्वनि गूंज रही है।

नानाश्रान्ताय श्रीरस्तीति रोहित शुश्रुम ।
पापो नृषद्वरो जन, इन्द्र इच्चरतः सखा। चरैवेति चरैवेति।
चरन् वै मधु विन्दति, चरन् स्वादुमुदुम्बरम्।
सूर्यस्य पश्य श्रेमाणं यो न तन्द्रयते चरन्।। चरैवेति चरैवेति।।

निरन्तर कर्मण्यता और क्रियाशीलता का अद्भुत पाठ पढ़ाने वाले पण्डित, पर्वतों, नदियों और दुर्गम वनों को पार कर के अपना अमर गीत सुनाने देश-देशान्तरों में गए। वे कहां-कहां गए, उन्होंने वहां क्या किया इत्यादि अज्ञात है। यह गवेषणा का विषय है। इनकी कोई राजनैतिक सत्ता नहीं थी। बौद्धिक अध्यात्मवाद के बल पर ये अपना सांस्कृतिक प्रभुत्व जमा लेते थे। भारत में इनकी अमूल्य अमर कृतियां लुप्त हो गईं या यों कहिए कि नष्ट कर दी गईं। किन्तु ये कृतियां भारत से अतिदूर देशों मे आज भी सुरक्षित हैं। भारत के अपने वैभवमय तथा गौरवपूर्ण इतिहास को जानने के लिए इनका संग्रह करना तथा प्रकाशित करना अत्यावश्यक है। तभी हम जान सकेंगे कि हमारे पूर्वज क्या क्या कर गए हैं और हमें उनकी बनाई आधारशिला पर वर्तमान भारत की विशाल अट्टालिका बनानी है। इन अमर पुण्यात्मजों की कृतियों का आनान निरन्तर प्रेरणा देता रहता था और उनकी सुषुप्त नीरव ध्वनि सुनने के हेतु हम अन्वेषण में निकल पड़े।

भारत की पुण्यभूमि छोड़े आज छः मास के लगभग हो गए। पाश्चात्य योरोप के लगभग सारे संग्रहालय देखे जिनमें भारत सम्बन्धी सामग्री एकत्रित है। **रोम** में तिब्बत की अनन्त पुस्तकें देखकर हृदय उस देश के विशाल साहित्य के प्रति प्रणत हो गया। यह साहित्य संस्कृत से अनूदित है। भारत और भोट विद्याविशारदों के सम्मिलित सहयोग से इसका अनुवाद हुआ है। इसी प्रकार जर्मनी, हॉलैण्ड, इंग्लैण्ड, फ्रांस इत्यादि के विशाल संग्रहों का दिग्दर्शन करके पूर्वी योरोप की ओर प्रस्थान किया।

आम्स्टर्डाम से विमान द्वारा **चेकोस्लोवाकिया** की राजधानी प्राहा में आए। पर्वतों के मध्य बसे इस सुन्दर ऐतिहासिक नगर को देखकर मन १८वीं शताब्दी के बने नगरों की कल्पना में डूब गया। चैकदेश में भारत की संस्कृति और साहित्य के प्रति बड़ा प्रेम है। संस्कृत, पालि, प्राकृत, हिन्दी, बंगला इत्यादि भाषाएं पढ़ाई जाती हैं। संस्कृत का अध्ययन इनके यहां दीर्घ काल से हो रहा है। **कालिदास का ऋतुसंहार** लोकप्रिय है। चैक भाषा में इसके कई संस्करण निकल चुके हैं। नाटक के रूप में कालिदास की सम्पूर्ण जीवनी पिछले मास आकाशवाणी से प्रसारित की गई थी। **रामायण** का गद्यात्मक चैक अनुवाद तीन घण्टों में बिक गया। **वेतालपंचविंशति** का संस्करण जिसे की ८००० प्रतियां छपीं थीं एक दिन में समाप्त हो गया। इस संक्षिप्त विवरण से ज्ञात हो जाता है कि चैक जनता में भारतीय साहित्य पढ़ने का कितना औत्सुक्य है।

हिन्दी यहाँ पढ़नी ही नहीं सिखाई जाती बोलनी भी सिखाई जाती है। पाचं छात्राएं हिन्दी पढ़ती हैं। डॉ॰ स्मेकाल हिन्दी के प्राध्यापक हैं। ये बड़ी सुन्दर और धाराप्रवाह हिन्दी बोलते हैं। इनके लेख भारत की पत्रिकाओं में भी छपने गए हुए हैं। इनका कहना है भारत संबन्धी प्रत्येक वस्तु में हमारी जनता को बड़ी रूचि है। पुराणों से कथाएं भी प्रकाशित की गई हैं। प्रो॰ फ्रिशर ने १९५६ में वेतालपंचविंशति का नवीन संस्करण उपस्थित किया। सावित्री की कथा महाभारत से लेकर छापी गई है। नलदमयन्ती का प्रो॰ लेसिङ् ने अनुवाद किया है। चैक में भगवद्गीता के छः संस्करण अनूदित हो चुके हैं। चैक भाषा में संस्कृत के ऋ का (जो कि हृदय, बृहद् आदि में है) सर्वथा शुद्ध उच्चारण सुरक्षित है। शुद्ध उच्चारण भारत की किसी भाषा में सुरक्षित नहीं। उत्तर भारत में ऋ में इकार सम्मिलित हो गया है और दक्षिण में उकार। व्लृतावा नदी में लृ भी अपने शुद्ध रूप से उच्चरित है, बिना किसी इकार उकार के। सामान्यरूपेण हमें यह व्लतावा सुनाई देता है।

१९वीं शताब्दी में चेक भाषा के शब्दकोश में पद्यबद्ध कविता के लिए श्लोक शब्द दिया गया और चढ़ने वाली बेल के लिए लता। चेक देश में रोमा (जिप्सी) बड़ी संख्या में रहते हैं, विशेषकर

स्लोवाक प्रदेश में। १३-१४ वीं शताब्दी में घूमते फिरते योरोपीय देशों में आ पहुँचे। हंगरी देश के रोमा बेला बजाकर गीत गाने के लिए प्रसिद्ध हैं। इनकी भाषा का हिन्दी से साम्य है। शब्दावली में क्रिया, आधारभूत वस्तुओं के नाम इत्यादि भारतीय हैं। यदि हिन्दी के प्राचीन रूप का अध्ययन करना हो तो रोमानी भाषा से तुलना करनी चाहिए। भिन्न प्रान्तों के रोमाओं की भाषा भिन्न है। प्रादेशिक प्रभाव पर्याप्त मात्रा में मिलता है। उदाहरण स्वरूप कुछ साम्य देती हूँ–

रोमा	हिन्दी	रोमा	हिन्दी
कंगडी	कंघी	सुनेल्	सुनना
अन्द्रे	अन्दर	अह्मारी	हमारी
गव	गांव	राक्लो	लड़का
दिख्यल्	देखना	राक्ली	लड़की

रोमा नृत्य और संगीत में बड़े पटु होते हैं। इनकी नृत्य ताल पंजाबी ताल से मिलती है। चैक शासन में इनके लिए एक विशेष पाठशाला खोली है। अध्यापक से पूछने पर ज्ञात हुआ कि रोमा बच्चे गणित और भाषा बड़ी शीघ्रता से सीख लेते है।

प्राहा में राज्य आतिथ्य के कारण कोई भी असुविधा नहीं हुई। वहां का अल्पकालीन निवास स्मृति-पटल पर चिरस्थायी बना रहेगा। प्राहा से विमान द्वारा मस्क्वा आए। रात्रि के लगभग १२ बजे हमारा विमान मस्क्वा के ऊपर था। मीलों दूर से इस भव्य नगरी के दर्शन करके नेत्र कृतार्थ हो गए। विद्युत्-प्रकाश से चमकती हुई यह विशाल नगरी इन्द्रपुरी के समान चमक रही थी।

छिंगिस खान के देश में आचार्य रघुवीर (१९५५)

जगत् का इतिहास योरोप के इतिहासकार की दृष्टि से बना है, योरोप का उत्कर्ष-काल इतिहास की स्वर्णिम वेला है, उसका मध्यकाल ही मानव की प्रगति का मध्ययुग है, उसपर झंझापात, ऐतिहासिक झंझापात बना। जब पिताजी इतिहास की इस झंझा पर अक्षिपात करने लगे तो क्या देखते हैं एशिया से विजय झंझा उठी और जीर्यमाण योरोप को झकझोरती हुई अपनी वैजयन्ती फहराती गई। मोंगोलिया और साइबेरिया के विशाल-विकराल हिमांचलों और मरूप्रस्थों से उद्दाम घोड़े और उनपर आरूढ प्रलयंकारी मोंगोल वीर बढ़ते ही जा रहे थे। उनका एक ही लक्ष्य

था– विजय-प्रयाण, वे लौटना जानते ही न थे। शत्रु नगरों की प्रलय लिए, शत्रु जन-जन का संहार लिए, ये अग्नि और रक्त के वीरदूत बढ़े चले जा रहे थे।

तीस वर्ष की अल्पावधि (१२११-१२४१) में ही **छिंगिस खान** और उसके उत्तराधिकारियों ने एशिया और योरोप पर अपना आधिपत्य जमा लिया ओर मोंगोल इतिहासों ने छिंगिस खान को 'चक्रवर्ती' उपाधि से विभूषित किया। सुदूर पूर्व के पीतसागर से लेकर मध्य-पूर्वी योरोप के हृदय हंगरी के अल्फ़ोल्ड तक मोंगोलों का साम्राज्य स्थापित हुआ– इतिहास का सबसे विराट् साम्राज्य। इतिहास में प्रथम बार एशिया ने योरोप की आंखें खोल डालीं और उनका अभिमान चकनाचूर कर दिया।

पिताजी इस इतिहास को देखने लगे और क्या पाते हैं– ये रक्तपिपासु आल्थाई आतंकित वेषों में पर सौम्य मुद्राओं में मन्द्र संस्कृत स्तोत्रों से ओर्खोन नदी के प्रांचलों में देवघोष से गगन गुंजित करते, घोड़ों का तुमुल गीर्वाणी स्तोत्रों के समाने नीरव हो जाता। पिताजी का अध्ययन चलता रहा, पर अंग्रेजी शासनकाल में इन प्रदेशों का अभियान करने की लालसा बनी ही। स्वतन्त्रता का उदय होते ही सर्वप्रथम अवसर की खोज में रहे कि भारत के इन सांस्कृतिक सखाओं से पुनः सम्बन्ध स्थापित कर सकें।

पिताजी का मोंगोलों में जाना क्या था– मोंगोल आनन्द विभोर हो उठे कि कई शतियों के उपरान्त भारत के आचार्य के चरण उनकी भूमि पावन कर रहे हैं। २४ दिसम्बर १९५५ का शीततम दिवस था। निरभ्र नीलाम्बर में भगवान् अंशुमाली सूर्यमणि के पूर्ण प्रकाशमान होते हुए भी शैत्य का पारा शून्य से ६० अंश नीचे था। पिताजी मॉस्को से **बाह्य मोंगोल देश** जा रहे थे। मोंगोल जाति और साहित्य के प्रेम की सतत प्रज्वलित ज्वाला इस अनन्त शीत में भी पिताजी को मोंगोल देश खींच कर ले जा रही थी। चारों और हिम, और भारी ऊनी वस्त्र पहनकर भी अस्थियों को कंपाने वाली तीखी वायु। पर क्या अडिग पिताजी इन बाह्य बाधाओं से बाधित होने वाले थे, नहीं।

मोंगोल देश की राजधानी उलान्बातर (उलान् 'लाल', बातर् 'बहादुर') जा पहुंचे, भारत के शताब्दियों पुराने प्रेम को पुनर्जीवन प्रदान करने। इस समय तक भारत और मोंगोल देश के राजनयिक संबन्ध स्थापित नहीं हुए थे। मोंगोल देश ने पिताजी का अपूर्व स्वागत किया–''शताब्दियों के पीछे जम्बुद्वीप (भारत) के आचार्य हमारे देश में पधारे हैं। एक छोटा सा उपहार स्वीकार हो, यह आपकी वस्तु है। हमने इसको चिरकाल से स्नेह से, श्रद्धा से पाला पोसा है। यह हमारी (मोंगोल)

जाति का आमोद-प्रमोद रहा है। हम इसको आपको अर्पण करते हैं, स्वीकार हो'' और स्नेहभरे कर-कमलों से पिताजी के प्रसृत करों में बिकर्मिजित् खागान्-उ नाम्थर् (विक्रमादित्य-चरित) प्रतिष्ठापित किया।

कैसा मधुर मिलन था, दो देशों का, दो संस्कृतियों का और दो देशों के जनों का प्रकाण्ड पाण्डित्य का। यह भेंट मन्दिर में हुई। संस्कृत मन्त्रों से सतत पूजा हो रही थी। पूर्णिमा और अमावस्या को विशेष अखण्ड पाठ होता है। पिताजी भेंट ले परिक्रमा हेतु चले। भीड़ चल पड़ी पीछे पीछे। दण्डवत् प्रणाम के लिए विशेष लकड़ी का लम्बा पट्ट लगा रहता है जिस पर से हिम बार बार हटाई जाती है। काष्ठपट्ट पर लेट पिताजी ने दण्डवत् प्रणाम किया और बाहर आए। जम्बुद्वीप के आचार्य के दर्शन करने के लिए अपार जनसमूह खड़ा था। बूढ़ी महिलाएं माला जप रही थीं। बच्चे आकर चारों ओर खड़े हो गये। एक बच्चे के सिर पर हाथ रख कर पिताजी ने आशीर्वाद दिया। अब क्या था, सब महिलाएं बच्चों को आशीर्वाद दिलाने के लिए पिताजी को घेर कर खड़ी हो गईं। यह क्रम एक घण्टे तक चलता रहा। आशीर्वाद पाकर वे अपने को कृतार्थ और धन्य समझ रही थीं।

विक्रमादित्य, राजा भोज और किसनखान (कृष्ण) की मोंगोल भाषा में कथा-त्रयी पिताजी भारत लेकर आए। उनका अध्ययन करने एवं तुलनात्मक संस्करण निकालने का पिताजी को उत्कट उत्साह था। जब भारत लौटे तब परिवार के सब सदस्यों को मोंगोल भाषा और व्याकरण पढ़ाने लगे। प्रतिदिन प्रातः उठकर मोंगोल भाषा का व्याकरण लिखते। उन दिनों घर का समस्त वातवारण मोंगोलमय था। एक दिन में ४०-४५ नये मोंगोल शब्द कण्ठस्थ करने अनिवार्य थे। मोंगोल की वाक्य-रचना, विभक्तियां, कर्ता, कर्म और क्रिया हिन्दी के कितने समीप हैं यह भारतीयों को जानकर बड़ा आश्चर्य होगा। प्रस्तुत करने का ढंग और शैली हिन्दी के समीप है।

सायंकाल प्रतिदिन श्रेणी लगती थी। पहले पिताजी पुराना पाठ सुनते थे फिर नया पढ़ाते थे। **मोंगोल भाषा और साहित्य** के अध्ययन का भारत में यह प्रथम प्रयास था। योरोप को कुछ विद्वानों ने इस क्षेत्र में कार्य किया है किन्तु उनके चिन्तन और भारतीयों के चिन्तन में आकाश पाताल का अन्तर है। मोंगोल साहित्य संस्कृत ग्रन्थों से अनूदित है। वहां संस्कृत के ज्ञान, प्रज्ञा, मेधा, बुद्धि आदि शब्दों के लिए पृथक्-पृथक् संस्कृत पर आधृत दार्शनिक अन्तर वाले मोंगोल पर्याय हैं।

पिताजी रात-दिन **मौलिक चिन्तन** और आधारभूत नवीन अनुसंधान शैली में प्रवेश करा हमें अन्तर्दृष्टि दिया करते थे। नित नई बात और कोई अनोखी सूझ, संस्कृत साहित्य में वैसा ही कोई उदाहरण ढूंढ निकालना नित्यप्रति का उपक्रम बन गया था। पांच वर्ष का अमूल्य समय लगा कर पिताजी ने आराजि बोजि (राजा भोज) और **मोंगोल संस्कृत कोष** बनाया। शतपिटक माला के अन्तर्गत इनका प्रकाशन हुआ। भारत में मोंगोल अध्ययन के लिए मूल सामग्री से परिपूर्ण ये आदिग्रन्थ हैं। अनुसंधान की आधारभूत वैज्ञानिक प्रणाली निकालना पिताजी का सदैव लक्ष्य रहा। वे सदैव कहते हमारे पास मौलिक अनुसंधान सामग्री का अमूल्य भण्डार भरा पड़ा है उसका आलोडन करो।

'आराजि बोजि' पुस्तक की भूमिका में पिताजी लिखते हैं ''अब मैं यह भेंट पांच वर्षों के सतत प्रयासों सहित भारत की जनता को देता हूं। जनता देखे, पढ़े, समझे और अनुभव करे। इसके अतिरिक्त भारत तथा दूरतम मोंगोल और शिबिर देश के ऐतिहासिक, धार्मिक, कलात्मक, ज्योतिषीय, आयुर्वेदीय एवं साहित्यिक सम्बन्धों पर दृष्टिपात करे, सखित्व, बन्धुता एवं ऐकात्म्य का परिचय पान करे।''

मोंगोल भाषा के अध्ययन हेतु पिताजी ने अपनी पुत्री सुषमा को जर्मनी भेजा। उसे मोंगोल देश में भगवान् कृष्ण सम्बन्धी कथाओं पर अन्वेषण का कार्य दिया। सुषमा ने जर्मनी में पांच वर्ष बॉन विश्वविद्यालय में अध्ययन किया। दिसम्बर मास में उसे मोंगोल भाषा में डी॰लिट॰ उपाधि मिल गई, और चारों ओर उसके कार्य की प्रशंसा हो रही है, किन्तु पूज्य पिताजी आज कहां जो उसे आशीर्वाद दे कर उत्साहित करें। आज वह पितृ-आशीष से वंचित हो व्याकुल हो उठी और उसने प्रण किया कि वह पिताजी के लाए हुए मोंगोल ग्रन्थों का सर्वांग अध्ययन संपन्न करेगी। उसने सर्वप्रथम **मोंगोल ग्रन्थों के सूचीपत्र** का कार्य हाथ में लिया है। जर्मनी में रह कर ही यह कार्य सम्पन्न कर रही है।

पिताजी ने **मोंगोल विद्यार्थियों को हिन्दी-संस्कृत अध्ययन** हेतु दिल्ली स्थित अपनी संस्था सरस्वती विहार में आने का निमन्त्रण दिया। हिन्दी और संस्कृत पढ़ने तीन मोंगोल विद्यार्थी भद्र, सूर्यरक्षित और संघधर्म सरस्वती विहार में आए और तीन वर्ष तक अध्ययन करते रहे। इनकी शुद्ध और प्रवाहमयी हिन्दी सुनकर दिल्ली के नागरिक चकित होने लगे। एक दिन पारपत्र कार्यालय में सूर्यरक्षित गये, वहां सब लोग विदेशी देख आंग्ल भाषा में प्रश्न करने लगे। तो सूर्यरक्षित बोले ''क्षमा कीजिएगा, मुझे इस भाषा का ज्ञान नहीं है। कृपया आप हिन्दी में बात करिए, मैं मोंगोल देश से

चलकर यहां हिन्दी सीखने आया हूँ जो कि भारत के जन-जन की भाषा है।" एक विदेशी के मुख से ये वाक्य सुनकर अधिकारी गण स्तब्ध रह गए। उन्हें निज भाषा गौरव का साक्षात्कार हुआ, उन्होंने भारत की सच्ची आत्मा पहचानी। ये तीनों मोंगोल विद्यार्थी तीन वर्ष के अथक परिश्रम से हिन्दी अच्छी प्रकार सीख गए।

पिताजी इन्हें अपने साथ घुमाते, अपने साथ भोजन कराते और सांयकाल अवकाश होने पर इनसे इनके देश की बातें सुनते। पितृपाद के मस्तिष्क में शताब्दियों, देशों, पर्वतों, और नदियों की सीमाएं लुप्त हो जाती थीं। मां भारती के स्वरूप का विभिन्न रूपों में साक्षात्कार हो जाया करता था। कहां मोंगोल और कहां भारत, कहां वह हिमाच्छादित प्रदेश, और कहां यह आतप-तापित उष्ण प्रदेश, वह वृक्षलता-विहीन मरूभूमि और कहां यह सस्य-श्यामला उर्वर भारतभू। किन्तु जो ऐतिहासिक प्रेम हिमालय की हिमाप्लुत कन्दराओं पर्वत-शृंखलाओं से छनता टकराता सुदूरवर्ती मोंगोल भूभाग में पहुंचा, उसने भेरीघोष को शान्त कर धर्मघोष में परिणत कर दिया। हिंसक यायावर जाति को कोमल मृदु बना दिया, दानव से मानव कर दिया। यह था भारत का अमर संदेश। **प्राध्यापक रिंछिन्** सरस्वती विहार के निमन्त्रण पर भारत आए और एक मास तक अध्ययन करते रहे। कहते थे कि यदि मुझे अपने साहित्य और इतिहास का अध्ययन करना है तो मुझे सरस्वती विहार में वर्षों तक रहना पड़ेगा। यह मेरे लिए गंगा सदृश पवित्र स्थान है।

मोंगोल जनता और शासन ने पिताजी को अपूर्व प्रेम दिया। मोंगोल देश की यात्रा करने के लिए पिताजी को विशेष उष्ण वस्त्रों की आवश्यकता पड़ी। मोंगोल शासन ने उन्हें उपहार में एक चर्मकोट दिया जिसमें अन्दर की ओर रूई की तुलाई लगी हुई है। मोंगोल शासन ने पिताजी का हार्दिक स्वागत किया और उन्हें सब स्थान दिखाए।

एर्देनिज़ू उलान्बातर से लगभग ४०० किलोमीटर की दूरी पर है। यह छिंगिसखां से भी पहले के विहार के स्थान पर स्थापित है। वे आधुनिक युग के आचार्य सुदूर देशों में भारत का भ्रातृत्व का संदेश लेकर पहुंचे थे। एर्देनिज़ू के चारों ओर गणित्री के १०८ मनकों स्वरूप १०८ स्तूप बने हुए हैं। ये विशाल प्राचीर स्वरूप हैं। बाहर दीर्घजीवन का प्रतीक अश्ममय कश्यप बना हुआ है। इस कामना से कि मन्दिर दीर्घजीवी हो। अन्दर विशाल मन्दिरों के अवशेष सुरक्षित हैं। कभी यहां शास्त्रार्थ हुआ करते थे। पाणिनि के व्याकरण पर ऊहापोह और छन्दोरत्नाकर के छन्दों का विश्लेषण, कालिदास के मेघदूत का पठन-पाठन, अमरसिंह के अमरकोश के आधार पर मोंगोल शब्दावली का सृजन, काव्यादर्श का अनुवाद और आयुर्वेद के महापण्डित वाग्भट के अष्टांगहृदय का अध्ययन एवं मोंगोल

भाषा में अक्षरशः अनुवाद, तदनुसार दैनिक जीवन में आयुर्वैदिक औषधियों का प्रयोग, अश्ववीणा (मोरिन् ख़ूर) एवं मृदंग के उद्घोष से गुंजित स्तोत्र मन्त्रों का गंभीर पाठ यहां हुआ करता था।

मोंगोल लोग पिताजी के **वैज्ञानिक शब्द-निर्माण**, और सांस्कृतिक अनुसन्धान की अप्रतिम प्रतिभा से अत्यधिक प्रभावित थे। मध्यमन्दिर में महाकाल की ऊँची प्रतिमा है। प्रतिमा के विकराल मुख गीता के श्लोक का मूर्तिमान् रूप थे– दंष्ट्राकरालानि भयानकानि। महाकाल का मन्दिर उज्जयिनी को छोड़कर भारत में कहीं नहीं। भारत से इतनी दूर मोंगोल देश में महाकाल का मन्दिर देख पितृमुख विस्मित हो उठे, महान् आश्चर्य से नत हो साष्टांग दण्डवत् कर पितृपाद प्रार्थना करने लगे ''हे महाकाल! तुम मुझ पर तब तक दयादृष्टि रखना जब तक मैं हिन्दी भाषा के २० लाख शब्द न बना लूं, मैं अपनी भारत मां की बिन्दी हिन्दी को उसके विशाल मस्तक पर सुशोभित होते न देख लूं। जन जन की भाषा हिन्दी को राजभाषा के रूप में प्रयोग करते हुए न देख लूं तब तक तू मुझे अपनी गोद में न बिठाना''। किन्तु क्या यह प्रार्थना महाकाल ने सुनी? वे मोंगोल देश के विकराल महाकाल में समा गए। शताब्दियों प्राचीन इतिहास को चित्रपट के समान साक्षात् करके स्वयं निर्देशक बन कहां लुप्त हो गए पितृपाद?

सम्मानित अतिथि का घोड़ी के खट्टे दुग्ध से स्वागत करना मोंगोल जाति गौरव समझती है। एक दिन उलान्बातर में प्रातः पिताजी अपने कोष्ठ से समयानुसार बाहर नहीं आए क्योंकि अत्यधिक शीत के कारण दो दिन पूर्व ज्वर आने पर भी किसी को बताया नहीं। घोड़ी के दुग्ध सेवन से गला भी पक गया था। ज्वर के कारण कोष्ठ से बाहर न निकल पाए तो विज्ञान समिति तथा विश्वविद्यालय के अधिकारी और प्राध्यापक आये। यहां तक कि प्रधानमन्त्री का सचिव प्रतिदिन पिताजी का स्वास्थ्य पूछने आने लगा। विशेष उपचार करने लगे। इनके अपूर्व प्रेम और उपचार ने पिताजी को दो दिन में स्वस्थ कर दिया। दो हृदय और दो राष्ट्र और अधिक समीप आ गए।

गान्दन् विहार सें पिताजी को दीघार्यु के देवता आयुषी भेंट में मिले। इन्होंने हाथ में आमलक और अमृतकलश पकड़ा है। आमलक (आंवला) का **मोंगोल आयुर्वेद** में विशेष स्थान है। यहां त्रिफले का बड़ा महत्त्व है। तीन संघटक आरूरा, बारूरा, च्युरूरा हैं। आयुर्वेद का आधार वात, पित्त, कफ हैं। चिकित्सा-पद्धति अष्टांगहृदय के आधार पर है। मोंगोल वैद्य अथवा एम्चि इतने प्रसिद्ध थे कि रूस के सम्राट् ज़ार के यहां भी आयुर्वेद में दक्ष मोंगोल वैद्य रहा करते थे। मोंगोल वैद्यों के साथ छोटी औषधि मंजूषा रहती थी। घोड़े की यात्रा पर आते जाते यदि कोई रोगी मिलता तो चिकित्सा करते थे। पिताजी ने ये आयुर्वेद विषयक तथ्य अपनी दैनंदिनी में लिखे। शरीर-रचना

के भित्ति पर लटकाने वाले चित्र साथ में लाये और आयुर्वेद का एक सचित्र ग्रन्थ भी। इस ग्रन्थ में नानाप्रकार की जड़ी-बूटियों के चित्र और शल्य करने के उपकरणों के चित्र बने हैं। प्रत्येक चित्र का वर्णन उनकी भाषा में लिखा है। भारतीय आयुर्वेद-विशेषज्ञों के लिए यह अनुसन्धान का नवीन पथ है। भारत के आयुर्वेद का अन्तरराष्ट्रीय स्वरूप देखने की पिताजी की उत्कृष्ट इच्छा रही। इसके लिए उन्होंने साइबेरिया, मोंगोल, चीन, तिब्बत, थाईदेश, इंडोनीसिया, श्रीलंका आदि देशों का भ्रमण किया और सबका संग्रह संस्था में लाकर रखा।

विहार में पूजा के पश्चात् पिताजी को नमदे के बने गेर (तम्बू) में ले गए। मोंगोल-निवासी अभी तक तम्बुओं में रहते हैं। उलान्बातर राजधानी में पक्के घर हैं अन्यथा मोंगोल देश में सामान्यतः गेर ही गेर हैं। ये गेर बड़े उष्ण और स्वच्छ होते हैं। मुख्य संघराज के बृहद् गेर में पिताजी का स्वागत हुआ। भोजन और चाय लाई गई। सबको पता था कि पिताजी शुद्ध शाकाहारी हैं और संयोग से वह दिन भी पूर्णिमा का था। पूर्णिमा और अमावस्या को मन्दिर में **शुद्ध शाकाहारी भोजन** बनता है। पिताजी के लिए लामाओं ने बड़े प्रेम से भोजन बनाया। मालपूड़े, रबड़ी और दूध की खीर, बताशे इत्यादि।

विहाराधीश एर्देनिपील ने पिताजी को बताया कि दुग्ध से विभिन्न वस्तुएं बनाना और बताशे बनाना भारतीय आचार्यों ने सिखाया था। भारत के आचार्य मोंगोल देश में आया करते थे। अपने साथ घोड़े पर ग्रन्थ, मूर्तियां, पटचित्र, जड़ी बूटी आदि लाते थे जो मोंगोल लोगों को उनकी देन है।

प्रत्येक पर्वत पर कोई न कोई **देवता** निवास करता है। पिताजी ने देखा पर्वतों पर छोटे छोटे ध्वज लगे हैं, उनका नाम **इन्द्रध्वज** है। वहां **'वैडूर्य' पर्वत** विद्यमान है। **'दुर्गा' झील** स्थित है। राष्ट्रध्वज का नाम **सोयम्बो** है और राष्ट्रपति का नाम शम्भु है। सोयम्बो (स्वयंभू) प्राचीन मोंगोल लिपि का भी नाम है। यह स्वयंभू लिपि भारत की रंजना लिपि से उद्भूत है। आज भी मोंगोल देशकी मुद्राओं में 'फाग्पा' लिपि का प्रयोग होता है। पिताजी को उनके नाम की चन्दन में उत्कीर्ण मुद्रा भेंट में मिली। जब मसी लगाकर पत्र पर उसकी छाप ली तो मनमोहक प्राचीन नागरी के समान अक्षरों में 'रघुवीर' लिखा निकला।

मोंगोल भाषा हिन्दी के समीप है। नए विद्यार्थी को भी इसके समीप का आभास हो जाएगा। यह साम्य तब स्पष्ट होता है जब हम मोंगोल वाक्य के नीचे आंग्ल तथा हिन्दी दोनों भाषाओं के अनुवाद रखें और तुलना करें–

एनेद्‌रवेग् उन् ओरोन् दुर् आराजि बोजि नेरथु निगेन येखे खागान बुलुगे।
भारत के देश में राजा भोज नामक एक महान् सम्राट् थे।
India of land in King Bhoja named one great emperor was

वाक्यांशों में अद्‌भुत समानता है–

निगेन् आदालि निगे निगे बेर। गेर् गेर् थुर।
एक समान एक एक जैसे। घर घर में।

मोंगोल भाषा में संस्कृत के शब्द हैं। कुछ अपभ्रंश हो गए हैं– बोदि– बोधि। शिलुग्– श्लोक। मान्दाल्– मण्डल। शाशिन्– शासन। रिदि– ऋद्धि। स्त्रियों पुरूषों के अनेक नाम संस्कृत के हैं। कुछ नामों पर दृष्टिपात कीजिए जो पिताजी ने संग्रह किए थे– उत्पल, रत्न, कीर्ति, कुशली, कुन्द, कुबेर, चक्र, सुमेरू, ज्ञान, बृहस्पति, पुण्य, वैडूर्य, वज्रपाणि, चक्र, महाश्री, क्षेत्रपाल, पार्वती, गरूडी, आयुषी, धर्मसिद्ध इत्यादि।

बैकाल झील के तट पर ३२ मन्दिर थे, और एक मध्य में था। आज वे नष्ट हो गए हैं। इन सब मन्दिरों में संस्कृत से अनूदित पुस्तकें थीं, धारणी मन्त्रों के अपूर्व संग्रह थे। इन विहारों का कुछ संग्रह उलान्‌उदे के अद्‌भुतागार में है। पिताजी को बताया गया कि भगवान् बुद्ध की सर्वप्रथम चन्दन की नेपाल में बनी मूर्ति वहां सुरक्षित है। इसे चन्दन जोवो कहते हैं। यह अतिपवित्र और ऐतिहासिक महत्त्व की है। पिताजी कहा करते थे कि तीर्थयात्रा की सीमाएं हमें अपने देश से बढ़ा कर इन मनोहारी प्रदेशों तक ले जानी चाहिएं। भारत के लिए ये पुण्यपावन तीर्थ हैं। अनन्त सामग्री से ओतप्रोत ये भारतीय इतिहास के लुप्त अध्याय गौरव, विशालता और औदार्यमय प्रेम के जीते-जागते ज्वलन्त प्रमाण हैं।

१९५९ में **अन्तरराष्ट्रीय मोंगोल भाषाविज्ञ सम्मेलन** की ओर से पिताजी को पुनः मोंगोल देश का निमन्त्रण मिला। सारे संसार के प्रतिनिधि आमंत्रित किए गए थे। भारत का प्रतिनिधित्व करने के लिए पिताजी को बुलाया गया था। निमन्त्रण स्वीकार किया और पुनः मोंगोल देश की यात्रा के लिए पिताजी अदम्य उत्साह से ९ घण्टे के भीतर जेट विमान से उलान्बातर जा पहुंचे। मोंगोल देश का व्यक्ति-व्यक्ति पिताजी के अपूर्व प्रेम, सौम्यता और सरलता पर मुग्ध हो गया। प्राचीन मोंगोल साहित्य प्रकाशित करने की योजना बनने लगी। पिताजी परिश्रम को तब ही सार्थक समझते थे

जबकि प्रकाशित प्रमाण बनकर संसार के सामने आ जाए। मोंगोल देश में नए मन्दिर का उद्घाटन हुआ और लामाओं की पुनः दीक्षा हुई। इससे पूर्व मोंगोल देश में धर्म नष्टप्राय था। चार वर्षों के भीतर ही इतना परिवर्तन कि नए देवालय की स्थापना की गई– यह जानकर पिताजी को परम आनन्द हुआ।

दूसरी बार पिताजी को मोंगोल देश से शीघ्र भारत लौट आना पड़ा क्योंकि मोंगोल देश के प्रधानमन्त्री महामहिम श्री त्सेदेन्बाल् भारत आ रहे थे। पिताजी को दिल्ली पहुंच सरस्वती विहार में उनका स्वागत करना था। पिताजी ने भारत-मोंगोल मैत्री का संगठन कर रखा था और इसके संस्थापक अध्यक्ष थे। दिल्ली लौटकर मोंगोल प्रधानमंत्री के सम्मान में बृहद् आयोजन किया गया और पिताजी ने मोंगोल 'ऊँ पद्मोष्णीषविमले हूँ फट्' का आस्तरण प्रधानमन्त्री को भेंट किया और प्रधानमन्त्री ने चन्दन से बना हुआ नागभक्षण करता हुआ गुरूड पिताजी को भेंट दिया।

पिताजी की यात्रा के पश्चात् मुझे और आर्यपुत्र डा॰ लोकेशचन्द्र जी को मोंगोल और शिबिर देश की यात्रा का सुअवसर मिला। पिताजी के बताए अनुसार हमने वहां सब स्थान विस्तार से देखे और डॉ॰ लोकशचन्द्र जी ने राष्ट्रीय पुस्तकालय में कई सहस्र पुस्तकों के अणुचित्र लेने के लिए जर्मनी से विशेष रूपित्र मोल लिया था। गान्दन् विहार के लामा गोम्बोदो और प्राध्यापक लोब्साङ् वन्दन को बुद्धजयन्ती पर भारतागमन अच्छी प्रकार स्मरण था। कहने लगे कि आपके पिताजी ने हमारी शताब्दियों कल्पित चिर इच्छा को परिपूर्ण किया। वह थी पुण्य-पावन गंगा नदी के दर्शन। पिताजी ने हम दोनों को हरिद्वार और ऋषिकेश ले जाकर गंगा के दर्शन कराए थे। एर्देनिज़ू के मुख्य प्रबंधक ने इनसे कहा कि आप अपने पिताजी से बहुत मिलते हैं। मैंने संस्कृत संगीतबद्ध स्तोत्र सुनाया तो वे बोले कि आप तारा देवी की अवतार हैं।

पिताजी मोंगोल देश से कालचक्रतन्त्र का हस्तलेख लाए थे। यह ज्योतिष का ग्रन्थ है। यह षष्टिवर्ष के बृहस्पति संवत्सर पर आधारित है। यह मोंगोल और भोट (तिब्बती) भाषा में उपलब्ध था और संस्कृत मूल काठमाण्डू (नेपाल) के वीर पुस्तकालय में उपलब्ध था। इस उद्देश्य से पिताजी नेपाल गए। वीर पुस्ताकालय में इस ग्रन्थ के उपलब्ध होने से पिताजी को परम सन्तोष हुआ। उन्होंने स्वयं उसके भाचित्र ले लिए। उन दिनों पिताजी इसके सम्पादन में अथक परिश्रम कर रहे थे। यह तो स्वप्न में भी संभावना न थी के बृहस्पति संवत्सर के ६० वर्ष का कालचक्र पूरा करते-करते ही पिताजी भी उस में समा जाएंगे। पिताजी के पत्रों को उलटते उलटते एक अद्भुत पत्र हाथ लगा जो उन्होंने उलान्बातर से लिखा था। इसमें उनका कवि हृदय मुखरित हो उठा है।

"परसों प्रातः ९ बजे का दिवास्वप्न, जाग्रत्स्वप्न अथवा दर्शन है– मोंगोल देश में ओर्खोन् नदी का तट है। हम वहां मोंगोल देश के प्रथम आचार्य, **तारनाथ के अवतार** उन्दुर् गेगेन् (उच्चप्रभ) के निवास तथा मन्दिर के खण्डर देखने गए हैं। चारों ओर हिमाच्छादित प्रदेश है। नदी पर भी हिम की छत बनी है। जीप में बैठकर इस नदी को पार किया है।

"खण्डरों में छोटी छोटी प्यारी मिट्टी की मूर्तियां हैं। ये कभी सुवर्णपत्र-मण्डित थीं। मैं इनको चुन रहा हूं। **ओर्खोन् नदी** २५० वर्ष पूर्व गंगालज के बिन्दुओं से पवित्र की गई थी। यदि अदम्य शीत न होता तो इसमें स्नान करते। अब भी तो साक्षात् इसकी गोदी में खड़ा हूं।

"खण्डर ही खण्डर देखकर हृदय की गति रूद्ध होने लगी, श्वास में भी कष्ट अनुभव होने लगा। इतने में ही एक मूर्ति पर दृष्टि पड़ी। विश्व की चिन्ताओं को निधायमान मूर्ति के सौम्य दर्शन होने थे कि हृद्गति तथा श्वास उछल पड़े। नहीं ये खण्डर नहीं। ये भव्यतम भवनों विहारों और प्रसादों से भी भव्यतर हैं। हृदय शान्त हो जाओ, स्थिर हो जाओ, यह स्थान निर्जन नहीं। देखो सुनो महासागर की विशाल तरंगों की कल्लोल करती हुई शृंखला दन्दनाती आ रही है। इस कल्लोल में हास नहीं, क्रीडा नहीं, लीला नहीं, गंभीर ललकार है, ललकार है, तुम भी तरंग हो। हां मैं भी तरंग हूं। तरंगोऽस्मि तरंगोऽस्मि की चीत्कार के साथ मैं भी तरंगों में जा मिला। तन्मय हो गया। पृथक् अस्तित्व, मानव रूप विलीन हो गया। सहसा क्षणिक सागर अदृश्य हो गया। किन्तु समय बीतने पर भी कानों में तरंगगान शेष रहा गया– तरंगोऽसि तरंगोऽसि।।"

मोंगोल देश की यात्रा के संस्मरण (१९५७)

भारत में जो इतिहास पढ़ाया जाता है वह पूर्ण इतिहास नहीं। हमारे गौरवमय भूतकाल का स्वरूप प्रत्येक भारतीय को जानना आवश्यक है। भारत ने अपनी निधियाँ आज खो दी हैं। भिन्न भिन्न आक्रमणों के कारण हमारी सांस्कृतिक वस्तुएं नष्ट हो गईं और अपने सुवर्णमय दिन भुला दिए। स्वतन्त्रता के पश्चात् हमारा कर्तव्य है कि अपनी देदीप्यमान प्राचीन ऐतिहासिक परम्पराओं को पुनर्जीवन प्रदान करें। भारत का २००० वर्षों का सांस्कृतिक आध्यात्मिक इतिहास है। इसी के कारण संसार में मान है। यदि भारत के वास्तविक स्वरूप का पता लगाना है तो इंडोनीसिया, कम्बोज, थाईदेश, वियतनाम, श्रीलंका, म्यान्मार, तिब्बत, मोंगोल, जापान, चीन, जाना चाहिए। प्राचीन काल से ये संस्कृति और साहित्य के क्रीडा-स्थल हैं। हमारी तीर्थयात्रा अधूरी है, यदि बद्रीनाथ केदारनाथ या मानसरोवर जाकर सन्तोष कर लें। ये हमारे अंतरंग तीर्थ हैं, किन्तु बहिरंग तीर्थ स्थान सहस्रों मील

दूर हैं। इनके पुण्यार्जन के लिए हृदय में अनन्त प्रेम और भावना होनी परमावश्यक है। आज मैं आपको भारत के एक तीर्थस्थान पर ले चलूँगी। भारत की कला, भारत की धार्मिक पुस्तकों के दिग्दर्शन करने हों तो दूर देशों में जाना पड़ेगा। प्राचीन काल में धर्म का क्षेत्र बहुत बड़ा था। धर्म के साथ-साथ, जीवन की अनन्त वस्तुएं सम्मिलित थीं।

दिसम्बर १९५६ में हम भारत से चले। पश्चिमी योरोप में अनुसन्धान सम्बन्धी वस्तुएं एकत्र करने में संलग्न थे। योरोपीय जातियां अपने निरन्तर परिश्रम के लिए प्रसिद्ध हैं। इटली की राजधानी रोम में तिब्बत के साहित्य का अनन्त भण्डार है। प्रो॰ तुची ने कई बर तिब्बत जाकर इसका संग्रह किया है। इटली के पश्चात् हमने स्विटज़रलैण्ड में अनेक संग्रह देखे। जर्मनी की राजधानी में पूर्वी देशों के साहित्यिक अध्ययन के लिए बहुत सामग्री है। इसी प्रकार माबुर्ग, पैरिस, लाइडन, दीहेग, यूट्रेख़्ट, ओक्सफोर्ड, केम्ब्रिज, लण्डन में विशाल अद्भुतालय और पुस्तकालय हैं।

जब हम हॉलैण्ड में थे तब मोंगोल शासन का निमन्त्रण मिला। हमारी प्रसन्नता का पारावार न रहा। मोंगोल देश के दर्शन हमारे लिए अतिसुखकारी होंगे, इस प्रकार सोचते-सोचते वह दिन भी आ पहुँचा जब हम मॉस्को से रात्रि ९ बजे उलान्बातर के लिए चले। कई घण्टे की उड़ान के पश्चात् हमारा विमान तातार गणतन्त्र की राजधानी काज़ान् में उतरा। तत्पश्चात् स्वेर्दलोव्स्क, औम्स्क, नोवोसिबिर्स्क (साईबेरिया की राजधानी), क्रास्नोयार्स्क नगरों में रुकते हुए पूरे २८ घण्टे पश्चात् इर्कुत्स्क पहुँचे। यह नगर रूस और मोंगोल सीमा पर स्थित है। यहां रूसी विमान से चीनी विमान में बैठे जो पेकिङ् जा रहा था। पेकिङ् के मार्ग में ही मोंगोल देश की राजधानी उलान्बातर है। हमारा विमान सारा साइबेरिया पार करता जा रहा था।

साइबेरिया को वहाँ के निवासी शिबिर कहते हैं। साइबेरिया अंग्रेजी उच्चारण है। यहां के निवासी तम्बुओं में रहते हैं। शिबिरवासियों की भूमि का नाम शिबिरदेश उचित ही है। विमान से मरुभूमि ही मरुभूमि दिखाई देती थी। ठण्ड के कारण वृक्ष नहीं के समान थे। केवल नगरों में कुछ हरियाली दिखाई देती थी। इर्कुत्स्क नगर के विमानक्षेत्र पर चीन के प्रधानमन्त्री और राष्ट्रपति के रंगीन तैलचित्र लगे हुए थे। यहाँ का समय पेकिङ् समयानुसार मॉस्को से पाँच घण्टे आगे था। हमारा विमान **बैकाल झील** के ऊपर था। २०० मील लम्बी यह झील हिमावृत थी। ऐसा लगता था मानों हम श्वेत चादर के ऊपर उड़े जा रहे हैं। बैकाल झील के पूर्व में अंगार नदी थी, वह भी हिमाच्छादित थी। अब नीचे हिममय पर्वत-शिखर और ऊपर कांच में से छन कर धूप की ऊष्मा हमें कुछ उष्णता पहुंचा रही थी। बैकाल झील और अंगार नदी के तट तक भारतीय आचार्य जाया करते

थे। मानसरोवर के समान बैकाल झील पुण्यतीर्थ थी। इतने भयंकर जलवायु में उष्ण जलवायु के अभ्यस्त भारतीय किस प्रकार यहां आते होंगे, कल्पना करके भी रोमांच हो जाता है।

विमान-परिचारिका ने बताया कि ४० कला में हम उलान्बातर पहुंचने वाले हैं, तब हमारी प्रसन्नता का कोई ठिकाना न रहा। सारी थकान उत्साह में परिणत हो गई। इतने दिन का स्वप्न आज साकार होने जा रहा है। विमान ने भूमि स्पर्श की और हम उठ खड़े हुए। खिड़की से ही सारा दृश्य बड़ा सुन्दर लग रहा था । हमारे स्वागतार्थ गान्दन् विहार के लामा, बहुत बड़े विद्वान् श्री रिंछिन और उनकी पत्नी रत्ना, लोब्साङ् वन्दन और विज्ञान-समिति के सात आठ अन्य व्यक्ति आए थे। चार वहित्र (कार) हमें लेने आई थीं। आल्ताइ होटल में ठहरने का प्रबन्ध था । दूसरे दिन अमावस्या थी।

मोंगोल देश में **तिथियों की गणना** भारत के समान होती है। अपनी एकादशी, द्वादशी, पूर्णिमा, अमावस्या इत्यादि, अर्थात् चन्द्रमा की गति के अनुसार पंचांग बनाया जाता है। लामा गोम्बोदो ने हमें अपना मन्दिर दिखाने के लिए ऐर्देनीपील (मुख्य लामा) का निमन्त्रण दिया। अमावस्या और पूर्णिमा के दिन यहां संगीतमय पाठ का महोत्सव होता है। दूसरे दिन प्रातः से हम बड़ी उत्सुकता से वहां जाने की प्रतीक्षा में थे। हमारा दुभाषिया आया और हम चल पड़े। आज गान्दन् विहार में सारे लामा तथा अनेक दर्शनार्थी उपस्थित हैं। गान्दन् का अर्थ है तुषित विहार। मन्दिरों पर बाहर की ओर संस्कृत, मोंगोल और भोट में लकड़ी के फट्टों पर नाम लिखे हुए हैं। मन्दिर में चढ़ाने के लिए हम भारत से कुछ धूपबत्तियां और सुवर्णिम वस्त्र लाए थे। जब हम सुवर्णवस्त्र चढ़ा रहे थे तो एक लामा ने पूछा क्या यह काशिक है। हमने कहा– हां यह काशी का बना है। प्राचीन समय में भी **काशी से कौषेय** इन सुदूर देशों में जाया करता था। काशी के वस्त्र की प्रसिद्धि बहुत पुरानी है।

गान्दन् विहार के प्रवेश द्वार पर दो राजसिंह बने हैं जो विहार के रक्षक के रूप में सुशोभित हैं। तत्पश्चात् प्रांगण है। यहां पर कई अलग-अलग भवन दृष्टिगोचर होते हैं। हरी और लाल छतों पर सुवर्णमण्डित ऊपर को उठे शिखर भारत के सुवर्णमय शिखरों का स्मरण दिलाते हैं। प्रांगण में प्रवेश करते ही मुख्य द्वार पर धर्मचक्र और उसके दोनों ओर दो शान्तमुख मृग। आज इनके सुवर्ण रंग का वैभव अन्दर से फूट रहा है। घुसते ही तीन भवन हैं। इनके मध्य में विशाल धूपपात्र है जिस पर मोंगोल, भोट और चीनी लेख हैं। एक ओर दीक्षामंच हैं। मुख्य तीन भवन ये हैं– चन्द्रनजोवो-भवन, वज्रधर-भवन, पूजा-भवन। मन्दिर का विशाल पुस्तकालय है। उसका भवन पृथक् है। यहां सब धार्मिक पुस्तकें रखी हुई हैं। इनमें से एक बड़े भवन में पूजा होती है। इसका

संस्कृत नाम भारतीय अक्षरों में लिखा है– तुषितः महायानद्वीप। शीर्षक के चारों ओर शंख, चक्र, मीन आदि के चित्र बने हैं। पूजा-भवन के विशाल काष्ठद्वारों पर विश्ववज्र और प्रसादपूर्ण पात्रों के चित्र सुकलात्मक बने हैं। ह्क्ष्म्ल्व्र्यं का गुम्फित रूप और उसके पार्श्व में धर्मचक्र तथा मृग से द्वार की शोभा द्विगुणित हो उठी है। भवन के अन्दर घुसते ही चौकियों पर लामाओं के लिए गुद्गुदे आसन बिछे हैं। इनकी चार पंक्तियां हैं। मध्यस्थित दो पंक्तियों में २४ आसन हैं। मुख्य मूर्ति के समीप दोनों पंक्तियों में प्रमुख लामाओं के बैठने के आसन कुछ ऊंचे हैं। उभरे हुए नागालंकृत विशाल ढोल बैठे-बैठे ही बजाए जाते हैं। इनको बजाने के लिए विशेष दण्ड होता है। दाईं ओर की भित्ति विशाल पटचित्र (थंका) से आवृत है। इस थंका पर उभरे हुए भगवान् बुद्ध, अवलोकितेश्वर और सुखावती का मनोहारी दृश्य उपस्थित किया गया है। हाथ का बना हुआ है। चीन, मोंगोल और तिब्बत में कौशेय के ऊपर रंगीन चित्र बनाने की प्रथा है। मन्दिरों को इन्हीं कौशेय चित्रों से सजाते हैं। ये चित्र थंका नाम से प्रख्यात हैं। इनको रंगने के लिए वास्तविक सुवर्ण और चांदी का उपयोग किया जाता है। हरे, लाल, पीले, नीले रंग भी खनिजों से सज्जित किए जाते हैं। भारत में भित्तिचित्र आज भी बनते हैं। इनके देश में भी भित्ति पर चित्र बनाते हैं। मन्दिर की प्रवेश-दीर्घा में अनेक भित्तिचित्र बने हुए हैं। मन्दिर के मध्य में मूर्तियों के सम्मुख घृतदीप और धूप वातावरण में पवित्रता, गांभीर्य और प्राण भर रहे हैं।

दूसरा भवन वज्रधर की विशाल मूर्ति से सुशोभित है। भवन के सम्मुख एक विशाल धूपपात्र है। और दण्डवत् प्रणाम करने के लिए दो काष्ठफलक बिछे हैं, जिन पर दर्शनार्थी दर्शन से पूर्व दण्डवत् प्रणाम करके अपनी श्रद्धा अभिव्यक्त करते हैं। प्रवेशकोष्ठ में चार लोकपालों के चित्र बने हैं। छत सुनहरे लहराते हुए नागों से अलंकृत है। नेपाल से आई **स्रोङ्त्साङ्गाम्पो** (तिब्बत में बौद्धधर्म के प्रवर्तक प्रथम सम्राट्) के समय की अवलोकितेश्वर की मूर्ति है। यह नानाविध सहस्रों छोटी मूर्तियों से घिरी है। इस भवन में कंजूर का नार्थाङ् संस्करण दोनों पार्श्वों में रखा है। इस भवन में हमने भारतीय आचार्यों का दण्ड भी देखा। पूछा तो पता लगा कि १७वीं शताब्दी में तारानाथ के प्रथमावतार के समय **अश्मांगुलि** और एक अन्य आचार्य भारत से आए थे। उन्होंने विक्रमादित्य और राजा भोज की कथाएं सुनाईं । उन्हीं का यह दण्ड है। अश्मांगुलि आचार्य ने भारतीय भोजन बनाना भी सिखाया। आज भी लामा बताशे को बातास कहते हैं। एक रजतमण्डित श्वेत शंख हम देख ही रहे थे कि एक लामा ने सुवर्णमण्डित, भारत से आया हुआ दूसरा शंख बजाकर हमें आश्चर्यचकित कर दिया। बीस वर्ष पूर्व इस विहार में ताडपत्र पर लिखे संस्कृत के

ग्रन्थ थे। भवन से बाहर निकलते समय लांछा और भोट में लिखी एक धारणी दृष्टिगोचर हुई। वह प्रकार है– ओ नमो भगवते भैषज्यगुरुवैडूर्यप्रभराजाय तथागताय अर्हते सम्यक्सम्बुद्धाय। तद्यथा। ओं भैषज्ये भैषज्ये महाभैषज्ये भैषज्ये। राजसमुद्गते स्वाहा।।

तृतीय भवन में चन्दनजोवो की मूर्ति की भव्य प्रतिकृति है। प्रवेश करते ही गुम्फित बीजाक्षर ह्क्ष्म्ल्व्र्यं के दर्शन होते हैं। प्रवेशकोष्ठ की छत पर धर्मचक्र बने हैं, और छत पर पद्मनाभि में बीजमन्त्र लिखे हैं। प्रथम युद्ध से पूर्व की पोलैण्ड-निर्मित मूर्तियां भी इस कोष्ठ में विद्यमान हैं। १९११ में जब मोंगोल देश चीनी आधिपत्य से स्वतन्त्र हुआ तब मोंगोल लामाओं ने पोलैण्ड से एक लाख मूर्तियां बनवाई थीं। स्वर्गदृश्यों और मूर्तियों से अलंकृत नवनीत-मेरू मण्डल बना है। मक्खन और सत्तू से बने इस स्तूप पर मध्य में बना वज्र अत्याकर्षक है। यह तोर्मा है। चन्दनजोवो की मूर्ति के बाईं ओर पोलैण्ड की मूर्तियों का वैभव है और दाईं ओर चोंखापा की अनेक मूर्तियों के मध्य में मौक्तिकलिखित 'ओं मणिपद्मे हूँ' है।

चतुर्थ भवन पुस्तकालय है। इसका संस्कृत नाम इस प्रकार लिखा है– तुषितः महायानद्वीपस्य पुस्तिकगंज। भोट, चीनी, मोंगोल में भी नाम लिखा है। पुस्तकालय में अनेक सुम्बुम् हैं। मोंगोल भाषा में बोधिमार्ग, आदि और काल्मिक हस्तलिखित ग्रन्थ भी हैं। इसमें काल्मिक लिपि के आविष्कर्ता जयपण्डित गगनसागर का चित्र भी था। भोट और मोंगोल में सचित्र भद्रकल्पिकसूत्र, तथा स्वयंभू, लांछा और भोट लिपियों में मंजुश्रीनामसंगीति आदि ग्रन्थ थे।

पुस्तकालय में केवल पुस्तकें ही नहीं, मन्दिर भी हैं। यहां हमारी भेंट उपमुख्य लामा से हुई। आपका नाम कर्मसिद्धि है। पुस्तकालय के मध्य में स्थित पटल का वस्त्र नवरत्न से कढ़ा हुआ है– मध्य में स्वस्तिक, चारों ओर श्रीवत्स, मीन, शंख, धर्मचक्र, विश्ववज्र, पद्म, कलश और छत्रांग। जब हम एक भवन से, दूसरे भवन में जा रहे थे तब हंसों की लम्बी पंक्ति नीलगगन में उड़ी जा रही थी। हमारा दुभाषिया बोला यह शुभ शकुन है। एक लामा बोले कि आपका मन्दिर में आना हमारे लिए अतिशुभकारी सिद्ध होगा। इनके यहां हंस शुभ-पक्षियों में गिना जाता है।

स्वागत-भवन में जाने से पूर्व हम एक बार पुनः पूजा-भवन में गए और साष्टांग दण्डवत् किया। वाद्य इतने गंभीर और उनके बीच मन्त्रों की ध्वनि इतनी कर्णमधुर लग रही थी कि हर्षाश्रु रोकने कठिन प्रतीत हुए। हृदय गद्गद हो गया। बूढ़ी स्त्रियां माला फेर रही थीं। जब उन्हें पता चला कि हम भारत से आए हैं तब वे हमारे साथ-साथ चलने के लिए व्याकुल हो गईं। उनका स्नेह उनकी आखों से झर रहा था। परिक्रमा करते समय वे कुछ न कुछ प्रश्न हमसे कर ही लेती थीं। मुख्य लामा से हमने आशीर्वाद लिया, आशीर्वाद में उसने मन्त्र पढ़कर कुछ चावल हमारे हाथों में दे

दिए। मन्दिर की कुछ भस्म भी हमें मिली। आज महाकाल का पाठ हो रहा था। वाद्यों की गूंज के बीज कभी-कभी "महाकाल कालरूप" आदि कुछ शब्द सुनाई दे जाते थे। महाकाल की बड़ी मूर्तियां भयानक मुद्राओं में खड़ी हैं।

जैसे हमारे यहां शिव और शक्ति की पूजा होती है उसी प्रकार यहां अनेक देवता अपनी अपनी प्रज्ञाओं के साथ सुशोभित हैं। प्रवेशद्वार पर भयानक आकृति का देवमुख बना रहता है। यह अमंगल को नाश करने के हेतु लगाया जाता है, जिससे मन्दिर पर कोई विघ्न या कष्ट न आए और केवल कल्याण का ही प्रवेश हो। जब हम परिक्रमा कर चुके तो एक भव्य लामा हमारे सम्मुख आए और वे हमें स्वागत-कोष्ठ में ले गये। स्वागत-कोष्ठ एक छोटे से फाटकवाला गोल तम्बू था। इस तम्बू को ये लोग गेर कहते हैं। एक लामा बोला कि संस्कृत में गृह और मोंगोल में गेर-कितना साम्य है। यह गेर नमदे का बना होता है। जितनी अधिक ठण्ठ बढ़ती जाती है, नमदे के उतने ही स्तर उस पर लपेटते जाते हैं। छत लकड़ी के डण्डों पर मोटे नमदे से आच्छादित कर देते हैं। यह तम्बू ३० कला में गाड़ा जाता है। नीचे भूमि पर ५-६ कालीन एक के ऊपर एक बिछे रहते हैं जिससे भूमि का शीत ऊपर सर्वथा नहीं आता। इस तम्बू में हमने प्रवेश किया। यहां भी घुसते ही पूजा का स्थान और छोटी-छोटी अनेक मूर्तियां छोटे-छोटे काष्ठ-मन्दिरों में सुशोभित थीं। इनके आगे निरन्तर मक्खन के दीप जल रहे थे।

तम्बू की भित्ति के साथ-साथ मूर्तियों के पटल लगे थे, छोटी-छोटी बुद्ध मूर्त्तियां, सहस्रबाहु अवलोकितेश्वर, श्याम तारा, श्वेत तारा, आदि अपने सुनिश्चित स्थान पर विराजमान थे। लामा गोम्बोदो (नाथवज्र) बुद्धजयन्ती पर भारत आए थे। इन्होंने तम्बू में हमारा स्वागत किया, और हमें गद्दियों से युक्त चौकियां बैठने को दीं। दिल्ली में जब लामा गोम्बोदो आए थे तब हमने भी इन्हें अपने घर बुलाया था। हमारे स्वागत का स्मरण कर करके लामा गोम्बोदो हमें अपना घर स्मरण दिला रहे थे। इन्होंने हमारे लिए अनेक प्रकार की भारतीय शैली की भोज्य सामग्री उपस्थित की। मक्खन और लवण वाली चाय, दही, मालपूए, मीठी मठरी, चावल की खीर, बताशे, दूध की दाखें पड़ी बर्फी इत्यादि। यहां १३ के लगभग लामा थे। एक बहुत बड़े पकवान के ऊपर पर्वताकार में अनेक वस्तुएं हमारे समक्ष पुरसी जाने लगीं। बड़े पकवान का नाम गाब्चुयिन् दुगुई अर्थात् उपाध्याय-चक्र था।

जब लामा गोम्बोदो दिल्ली आए थे तब उन्होंने कहा था "कि हमारे देश में ५०० वर्ष पूर्व **गंगाजल** लाया गया था। जिसका उपयोग हम प्रतिदिन की चाय में करते आ रहे हैं। अर्थात् कुछ बूंदें प्रतिदिन की चाय में डाल देते हैं। अब मैं भारत आया हूँ तो मेरे सहलामाओं ने मुझे पुनः

गंगाजल लाने को कहा है और मेरी स्वयं पुण्यतीर्था गंगा देखने की उत्कट इच्छा है।'' यह बात जब हमारे पूज्य पिताजी ने सुनी तो उनका हृदय मोंगोलदेश के स्नेही लामाओं के प्रति प्रेम से उमड़ आया। उसी दिन एक बड़ी गाड़ी का प्रबन्ध किया और ऋषिकेश में जाकर पुण्यदा गंगा में इनको स्नान कराया। गंगाजल भरकर इन्हें मोंगोलिया के लिए दिया। विमान से यह गंगाजल गान्दन् पहुंचा। आज उस दिन की स्मृति लामा गोम्बोदो के मुख पर स्पष्ट झलक रही थी। लामा को यह पवित्र तीर्थ देखने की चिरकाल से इच्छा थी। उन्हें कभी स्वप्न में भी आशा नहीं थी कि वे कभी भगवान् बुद्ध की पवित्र भूमि सस्यश्यामला भारत के दर्शन करेंगे और उसमें बहने वाली पवित्र नदी को देख सकेंगे। हर्ष के कारण वे उस समय भी गद्गद कण्ठ हो गए। उलान्बातर लौट कर उन्होंने सब सहलामाओं को गंगाजल बांट दिया और कुछ कूपी में उठा कर सदा के लिए रख लिया। उस दिन जब हम उन सब के बीच तम्बू में बैठे थे, लामा गोम्बोदो ने भारत के संस्मरण सुनाए। वे कहते थे मेरी भारत आने की पुनः बड़ी इच्छा है। आपके यहां आने से मुझे भारतवर्ष का आभास हो रहा है।

यहां दो लामा संस्कृत जानते हैं। ये सब ही देवी देवताओं के संस्कृत नाम बता रहे थे। ये सारस्वत व्याकरण पढ़ते हैं और इनकी भारत आने की उत्कट इच्छा है। हमने गेर से बाहर निकल कर कुछ रंगीन चित्र लिए और सब लामाओं के नाम पूछे। ये सब नाम संस्कृत से अनूदित हैं। ओद्सेर्= धर्मरश्मि। रिन्छेन् दोर्ज्= रत्नवज्र। तान्जिन् ओद्सेर्= धर्मधरप्रभ। दाम्छोइ= सद्धर्म। लामाछब्= गुरूशरण। लोब्साङ् आग्वाङ्= सुमतिवागिन्द्र। गोम्बोदोर्ज्= नाथवज्र। ओयुन्देल्गेर्– प्रज्ञापारमिता, ओयुन् गेरेल्– प्रज्ञाप्रभा, ओयुन् बिलिग्– प्रज्ञामेधा, मान्लाजाब्– भैषज्यगुरुरक्षिता, बिलिक्थु– प्रज्ञावी। कुछ नाम संस्कृत रूप में प्रचलित हैं– उत्पल, रत्न, कीर्ति, कुशली, कुमुद, कुन्द, कुबेर, चक्र, सुमेरू, जय, ज्ञान, जिनमित्र, बृहस्पति, पंचरक्ष, पुण्य, वैडूर्य, वज्रपाणि, महाश्री, सुमति, क्षेत्रपाल, पार्वती, पद्मबोधि, सुन्दरी गुरुड़ी, आयुषी, अनिन्द, उष्णीष, धर्मसिद्ध, धर्मसिंह, वीर, अक्षोभ्य, चम्पक, पद्मराग, अमोघवज्र, स्वस्तिवज्र, भद्र।

भारत के आचार्य साइबेरिया में स्थित २०० मील लम्बी झील के उत्तर तक जाते थे। उस समय घोड़ा ही आवागमन का साधन था। बुर्यात मंगोलिया में भी अनन्त अमूल्य निधियां भरी पड़ी हैं। एक चन्दननिर्मित बुद्ध की अतिविशाल मूर्ति उलान्उदे में है। उलान्उदे का अद्भुतालय दर्शनीय है।

जिस देश में मई मास में हिमाच्छादित पर्वत थे और हिममयी वर्षा होती रहती थी, एवं हड्डियों तक को कंपा देने वाली तीक्ष्ण वायु चलती थी उस देश में भारत की उष्ण जलवायु के

अभ्यस्त आचार्य दिव्य शक्ति से प्रेरित होकर जाते होंगे। टेढ़े-मेड़े भूल-भुलैयों वाले पर्वतीय मार्ग, दुर्गम वन, आवागमन के साधनों की विहीनता क्या इनको निरूत्साहित नहीं करती थी। उनमें कैसी शक्ति थी, कैसी अदम्य प्रेरणा थी। उनके हृदय में निरन्तर आध्यात्मिक ज्वाला जलती थी। धर्मप्रेम की यह अटूट प्रज्वलित ज्वाला का दीपक ही उन्हें इतने दुर्गम्य देशों में जाने का साहस देता था। इन्हीं प्राचीन आचार्यों ने नृशंस जातियों को सभ्यता और धर्म का पाठ पढ़ाया। बर्बर नरपशु को मानव बनाया, न केवल मानव किन्तु देवपुरूष बना दिया। चीन की सीमा पर स्थित कुम्बुम् महाविहार में योद्धा अपनी सब संहार-सामग्री मन्दिर में भेंट कर जाते थे। सुवर्ण और धन के अतिरिक्त अपने अस्त्र-शस्त्र तक वे चढ़ा आते थे। भेरीघोष धर्मघोष में परिणत हो जाता था।

लामाओं की संस्कृत सुनने की प्रबल इच्छा थी। दुभाषिये द्वारा उन्होंने कहलाया कि वे श्लोक सुनना चाहते हैं। मैंने उन्हें संस्कृत श्लोक गाकर सुनाए। गम्भीर मुद्रा में एकाग्रचित्त सुनते रहे। सुनने के पश्चात् कहने लगे– पिछले समय में देवियां भी इसी प्रकार गाती होंगी। मन्दिर से बाहर निकलने पर वहित्र के चारों ओर इतनी जनता इकट्ठी हो गई थी कि दुभाषिये और विज्ञान-समिति के व्यक्तियों को हमें ले जाने के लिए विशेष प्रयत्न करना पड़ा। कार की खिड़की खोलकर उत्सुक जनता को नमो बुद्धाय किया और श्लोक सुनाया, सुनकर बूढ़ी स्त्रियों की आंखों से अश्रु बह निकले। वे हाथ उठाकर आशीर्वाद दे रही थीं। सबके मुख प्रेम और ममता से इतने चमक रहे थे कि देखकर बरबस प्रेम उमड़ आता था। उनका यह प्रेम भगवान् बुद्ध की पवित्र जन्मभूमि के लिए था।

मोंगोल देश क्षेत्र में बहुत बड़ा है किन्तु अत्यधिक शीत के कारण बस्तियां बहुत थोड़ी हैं। लोग प्रायः घोड़ों पर आते जाते हैं। **उलान्बातर** को छोड़कर लोग प्रायः तम्बुओं में रहते हैं। उलान्बातर का अर्थ इस प्रकार है– उलान का अर्थ लाल और बातर का अर्थ बहादुर। बहादुर शब्द बातर का ही भिन्न रूप है। इस प्रकार उलान्बातर का अर्थ लालबहादुर हुआ। उलान्बातर का रक्षक देवता गरूड था। इस नगर के मध्य में एक बहुत विशाल चौक है जहां **सुखेबातर** की अश्वारूढ पत्थर का प्रतिमा लगी है। चौक के चारों ओर बड़े बड़े भवन हैं। एक ओर संसद्भवन है। संसद् के आगे ही सुखेबातर और **छोइबाल्सान्** की समाधियां बनी हैं। एक ओर राजकीय मुद्रणालय है, दूसरी ओर नाटकगृह है, और विदेशियों के ठहरने के लिए आल्ताई होटल है। चौक से कुछ ही दूर राजकीय पुस्तकालय है। संसद् भवन के पीछे विश्वविद्यालय का विशाल भवन है। प्रथम मई का उत्सव सुखेबातर चौक में होता है। ऐसा लगता है सारा मोंगोल देश ही वहां आ गया हो। बच्चे, बूढ़े, बूढ़ी स्त्रियां, युवक युवतियां सारे ही लोग सैनिक प्रदर्शन में भाग लेते हैं। पाठशालाओं के बच्चे

अपने खेलकूद की नई नई झांकियां निकालते हैं। प्रातः के ७ से दोपहर के १२ बजे तक निरन्तर उत्सव होता रहता है। दर्शकगण संसद्-भवन की सीढ़ियों से देखते हैं। प्रधानमन्त्री अभिवादन लेते हैं। मोंगोल के राष्ट्रपति का नाम शम्भु है। अपने राष्ट्रीय चिह्न को ये लोग सोयम्बो अर्थात् स्वयम्भू कहते हैं। मोंगोल झण्डे पर **सोयम्बो (स्वयम्भू)** चिह्न बना रहता है।

एक दिन सायंकाल **प्राध्यापक रिंछिन्** (रिंछिन् का अर्थ रत्न है) और उनकी पत्नी रत्ना हमें अपने घर बुलाकर ले गए। प्रो॰ रिंछिन् अपनी पत्नी को रत्ना कहकर ही पुकारते हैं। प्रो॰ रिंछिन् बहुत बड़े विद्वान् हैं। मोंगोल साहित्य, व्याकरण, भाषाविज्ञान के विशेषज्ञ हैं। फ्रेंच प्रवाह से बोलते हैं। जर्मन, रुसी, चैक भाषाएं भी भली प्रकार जानते हैं। हमसे फ्रेंच में बात किया करते थे। इनकी सुहृदया पत्नी रत्ना अंग्रेजी, जर्मन और रूसी जानती हैं। श्रीमती रत्ना ने हमारा परिचय अपनी पुत्री इन्द्री से कराया। जैसे हमारे यहां इन्द्र से इन्द्राणी बना, यहां इन्द्र से इन्द्री बन गया। इन्द्री के पति मोंगोलदेश के उपप्रधानमन्त्री हैं। इनके पुत्र का नाम स्वस्तिकवज्र है। इनके कुटुम्बी स्वस्तिकवज्र को भारतीय कहते हैं और बहुत प्यार करते हैं। प्रो॰ रिंछिन् **"मोंगोल देश में संस्कृत नाम"** नामक पुस्तक लिख रहे हैं। इनके यहां कुछ अति-प्रचलित व्यक्तियों के नामों पर दृष्टिपात कीजिए। आपको यत्र-तत्र ये नाम सुनाई पड़ेंगे।

श्रीमती रत्ना ने बताया कि कुछ वर्षों पहले तक यहां **विवाह** बड़े वैभव से होता था। लड़के और लड़की की कुण्डली देखकर विवाह का शुभ मुहूर्त लामा निकालता था। बहुत से लामा पण्डित विवाहोत्सव में मन्त्रपाठ करते थे। कुण्ड में अग्नि जलाकर वर और वधू उसमें मक्खन और चावल डालते थे। पण्डित दोनों के वस्त्रों में गांठ बांधता था और वरवधू अग्नि की प्रदक्षिणा करते थे। वरवधू एक दूसरे पर चावल फेंकते थे और मन्दिर में जाकर आशीर्वाद ग्रहण करते थे। विवाहोत्सव ३-४ दिन में सम्पन्न होता था।

प्राध्यापक रिंछिन् ने बताया कि **मोंगोल लिपि** के तीन कलात्मक रूप हैं (१) **फाग्स्पा**, (२) **स्वयंभू**, (३) **वागिन्द्र**। फाग्स्पा और स्वयंभू के ३३, ३३ प्रकार हैं। वागिन्द्र के दो प्रकार हैं। इस प्रकार ६८ प्रकार से मोंगोल लिखी जा सकती है। इन रूपों पर कोई विशेष पुस्तक नहीं है। प्रो॰ रिंछिन् इन रूपों का संग्रह करके छापेंगे। इनका कहना है कि ख़ुब्सुगुल् झील के समीप वैयक्तिक पुस्तकालय में उन्होंने **पंचतन्त्र** का हस्तलिखित ग्रन्थ देखा है। इन्हीं के अनुसार शमन प्रार्थनाओं में अनेक संस्कृत नाम आते हैं। कुछ शमन गीतों में **'राम'** शब्द भी आता है। **विक्रमादित्य** की कथाएं मोंगोलदेश में बहुत प्रिय हैं। **राजा भोज** और **राजा किसन** की कथाएं भी लोकप्रिय हैं। १७वीं शताब्दी के एक हस्तलिखित ग्रन्थ में लिखा है कि यह भारतीय भाषा से उन्दुर्गेगन् के समय मोंगोल

भाषा में अनुवाद की गईं। विक्रमादित्य की कथाओं की पुस्तक हमें भेंट स्वरूप मिली। **सुभाशितरत्ननिधि** भी प्राचीन ग्रन्थ है। मोंगोल में **अमरकोश** और **मेघदूत** का अनुवाद मिलता है। अमरकोश कई शताब्दियों पूर्व अनुवाद किया गया था। सब विहारों के पुस्तकालयों में ये पुस्तकें रहती थीं।

बड़े विहारों के अपने मुद्रणालय होते थे। इनके यहां, खुदे हुए काष्ठफलकों से छपाई होती थी। **चाणक्य-राजनीतिशास्त्र** का प्राचीन अनुवाद मोंगोल भाषा में है। उलिगेरून् दालाइ् अर्थात् कथासागर कहानियों के लिए बहुत प्रसिद्ध है। आल्तान् गेरेल् अर्थात् **सुवर्णप्रभास** का काल्मिक हस्तलिखित ग्रन्थ हमें भेंट स्वरूप दिया गया। मोंगोल देश में प्रत्येक मन्दिर में सहस्रों की संख्या में पुस्तकें रहती थीं। बड़े बड़े पुस्तकालय थे। इनके अतिरिक्त कंजूर तंजूर नाम से सुविख्यात धर्मग्रन्थ भी प्रत्येक पुस्तकालय में रहा करते थे। कंजूर अर्थात् भगवान् के मुख से निकले प्रवचन और तंजूर उन प्रवचनों पर टीकाएं। कंजूर तंजूर में सहस्रों पुस्तकें हैं। इनमें धर्म से सम्बद्ध ही नहीं अपितु राजनीति, दर्शन, आयुर्वेद, गणितज्योतिष, फलितज्योतिष तथा अनेक विषयों से सम्बद्ध नाना प्रकार के ग्रन्थ हैं।

जिस देश में **७५० विशाल विहार** और **२००० मन्दिर** एवं एक लाख लामा निवास करते थे वह देश आध्यात्मिक सुखसौरभ का केन्द्र रहा होगा। धारणी और मन्त्रों का निरन्तर पाठ, तथा गंभीर मधुर वाद्यों का कर्णप्रिय संगीत वातावरण में कितनी नैसर्गिक शान्ति भरता होगा, उसका आनन्द कल्पनातीत है। जब मनुष्य इस भौतिक लोक से ऊपर उठकर पारलौकिक दिव्यलोक के पवित्र वायुमण्डल में विचरण करता होगा, वह कैसा अनूठा आनन्द होगा। धन्य है यह मोंगोल जाति और धन्य हैं वे दिव्यशक्ति-सम्पन्न हमारे पण्डितगण।

एक दिन हमें प्राध्यापक लोब्साङ् वन्दन् ने अपने घर आमन्त्रित किया। लोब्साङ् वन्दन् और उनके छोटे भाई बीरा हमें बुलाने आए। इनके घर पर कई पड़ौसी हम भारतीयों को देखने आए हुए थे। परिवार-जन तथा अन्य जनों से परिचय कराया गया। प्रो॰ लोब्साङ् वन्दन् का पुत्र धर्मसिंह है। पुत्रियों के नाम इस प्रकार थे (१) ओयुन्देल्गेर्= प्रज्ञापारमिता, (२) ओयुन्गेरेल्= प्रज्ञाप्रभा, (३) ओयुन्बिलिग्= प्रज्ञामेधा, (४) मान्लाजब्= भैषज्यगुरूरक्षिता। सबसे छोटा पुत्र, बिलिक्थु= प्रज्ञावी था। लोब्साङ् वन्दन् बुद्धजयन्ती के अवसर पर भारतवर्ष आए थे। भारत की एक-एक वस्तु इनको प्रिय है। मोंगोल विश्वविद्यालय में प्राचीन साहित्य पढ़ाते हैं। इनके यहां हमने निम्न प्रमुख पुस्तकें देखीं– सुवर्णप्रभास (काल्मिक लिपि में), उलिगेरून्-दालाइ अर्थात् कथासागर, मिलारास्बा की गीतशतसाहस्रिका, छिंगिस्रवान् का इतिहास, पंचरक्षा, मणिकाम्बुम्, चन्द्रकोकिला-गीत (इस पुस्तक में

काशी के राजा का उल्लेख है)। फग्वा नामक एक अन्य प्राध्यापक भी उपस्थित थे। ये तुलनात्मक मोंगोल भाषाविज्ञान पढ़ाते हैं। इन्होंने मोंगोल भाषा में ''क्रिया'' पर कार्य किया है। आजकल नोमुन्गेरेल् के **व्याकरण** का अध्ययन कर रहे हैं। यह व्याकरण पाणिनि से प्रभावित है। १३०५ में यह व्याकरण रचा गया था। इसके रचयिता उइगूर पण्डित नोमुन्गेरेल् थे। इन्हीं ने बोधिचर्यावतार का अनुवाद किया और सुभाषितरत्ननिधि का भी। लोब्साङ् वन्दन् के यहां हमने दालादाब्रबर अथवा ७० स्तर वाली पूर्णपोली खाई और मलाई की रबड़ी, मीठे चावल, इत्यादि। ये शाकाहारी भारतीय स्वाद की वस्तुएं थीं।

उलान्बातर में शासकीय पुस्तकालय बहुत विशाल है। प्राचीन हस्तलिखित ग्रन्थों से परिपूर्ण है। भोट (तिब्बती) और मोंगोल ग्रन्थों का अद्‌भुत संग्रहालय है। उनकी सूचनानुसार एक लाख **भोट पुस्तकों** का संग्रह है और ५० सहस्र से अधिक आधुनिक और पुरातन मोंगोल पुस्तकों का। ताडपत्र पर लिखा हुआ संस्कृत हस्तलिखित ग्रन्थ यहां सुरक्षित है। इसमें रंगीन चित्र भी बने हैं। यहां अनेक **भोट सुम्बुम्** हैं। एक लेखक की कृतियों के संग्रह को सुम्बुम् कहते हैं। यहां ऐतिहासिक दृष्टि से महत्त्वपूर्ण ग्रन्थों का संग्रह ही नहीं, अपितु कला की पराकाष्ठा देखकर दर्शक आश्चर्यचकित और मुग्ध रह जाता है। चांदी के पत्रों पर उभरे हुए सुवर्णाक्षरों में लिखित '**गुह्यसमाज-तन्त्रराज**' नामक ग्रन्थ का सौन्दर्य वर्णनातीत है। इसके प्रारम्भिक पत्रों पर बनी सुवर्णमयी मूर्तियां भारत की उत्कृष्ट कला के दर्शन कराती हैं। मुख पृष्ठों पर बने सुवर्ण और रजत के उभरे हुए शाक्यमुनि, वज्रपाणि और ताराएं, तथा स्वर्ग का मनोहारी दृश्य देखकर ऐसा लगता है कि संसार के महान् कलाकारों की ये अमर कृतियां जगत् में अज्ञात क्यों हैं? ये अनुपम कृतियां भारत के इतिहास की भी सुन्दर झांकियां हैं। इनके दर्शन प्रत्येक भारतीय को करने चाहिएं।

विनयवस्तु (मोंगोल में– नोमुगद्रवखुई–यिन् शिथुगेन्) के ५ भागों में ३२०० पृष्ठ हैं। प्रत्येक पृष्ठ का परिमाण ३०" है। प्रज्ञापारमिता (मोंगोल में– बिलिगुन् छिन्दु खिजगर खुरग्सेन्) २२ भागों में १०,००० पृष्ठ लम्बा ग्रन्थ है। कंजूर में ७४५ छोटी बड़ी पुस्तकें तन्त्र से संबद्ध हैं। इनमें से कुछ उल्लेखनीय हैं– मंजुश्रीज्ञानसत्त्वस्य परमार्था नामसंगीति, सेकोद्देश, कालचक्र, आर्य मंजुश्रीकर्म-चतुश्चक्र-गुह्य-तन्त्र, श्रीचक्रसम्वर गुह्य-चिन्त-तन्त्रराज, वज्रपाणि-नीलाम्बरधर-त्रिलोक-विनय-तन्त्र। इसी प्रकार धारणी तथा सूत्र ग्रन्थ भी बड़ी संख्या में हैं– रश्मि-विमल-विशुद्ध-प्रभा-धारणी, आर्य-तपस्वी-नागराज-परिपृच्छा-धारणी, प्रदीप-दानीय-नाम महायान-सूत्र, मंजुश्री-विक्रीडित नाम-महायानसूत्र। इन ग्रन्थों में उल्लखित कुछ एक भारतीय आचार्यों के नाम भी दर्शनीय हैं– (भारतवर्षस्योपध्यायो

महाविद्वान्) जयसेनः, जिनमित्र, ज्ञानाकर, ज्ञानमित्र, ज्ञानसिद्धि, ज्ञानश्री, (काश्मीरस्य पण्डितः) महाज्ञानः, मंजुश्रीगर्भ, इत्यादि।

पाणिनि की अष्टाध्यायी मोंगोल भाषा में है। इसी के आधार पर मोंगोल भाषा की व्याकरण ढली हुई है। आधुनिक मोंगोल भाषा भी भारत की भाषाओं के समीप है। **आयुर्वेद** का वाग्भटरचित प्रसिद्ध अष्टांगहृदय मोंगोल में कई शताब्दी पूर्व अनूदित है। इसी प्रकार **दण्डी** का काव्यादर्श, **कालिदास** का मेघदूत, द्वात्रिंशत्पुत्तलिका, वेतालपंचविंशति, पंचतन्त्र, अमरकोश, सुभाषितरत्ननिधि, चाणक्यराजनीति, सुवर्णप्रभास, बोधिचर्यावतार इत्यादि। विक्रमादित्य और राजा भोज की कथाएं मोंगोल देश में बहुत लोकप्रिय हैं। राजा भोज अर्जि बुर्जि नाम से प्रख्यात हैं। आचार्य रघुवीर जी ने इन्हें प्रकाशित किया है।

उलान्बातर के मध्य में **छोइजिन्लामिन् सुमे** है। जिब्बुन् दाम्पा के समय में यह भविष्यवाणी विहार था। मन्दिर के चारों ओर लांछा लिपि में संस्कृत लिखी है। मन्दिर के अन्दर अनन्त मूर्तियां हैं। अष्टम अवतार के गुरू का सुवर्णरोपित शरीर रखा है। **महाकाल** की मूर्तियां भिन्न भिन्न मुद्राओं में हैं। भित्ति से मूर्तियां उभरी हुई लगी हैं। ऐसा लगता है मानों स्वर्ग से देवता नीचे झांक रहे हैं। अष्टमंगल और सप्तरत्न अपने शुद्ध रूप में सुशोभित हैं। मीन, कलश, शंख, अश्व, गज, श्रीवत्स, चक्र इत्यादि बने हुए हैं। **भगवान् बुद्ध** कमलासीन होकर शिष्यों को उपदेश दे रहे हैं। लकड़ी के अनेक मन्दिरों के अन्दर **तारा देवी** और **यमान्तक** की मूर्तियां हैं। पीतल के घोडों पर पूजासामग्री ले जाई जा रही है, कहीं सुखावती का दृश्य है तो कहीं अप्सराएं उड़ रही हैं। देवगण अपने अपने विमानों पर बैठे आकाश से सारा दृश्य देख रहे हैं। भारत के १६ **अर्हतों के चित्र** भित्ति पर लटके हैं। मिट्टी की मुद्रा पर छोटे छोटे असंख्य बुद्ध ही बुद्ध बने हैं। शाक्यमुनि, अवलोकितेश्वर, इत्यादि अनेक भिन्न रूप की मूर्तियां ही मूर्त्तियां हैं।

हम लोग ३ मई १९५७ को मध्याह्न में उलान्बातर से **एर्देनिज़ू** के लिए चल पड़े। यह ४५० किलोमीटर की दूरी पर है। दो वहित्र साथ थे। दो चित्रकार, एक विज्ञान-समिति का प्रतिनिधि, एक पुरातत्त्ववेत्ता, एक दुभाषिया, तथा दो चालक। मार्ग बहुत ही भयंकर था। कभी वहित्र किसी टीले पर चढ़ता तो कभी नीचे घाटी में उतरता। कोई निश्चित सड़क बनी हुई न थी। केवल दिशा देखकर चालक जिधर चाहता वहित्र घुमा कर ले जा रहा था। सामान्य चालक ऐसे स्थान पर चलाने में असमर्थ रहेगा। कभी-कभी तो ऐसा लगता था कि अब हम खड्ड में गिरे, बस समाप्त हुए, परन्तु चालक अत्यन्त पटु और धैर्यवान् था।

दिनभर चलने के पश्चात् रात्रि को हम एक स्वास्थ्य-केन्द्र में सोए। यह अभी बना है और इसकी प्रत्येक वस्तु नई है। भित्तियों पर पद्म और श्रीवत्स चित्रित हैं। इस जाति को भी द्वीपान्तर जाति के समान कला से बड़ा प्रेम है। कलाविहीन वस्तु इन्हें अच्छी नहीं लगती। दूसरे दिन प्रातः ९ बजे एर्देनिज़ू के लिए प्रस्थान किया। मार्ग में ६८ उइगूर समाधियां देखीं। इनमें एक स्त्री दो घोड़ों सहित दबाई गई थी।

लगभग डेढ़ घण्टे चलने के पश्चात् **एर्देनिज़ू** पहुंचे। मार्ग पर्वतों से परिपूर्ण था। पुरातत्त्ववेत्ता ने बताया एर्देनिज़ू १५८६ में स्थापित किया गया। दूर से ही चौकोर श्वेत स्तूप दिखाई देने लगे। विहार की भित्ति पर्याप्त ऊँची है और इसमें १०८ स्तूप बने हैं। स्तूपों की दशा जीर्ण थी। किसी के ऊपर का भाग टूट गया था, किसी का शिखर टेढ़ा होकर झूल रहा था। किसी समय इन पर सुन्दर रंग रहा होगा और शिखर सुवर्ण लेप के कारण धूप में चमकते होंगे। आज इस भव्य विहार के दर्शन करके हृदय को दुःख हुआ। किन्तु यह सोचकर सन्तोष कर लेना पड़ा कि हम सौभाग्यशाली हैं जो इसके दर्शन तो हो गए। ये १०८ स्तूप, माला के १०८ मनकों के द्योतक हैं। इस स्तूपमाला के अन्दर प्रवेश करने पर तीन विशाल मन्दिरों के भग्नावशेष दिखाई देते हैं। कई विशाल पक्के मंच दिखाई देते हैं। इनके पास ही पत्थर और पक्की मिट्टी की अनके टूटी फूटी कलाकृतियां पड़ी हैं। यह पत्थर का टुकड़ा कभी किसी मूर्ति का अंग रहा होगा, दूसरा किसी मकरमुख का अवशेष, तीसरा किसी अलंकरण का भाग रहा होगा– ऐसी कल्पना करते-करते पर्याप्त अन्दर चले गए। हरे और लाल रंग की खपरेलों की बनी छतें किसी समय धूप में बड़ी चमकती होंगी।

विहार के परिसर में एक विशाल धूपपात्र बना हुआ है। दो विशाल शिलाओं पर लांछा, भोट, मोंगोल में 'ओं मणिपद्मे हूँ' खुदा हुआ है। एक पर चीनी भी है।

मकरमुख से विभूषित प्रवेशद्वार है। फाटक में प्रवेश करते ही तीन मन्दिर दिखाई देते हैं। प्रथम मन्दिर की छत में अनेक तारा देवियां चित्रित हैं। छत के मध्य के गह्वर भाग में मण्डल बना हुआ था। सामने ही तीन सुवर्ण-मण्डित मूर्तियां थीं। इन मूर्तियों के सामने मंच पर अनेक छोटी सुवर्णमयी मूर्तियां रखी थीं। छोटे-छोटे चैत्य भी थे। अनेक पात्रों में पूजासामग्री भरी थी। मोरपंख खम्बों से लटकाए हुए थे। समस्त भित्ति एक अतिविशाल थंका से आवृत थी। थंका कलापूर्ण और प्राचीन लगता था। दाईं ओर पुस्तकें रखी थीं। बाहर की ओर भित्ति पर लगातार स्वयंभू लिपि में सस्कृत लिखी थी। छत के ऊपर सुवर्ण स्तूप और धर्मचक्र बने थे।

द्वितीय मन्दिर दो भूमि ऊंचा हैं। इसके प्रवेश द्वार पर ज्वालामण्डल में स्थित चण्डमहारोषण की मूर्ति है। यहां सस्कृत में सुवर्णाक्षरों से फट्टे पर लिखा है 'ओं चण्डमहारोषण हूं फटः'। सुवर्णलिखित ह्क्ष्म्ल्व्र्यं भी टंगा हुआ है। बाईं ओर लकड़ी का छोटा सा मन्दिर है। इसमें किसी गुरूमहाराज की प्रतिमा स्थापित थी। सामने तीन विशाल सुवर्ण की मूर्तियां हैं जो कि श्रद्धालु भक्तजनों के भेंट किए वस्त्रखण्डों को पकड़े हुए हैं। मूर्ति के मध्य में ऊर्णा बनी थी। पूजासामग्री में सुपारी, गेहूं, दाखें, जौ, चावल और लाल रत्तियां हैं। दाईं और बाईं ओर महाकाल की काली विशालकाय दो मूर्तियां खड़ी हैं। महाकाल रक्षक के रूप में हैं। अमंगलकारी वस्तुओं का संहार और मंगलकारी वस्तुओं का पोषण करते हैं। मन्दिर के चारों ओर परिक्रमा करने के लिए दीर्घा बनी हुई है। परिक्रमा करके हम ऊपर गए। यहां विशाल बोधिवृक्ष पर सहस्र-बुद्धों की मूर्तियां सुशोभित हैं।

तृतीय मन्दिर में चारों ओर सस्कृत के मन्त्र लिखे हैं। इसमें प्रवेश करते ही काश्यप, शाक्यमुनि, और मैत्रेय की सुवर्णमयी मूर्तियां हैं। काश्यप पूर्व युग के, शाक्यमुनि वर्तमान युग के, और मैत्रेय भविष्य में होने वाले बुद्ध हैं। यहां द्वार पर नवरत्न बने हैं। द्वार पर लांछा लिपि में 'ओं बलि बलि महाबलि स्वाहा' लिखा है। अन्दर के फाटक पर 'ओं पद्मोष्णीषविमले हूं फट्' लिखा है। हमने इन सब वस्तुओं के चित्र लिए हैं। मन्दिर के खम्बों पर सोने के चमकते हुए नाग चढ़े हैं। इन तीन विशाल मन्दिरों के पार्श्व में कई छोटे छोटे भवन हैं। हमें यहां कुछ मूर्तियां उपहार स्वरूप मिलीं। खण्डहर में पड़े सस्कृत के मन्त्रों से युक्त छोटे छोटे अनेक स्तूप हमने ढढूं निकाले। मिट्टी की कई छापें भी हमें मिल गईं।

एर्देनिज़ू विहार के बाहर कुछ दूर पर मोंगोल सम्राटों की राजधानी **काराकोरम्** की भित्ति बनी है। पत्थर का एक अतिविशाल कच्छप एर्देनिज़ू के फाटक के बाहर पड़ा है। यह कच्छप दीर्घ जीवन का प्रतीक है।

१२ मई को हम उलान्बातर से चल पड़े। विमानक्षेत्र पर बहुत लोग आए थे। हम वहां से चल तो पड़े परन्तु हमारा मन वहीं रमा हुआ था। इच्छा होती थी कि इस पवित्र मोंगोल देश में कुछ वर्षों तक रहें और कुछ पुण्यार्जन करें, किन्तु दूसरी ओर अपनी मातृभूमि की ममतामयी पुकार थी। मोंगोल की तीर्थयात्रा करके हमारा जीवन कृतार्थ हो गया। मोंगोल शासन के अतिसौहार्द से हमें जो अनन्त साहित्यिक सांस्कृतिक सामग्री मिली उसका सम्पादन और प्रकाशन करना हमारा परम कर्तव्य है।

चलने से एक दिन पूर्व प्रधानमंत्री त्सेदेन्बाल् का निमन्त्रण मिला। मोंगोल प्रधानमन्त्री बड़े प्रेम से हमसे ससंद् भवन में मिले। चाय और मिठाई से हमारा आतिथ्य किया। मोंगोल देश में

हमारी सुख सुविधा के सम्बन्ध में अनेक प्रश्न किए। हमने अपने कार्य का कुछ परिचय दिया और सस्कृत का शान्ति-पाठ गाकर सुनाया। शान्ति-गीत सुनने के लिए वे तुरन्त खड़े हो गए और जब तक वह पूरा न हुआ तब तक खड़े रहे। उनके साथ चित्र लने को कहा तो वे तुरन्त चित्र खिंचवाने के लिए उद्यत हो गए। उनके मुखमण्डल से भारत के प्रति प्रेम और सद्भावना फूटी पड़ती थी।

मोंगोल देश की झांकी

एशिया के मानचित्र पर जब हम दृष्टिपात करते हैं तो मोंगोल देश के उत्तर में सोवियत संघ और पश्चिम दक्षिण पूर्व में चीन देश पाते हैं। मोंगोल भूमि सामान्य रूप से पठार है और ऊंचे विशाल पर्वतों से युक्त है। आल्थाई, सायन, हांगाइ, खिंगान् पर्वतश्रेणियां ९००० से १२००० पाद ऊंचाई तक की हैं। मोंगोल देश के दक्षिणी भाग में गोबी नामक विशाल मरूभूमि है। यहां ग्रीष्म में प्रचण्ड उष्णता और शीत में अत्यधिक ठण्ड पड़ती है। सामान्य रूप से समुद्र स्तर से इसकी ऊंचाई ४७४० पाद से लेकर १३९५९ पाद तक और निम्नतम १५९७ पाद है। मई-जून उष्णतम मास हैं, पर इनमें भी पर्वत-श्रेणियों पर रात्रि को रूई के समान हिम गिर जाती है। मोंगोल नदियों में सबसे बड़ी शेलेंगा है। यह विशाल घाटी में बहती हुई उत्तर में बैकाल झील में प्रवेश करती है। दूसरी शिश्खिद् नदी है जिससे शिबिरदेश (साइबेरिया) में बहने वाली येनिसेइ नदी का उद्भव हुआ है, इर्तिश् नदी की सहायक है। अन्य प्रसिद्ध नदियां ओनोन्, केरूलेन्, हल्हिंगोल् इत्यादि हैं। शीत ऋतु में ये सब नदियां प्रायः एक हाथ मोटी हिम से ढक जाती हैं। किन्तु बसन्त तथा ग्रीष्म में ये सिंचाई, लकड़ी बहाने तथा नौका चलाने के काम आती हैं। गोबी मरूस्थल की नदियां केवल वर्षा ऋतु में ही बहती हैं, अन्यथा सूख जाती हैं।

मोंगोल देश सैंकड़ों झीलों से युक्त है। ये अधिकतर गोबी मरूभूमि में स्थित हैं। सबसे बड़ी उब्सानूर झील है। सबसे गहरी ख़ुब्सुगुल् है जिसमें ४६ नदियां और झरने गिरते हैं। इन झीलों के तटों तथा समीपवर्ती भूमि पर अच्छी कृषि होती है। मोंगोल-निवासी कृषि की अपेक्षा पशुओं पर अधिक जीवन-यापन करते हैं। इसलिए पशुओं के लिए विभिन्न प्रकार की खाद्य सामग्री उगाई जाती है। मुख्य पशु ऊंट, चमरी गाय, घोड़े, भेड़, बकरी, हिरण, जंगली शूकर, लोमड़ी, भेड़िए इत्यादि हैं। यहां ऊंट दो ककुद् वाला होता है। शीत में इसके शरीर पर इतने लम्बे बाल उग आते हैं मानों कम्बल पहन लिया हो। ग्रीष्म आने पर इसकी कम्बल जैसी रोमावली उतरने लगती है। इसी प्रकार यहां के घोड़े तथा गायों के शरीर लम्बे बालों से ढके रहते हैं। घोड़े, ऊंट, बकरी, भेड़ों के झुण्ड के

झुण्ड इधर उधर दौड़ते हुए दिखाई देते हैं। मोंगोल लोग उत्तम कोटि के घुड़सवार हैं। ये अश्वारोही पर्वत अथवा गर्तों की चिन्ता किए बिना गति से घोड़ों को दौड़ाते रहते हैं।

मोंगोल देश की जलवायु प्रायः शुष्क तथा बहुत ठण्डी है। शीत ऋतु में यहां का तापमान शून्य से ६० अंश नीचे तक गिर जाता है। शीत में यहां आंधी बड़े वेग से चलती है और चारों ओर हिम का साम्राज्य छा जाता है। यहां आकाश प्रायः स्वच्छ और सूर्य चमकता रहता है। मोंगोल देश भूविस्तार में भारत से आधा है। किन्तु जनसंख्या दिल्ली से भी कहीं कम है। समस्त मोंगोल देश की जनसंख्या दस लाख है। प्रायः लोग तम्बुओं में रहते हैं और ये तम्बु आधे घण्टे में गाड़ लेते हैं। जहां भी हरा भरा क्षेत्र दिखाई दिया वहां पशुओं सहित जाकर तम्बु गाढ़ कर रहने लगते हैं। इनके तम्बु बहुत सुन्दर और उष्ण होते हैं। शीत के अनुसार नमदे की परतें अधिक अथवा कम कर लेते है। नीचे ३-४ कालीन बिछाते हैं, तथा सुन्दर रंगों से चित्रित चौकियों पर गद्दियां लगा कर बैठते हैं। आधुनिक तम्बु में विद्युत् और आकाशवाणी का भी उपयोग होने लगा है। एक व्यक्ति के लिए १०० से भी अधिक पशुओं का माध्य पड़ता है। मुख्य रूप से समस्त देश पशुओं पर ही आश्रित है। बड़े-बड़े बालों से युक्त पशुचर्म का कोट शीत ऋतु में इनकी रक्षा करता है। चर्म-निर्यात मुख्य व्यवसायों में से है।

ऐतिहासिक रूप से मोंगोल जाति बड़ी शूरवीर एवं भ्रमणप्रिय रही है। मोंगोल अश्वारोही पूर्व में व्लाडीवोस्तोक से लेकर पश्चिमी योरोप के नगरों तक घूमा फिरा करते थे। आज भी मोंगोल-निवासी विभिन्न स्थानों पर निवास करते हैं। सर्वप्रथम चीनी मोंगोल जिसे आभ्यन्तर मोंगोल भी कहते हैं। इसकी राजधानी होहेहोत है। बुर्यात मोंगोल रूस का उत्तरपूर्व भाग है जिसकी सीमाएं बाह्य मोंगोल के उत्तर से मिलती हैं। इसकी राजधानी **उलान्-उदे** है। उलान् का अर्थ लाल और उदे का अर्थ द्वार है अर्थात् "लालद्वार"। चीन के पश्चिमी प्रान्त सिन्क्याङ् में भी मोंगोल रहते हैं। मोंगोल देश, चाहे वह आभ्यन्तर, बाह्य, बुर्यात अथवा काल्मिक हो, संस्कृति एवं भाषा की दृष्टि से एक है। मोंगोल उपभाषाओं में यद्यपि कुछ भेद हैं, तथापि वे एक दूसरे की बात समझ लेते है।

मोंगोल इतिहास का प्रारंभ छिंगिस् खां से होता है। मोंगोल कंजूर की पुष्पिकाओं में छिंगिस् खां के लिए चक्रवर्ती, देवातिदेव, आर्य आदि विशेषण प्रयोग किए गए हैं। यही छिंगिस् खां है जिसने १२०४ ई० में मोंगोल लिपि का प्रारंभ किया था। १२६९ ई० में कुबलइ खां ने फाग्स्पा (भारतीय लिपि का एक विशिष्ट रूप) लिपि का प्रचलन करवाया। परन्तु सौ वर्ष के उपरान्त ही इसका प्रयोग

बन्द हो गया और समस्त साहित्यिक कार्यों में मोंगोल लिपि का होने लगा। यह आजतक प्रयोग की जाती है। यह मोंगोल लिपि ही आज राष्ट्र-लिपि के रूप में ऊपर से नीचे लिखी जाती है और खड़ी पंक्तियां बाएं से दाएं की ओर चलती हैं। मोंगोल जाति जनसंख्या में यद्यपि बहुत बड़ी नहीं, किन्तु साहित्य की दृष्टि से यह एशिया के बड़े से बड़े साहित्य से टक्कर ले सकती है। मोंगोल भाषा में अनन्त साहित्य सर्जन किया गया। इस साहित्य का ऐतिहासिक महत्त्व कभी भी कम नहीं हो सकता। मोंगोल देश की विचार तथा चिन्तन परम्पराओं का दिग्दर्शन हम मोंगोल साहित्य द्वारा ही कर सकते हैं।

बौद्धधर्म के प्रवेश से मोंगोल जन-जीवन में एक नई आकांक्षा, एक नई प्रेरणा उदित हुई। १७वीं शताब्दी में मोंगोल सम्राट् लिग्दन् खां के समय **कंजूर** नामक विशाल ग्रन्थमाला का संकलन हुआ। भोट भाषा से अनूदित ये ग्रन्थ आज मोंगोल साहित्य की अनुपम निधि हैं। कंजूर में ११६१ ग्रन्थ हैं जिन की पृष्ठ-संख्या ८२८४६ है। प्रत्येक पृष्ठ ३० इंच लम्बा और ९ इंच चौड़ा है। सामान्यरूप से भगवान् बुद्ध के मुख से कहे गए प्रवचन कंजूर ग्रन्थमाला में संगृहीत हैं। उन पर टीकाएं **तंजूर** के नाम से प्रसिद्ध हुईं। भोट देश में भी ये कंजूर और तंजूर विशाल ग्रन्थमालाएं वर्तमान हैं। तंजूर में ३००० टीका ग्रन्थ हैं जो संस्कृत ग्रन्थों का अनुवाद हैं। प्रत्येक ग्रन्थ के आरम्भ में संस्कृत, भोट और मोंगोल तीन भाषाओं में ग्रन्थ का नाम लिखा रहता है। किस पण्डित ने तथा किस राजा के समय यह अनुवाद किया गया आदि ग्रन्थ के अन्त की पुष्पिका में लिखा रहता है। कंजूर तंजूर मोंगोल साहित्य के आधारभूत स्तम्भ हैं। इनके सर्जन से मोंगोल भाषा अतिसूक्ष्म भाव व्यक्त करने लगी। दर्शन, व्याकरण, ज्योतिष, आयुर्वेद, तन्त्र, इतिहास इत्यादि अनेक विषयों के ग्रन्थ तंजूर में हैं। मोंगोल आयुर्वेदिक वैद्य तो इतने प्रसिद्ध थे कि रूस के सम्राट् (ज़ार) चिकित्सा करने जाया करते थे। पद्मायेफ़ इनमें सुप्रसिद्ध हैं।

मोंगोल भ्रमणप्रिय लोग हैं किन्तु बौद्ध धर्म के आगमन के पश्चात् विहार बन गए, उनके समीप अनेक बस्तियां स्थायी रूप से बस गईं। आज की राजधानी उलान्बातर का पहला नाम उर्गा था। यह बौद्ध कला का अनुपम भण्डार रहा है।

आजकल मोंगोल देश के चार खण्ड हैं। एक आभ्यन्तर मोंगोल, दूसरा बाह्य मोंगोल, तीसरा बुर्यात मोंगोल और चौथा काल्मिकिया। किसी समय ये चारों एक देश के रूप में थे और इनकी राजधानी उर्गा थी। इसी उर्गा राजधानी का क्रान्ति के पश्चात् उलान्बातर नामकरण कर दिया गया। उलान्बातर बाह्य मोंगोल देश की राजधानी है। उलान् का अर्थ लाल और बातर का बहादुर

है अर्थात् लालबहादुर। हिन्दी में बहादुर शब्द मोंगोल बातर का अपभ्रंश रूप है। उलान्बातर राजधानी होने के कारण बहुत महत्त्वपूर्ण नगरी है। १९२४ से पूर्व यह कई नामों से प्रसिद्ध था। उर्गा, ताख़ुरे, इख़ु ख़ुरे आदि। १९२४ की क्रान्ति के पश्चात् इसका नाम उलान्बातर ख़ोतो पड़ा अर्थात् लाल बहादुर की नगरी। यह राजधानी शोला नदी की घाटी में बसी है। चारों ओर पर्वत शृंखला है। बोग्दो उला यहां का सुप्रसिद्ध एवं पवित्र पर्वत है।

१९२४ में उलान्बातर का क्या स्वरूप था और आज क्या है इसकी कल्पना नहीं की जा सकती। संभवतः संसार की किसी भी राजधानी में इतना अधिक परिर्वतन नहीं हुआ होगा जितना इसमें हुआ है। दो तीन भवनों को छोड़कर समस्त पुरानी वस्तुएं समतल करके पुनः सारा निर्माण हुआ है। जहां पहले घोड़े और ऊंट चला करते थे वहां कार बस आदि चलते हैं। विमानक्षेत्र पर बड़े-बड़े विमान उतरते हैं। केवल चीन और रूस के विमान उतर सकते हैं। उलान्बातर मोस्को से ४००० मील पूर्व में और पेकिङ् से ७०० मील पश्चिम में स्थित है। रूस के नगर इर्कुत्स्क से दो घण्टे की उड़ान के पश्चात् उलान्बातर पहुंच सकते हैं। विमान बैकाल झील के ऊपर से एवं युराल अल्ताई की हिमाच्छादित पर्वत-श्रेणियों पर से उड़ता हुआ उलान्बातर के विमानक्षेत्र पर उतरता है तो मोंगोल लोगों के बनाए हुए पक्के भवन में भी तम्बू (गेर) की झलक दिखाई देती है। उलान्बातर में आधुनिक घरों की छतों को गोल तम्बुओं का आकार दिया जाता है।

मोंगोल लोग कई शताब्दियों से तम्बुओं में रहते हैं। यह तम्बू नम्दे का बना होता है। जितनी ठण्ड बढ़ती जाती है उतनी नम्दे की परत चढ़ा देते हैं। कालीन, पटल, पलंग, अंगीठी आदि घर की सब आवश्यक वस्तुएं इसमें रहती हैं। उलान्बातर में अब भी आधे से अधिक लोग तम्बुओं में रहते हैं। ३०-३५ तम्बुओं के चारों ओर लकड़ी की गोल भित्ति खड़ी कर लेते हैं। फाटक की रक्षा के लिए भयंकर कुत्ते पालते हैं। पशु धन से इनकी जीविका चलती है। समस्त देश में जितने व्यक्ति हैं उससे कई गुने अधिक पशु हैं और पशुओं से ही इनका जीवन निर्वाह होता है।

मोंगोल देश का भूभाग भारत से आधा है और वहां की **जनसंख्या** भारत की राजधानी दिल्ली से कम है। एक लाख व्यक्ति उलान्बातर राजधानी में निवास करते हैं। सन् १६४९ से यह नगर विभिन्न नामों से राजधानी बना हुआ है। यह नगर राजधानी कैसे बन गया इसका रोचक इतिहास है। १६४९ से बहुत पूर्व यहां पीत सम्प्रदाय का **'गान्दन्'** नामक सुप्रसिद्ध विहार था। इस विहार में धार्मिक उत्सवों के समय तिब्बत, मंचूरिया, चीन, बुर्यात, मध्य एशिया से भक्त जन पूजा हेतु आया करते थे। उत्सव बहुत दिन चला करता था। विहार का अपना मुद्रणालय था। लकड़ी

के पट्ट खोद कर पुस्तकें छपा करती थीं। भक्त जन ये पुस्तकें साथ में ले जाया करते थे। गान्दन् विहार को दलाई लामा की मान्यता प्राप्त हो गई। यहां धार्मिक शिक्षा दीक्षा प्रारंभ हो गई। यह धार्मिक केन्द्र होने के कारण व्यापार का भी प्रमुख केन्द्र बन गया। यहां के शासक का द्वितीय पुत्र तारानाथ के अवतार-स्वरूप पूजा जाने लगा। ये प्रथम जिब्चुन्दाम्पा उन्दुर् गेगेन् कहलाए। हुथुख्थु अर्थात् अवतार-परम्परा १९२४ तक चलती रही।

उलान्बातर नाम देने वाला **सुखेबातर** था। इसी के नाम से नगर के मध्य में बहुत विशाल चौक है। मध्य में घोड़े के ऊपर स्थित सुखेबातर की पत्थर की मूर्ति बनी हुई है। राष्ट्रीय मोंगोल लिपि में आदर्श वाक्य लिखे हुए हैं। इस बड़े चौक के चारों ओर सचिवालय, विश्वविद्यालय, नाटकगृह, मुद्रणालय, भोजावास, भविष्यवाणी मन्दिर (छोइजिन् लामिन् सुमे) आदि सुप्रसिद्ध भवन बने हुए हैं। इस चौक में **राष्ट्रीय दिवस** और क्रान्ति दिवस की विशाल परेड निकलती है जिसमें नगर के समस्त स्त्री पुरूष, बूढ़े बच्चे भाग लेते हैं। बड़े-बड़े राष्ट्रीय झण्डे और नेताओं के विशाल चित्र लेकर लोग प्रातः ८ से १२ बजे तक परेड में भाग लेते हैं। विभिन्न प्रकार के व्यायाम और खेल कूद दिखाए जाते हैं। पूरे वर्ष में देश ने क्या उन्नति की यह झांकियों के रूप में दिखायी जाती है। हलयन्त्रों आदि का विशाल प्रदर्शन किया जाता है। राष्ट्रपति शम्भु और प्रधानमन्त्री त्सेदेन्बाल जनता का राष्ट्रीय अभिवादन स्वीकार करते हैं। इस अवसर पर विदेशी अतिथि बुलाए जाते हैं। इस लेख की लेखिका भी प्रथम गई १९५७ के उत्सव के समय उलान्बातर में थी।

उलान्बातर आधुनिक नगर बनता जा रहा है। यहां बस और कारें चलती दिखाई देती हैं। लोग पैदल भी चलते फिरते हैं। मोंगोल लोगों को घोड़े की सवारी बहुत ही प्रिय है इसलिए नगर से बाहर आने जाने के लिए घोड़ों का उपयोग किया जाता है। भार ढोने के लिए जीप और ट्रक बहुत चलते हैं। मोंगोल चालक बहुत ही कुशल यन्त्रवेत्ता हैं क्योंकि प्रायः पक्की सड़कें न होने पर भी वे वाहन बहुत कुशलता से चलाते हैं।

उलान्बातर में **आकाशवाणी केन्द्र** बहुत महत्त्व का है। यह अभी बना है। मोंगोल लोगों को संगीत प्रिय है। बड़े-बड़े भोजावासों में प्रातः से ही मोंगोल संगीत बजना आरम्भ हो जाता है। प्रतिवर्ष चार पांच भूमि ऊंचे भवन बनते जा रहे हैं। अभी तक जनता प्रायः तम्बुओं में रहती थी। तम्बुओं में रहना यहां स्वाभिमान का अंग समझा जाता है। वास्तव में ये तम्बू घरों से भी सुन्दर और ऊष्ण होते हैं। पक्के भवन विहार और मन्दिरों के लिए बनाए जाते थे।

राजधानी में **तीन प्राचीन** पक्के **भवन** हैं– गान्दन् विहार, छोइजिन, और हुथुख्थू का राजप्रासाद। गान्दन् विहार कई शतब्दियों से प्रसिद्ध चला आ रहा है। विहार के मुख्य द्वार पर तिब्बती और मोंगोल भाषा के साथ साथ संस्कृत में ''तुषित महायान द्वीप'' लिखा हुआ है। इसके मुख्य भवन चन्दन जोवो, वज्रधर और पूजा भवन कहलाते हैं। ह्क्षम्ल्व्र्यं के गुम्फित तान्त्रिक मन्त्र लगे हुए हैं। मन्दिर की भित्तियां सुन्दर कलात्मक पत्रचित्रों से मण्डित हैं। इनमें शाक्यमुनि, महाकाल, अवलोकितेश्वर, तारादेवी, यमराज आदि की अनन्त मूर्तियां बनी हुई हैं। भारत के समान ही यहां दण्डवत् प्रणाम करने और देवालय की परिक्रमा करने की प्रथा है। भारत तथा नेपाल से आए हुए सुवर्ण तथा रजत मण्डित शंख यहां रखे हैं। १७वीं शताब्दी में तारानाथ के प्रथम अवतार के समय अश्मांगुलि आचार्य भारत से यहां आए। विक्रमादित्य और राजा भोज की कथाएं सुनाईं जो आज भी अराजि बोजि नाम से अत्यन्त लोकप्रिय हैं। भारतीय भोजन में खीर और बताशे बनाने सिखाए। मोंगोल लोग बाताश शब्द प्रयोग करते हैं। मोंगोल भाषा में केले को कदली कहते हैं। गान्दन् विहार के लामा बहुत ही आतिथ्य सत्कार करने वाले एवं विद्वान् पण्डित हैं। मोंगोल भाषा के साथ-साथ वे तिब्बती जानते हैं। भारतीयों को परम आदर की दृष्टि से देखते हैं।

गान्दन् विहार उलान्बातर की प्राचीन संस्कृति का जाज्वल्यमान प्रतीक है। भारत से इतनी दूर हिमाच्छादित प्रदेश में संस्कृत मन्त्रों से युक्त धार्मिक पाठ हो रहा हो, पूर्णिमा और अमावस्या के दिन अखण्ड कीर्तन होता हो, ऐसे सुन्दर पवित्र प्रदेश में ऐसा कौन सा भारतीय होगा जिसका मन आनन्द विभोर न हो जाए। छोइजिन् लामिन् सुम जिब्जुन् दाम्पा के समय भविष्यवाणी विहार था। विहार के चारों ओर लांछा लिपि में संस्कृत मन्त्र लिखे हैं। मन्दिर के अन्दर अनन्त मूर्तियां हैं। अष्टम अवतार के गुरू का सुवर्णरोपित समाधिस्थ शरीर रखा है। मन्दिर की भित्ति पर उभरी हुई मूर्तियां लगी हैं। लगता है मानों देवी देवता स्वर्ग से झांक रहे हैं। अष्टमंगल और सप्तरत्न मूर्तिमान् रूप में प्रस्तुत हैं। पीतल के बने घोड़े पर पूजा सामग्री ले जाई जा रही है। कहीं सुखावती का स्वर्गीय दृश्य है, तो कहीं विद्याधरियां उड़ रही हैं। देवगण अपने-अपने विमानों पर बैठ आकाश से सारा दृश्य देख रहे हैं। भारत के अर्हतों के चित्र भित्ति पर टंगे हैं। इक्कीस तारादेवी की मूर्त्तियां सुसज्जित हैं। तीसरा ऐतिहासिक भवन हुथुख्थू का राजप्रासाद है। इसकी छतें इत्यादि बाहर से बहुत अच्छी रंगी हुई होंगी किन्तु समय और जलवायु के प्रभाव से जीर्ण होने लगी हैं। पिछले २०-२५ वर्षों के अन्दर उलान्बातर राजधानी और देशों के समान ही आधुनिक साधनों से परिपूर्ण है।

विश्वविद्यालय और पाठशालाएं स्थापित हो गई हैं। प्रत्येक विद्यार्थी के लिए माध्यमिक शिक्षा लेना अनिवार्य है। तत्पश्चात् वह किसी भी विज्ञान में विशेष उच्च अध्ययन कर सकता है।

विश्वविद्यालय में प्राच्य भाषाओं और साहित्य का अध्ययन होता है। भारत की राष्ट्रभाषा **हिन्दी** पढ़ाई जाती है। मोंगोल निवासी हिन्दी के अध्ययन में विशेष रुचि रखते हैं। वैज्ञानिक प्रयोगशालाएं भी हैं। मोंगोल देश में पशुओं का आधिक्य होने के कारण **पशुविज्ञान** बड़ा एवं उपयोगी अध्ययन विषय बन गया है। उलान्बातर में विभिन्न प्रकार के चिकित्सालय हैं। सामान्य रोगियों के लिए, नवजात शिशु और माताओं के लिए, विशेष रोगियों के लिए, बूढ़े स्त्री-पुरूषों के लिए तथा दूध देने वाले पशुओं के लिए। चिकित्सक प्रायः महिलाएं होती हैं। उलान्बातर में बड़े-बड़े भवन बनते जा रहे हैं। सचिवालय का भवन बहुत विशाल है। इसी में संसद् भवन है। प्रधानमन्त्री प्रायः यहीं विदेशी अतिथियों का सत्कार करते हैं।

सुखेबातर चौक के एक पार्श्व में चार भूमि ऊँचा आल्थाई **भोजावास** है। इसमें विदेशी अतिथियों को ठहराया जाता है। इसी के ठीक सामने राष्ट्रीय नाटकगृह है। नाटकगृह में लोकनृत्य, ऐतिहासिक नाटक आदि दिखाए जाते हैं। नगर में विशाल हट्टियां हैं। एक विशाल दुकान केवल बच्चों की वस्तुओं, खेल खिलोनों के लिए है। इसका नाम बच्चों का स्वर्ग है। होटलों और दुकानों का काम चलाने वाली प्रायः महिलाएं हैं। उलान्बातर में महिलाएं बस और टैक्सी चलाती हुई भी दिखाई देती हैं। यहां ऊनी वस्त्र बनाने की निर्माणी में बहुत अच्छे कम्बल एवं अनेक ऊनी वस्त्र बनते हैं।

उलान्बातर वर्ष के दो मास छोड़कर १० मास इतना अधिक शीत रहता है कि यहां सदैव उष्ण वस्त्र पहनने पड़ते हैं। ऊनी वस्त्र की मिल लगने से बहुत लाभ हुआ है। मोंगोल ऊन संसार में अपनी कोमलता के लिए प्रसिद्ध है। उलान्बातर में कई अद्‌भुतागार हैं। सुखेबातर छोइबाल्सान के अद्‌भुतागार में इन दोनों नेताओं के जीवन काल में उपयोग में लाई गई वस्तुएं संग्रह की गई हैं। यहां कई समाचारपत्र प्रकाशित होते हैं जिनमें 'उनेन' प्रमुख है। राजधानी होने के कारण उलान्बातर में कई देशों के दूतावास हैं। उलान्बातर की जनता बहुत सम्पन्न एवं प्रसन्न है। मोंगोल जाति सन्तुष्ट प्रकृति की है। जितनी सुख सुविधाएं इनको प्राप्त हैं उतने में वे अपने को भाग्यशाली समझते हैं। यदि एक परिवार के पास एक ऊष्ण गेर (तम्बू), कुछ पशु, नभोवाणी और घर के साधारण उपस्कर हैं तो वे अपने को धन्य समझते हैं। खेल, कूद, नृत्य, संगीत से बहुत प्रेम है। छोटी सी हंसी की बात पर अट्टहास करके हंसते हैं। प्रायः लोग कठिन शारीरिक परिश्रम करने से नहीं घबराते। जो कार्य उन्हें दिया जाता है उसे पूरे मनोयोग से पूरा करते हैं। जब कोई भारतीय

अतिथि विशेषतः महिलाएं दिखाई देती हैं तो स्त्री और बच्चे उन्हें घेर के खड़े हो जाते हैं ओर अपनी भाषा में अनेक प्रश्न करने लगते हैं।

मोंगोल भाषा की वाक्य-रचना हिन्दी से इतनी अधिक मिलती है कि जो सुनता है वह आश्चर्य करता है। जिस प्रकार हिन्दी में कर्ता, कर्म, और क्रिया है, उसी क्रम में मोंगोल वाक्य बनता है। जनसाधारण में राजा भोज और विक्रमादित्य की कथाएं लोकप्रिय हैं। यहां के राजकीय पुस्तकालय में लाखों प्राचीन हस्तलेखों का संग्रह है जो संस्कृत से अनुप्राणित है। यह संग्रह प्रत्येक भारतीय के लिए दर्शनीय हैं।

सूर्योदय का देश - जापान

जापान सूर्योदय का देश कहलाता है। यह प्रशान्त महासागर में चीन के उत्तर-पूर्व, कोरिया के पूर्व में और ताइवान् के उत्तर में स्थित है। जापान के मुख्य द्वीप क्यूशू, शिकोकू, होन्शू, और होक्काइदो हैं। इन द्वीपों के चारों ओर बहुत से छोटे-छोटे द्वीप हैं। जापान पर्वतीय देश है। कुछ पर्वत ज्वालामुखी हैं जो कभी-कभी फूट पड़ते हैं। **फ़ू**जी पर्वत सबसे ऊंचा और प्रसिद्ध है। यह १२४६७ फीट ऊंचा है। छोटी बड़ी बहुत सी नदियाँ हैं। सबसे बड़ी और प्रसिद्ध नदी शिनानोगावा है। पर्वतों के बीच-बीच में बहुत सी झीलें भी हैं। क्योतो नगर के समीप सबसे बड़ी बीवा नामक झील बहुत लम्बी है। ज्वालामुखी पर्वतों की प्रचुरता के कारण उष्ण जलस्रोत सैंकडों की संख्या में विद्यमान हैं। उष्ण जलस्रोत में स्नान स्वास्थ्य के लिए लाभदायक है। जापान की जलवायु बहुत अच्छी है। मुख्यरूपेण चार ऋतुएं हैं वसन्त, ग्रीष्म, हेमन्त और शीत। ग्रीष्म का अधिकतम ताप ८० और शीत का निम्नतम ताप २८ है। जापान की राजधानी तोक्यो होन्शू द्वीप पर स्थित है। तोक्यो नगर की प्रसिद्धि व्यापार और घरेलू उद्योगों के लिए है। अन्य प्रमुख नगर क्योतो, ओसाका, योकोहामा, कामाकुरा, निक्को, **फ़ु**कुओका, नारा और साप्पोरो हैं।

क्षेत्रफल की दृष्टि से जापान छोटा देश है किन्तु एशिया में सबसे अधिक औद्योगिक और प्रगतिशील देश है। जापान ने एशिया में पाश्चात्य सभ्यता का सूत्रपात किया, और उसका विकास विगत ६० वर्षों में हुआ। विज्ञान के विकास में यह एशिया के सब देशों में अग्रगामी हो गया। जापान के लोग आधुनिकतम वैज्ञानिक साधनों का प्रयोग करते हुए भी पश्चिमी देशों पर निर्भर नहीं हैं। उदाहरणार्थ नए-नए अनुसंधानों का एक निदर्शन बाहर से मंगा लेते हैं और उसको देख-देख कर

जापान के कुशल अभियन्ता अपनी निर्माणियों में सर्वथा वैसा ही यन्त्र बना लेते हैं। इस प्रकार उन्हें वही यन्त्र फिर से विदेश से नहीं मंगाना पड़ता। यह प्रणाली जापान के स्वावलम्बी होने में बहुत सहायक हुई है। अपने उपयोग की समस्त वस्तुएं स्वयं बनाने के पश्चात् निर्यात भी बहुत बड़ी मात्रा में करते हैं। जापान में प्रत्येक बच्चा कार्य करता है। ये लोग दत्तचित्त होकर निरन्तर परिश्रम के अभ्यस्त हैं। स्त्रियां भी पुरुषों के समान कार्य में जुटी रहती हैं। जापान का केशविन्यास, पुष्पविन्यास, गुड़ियां अपने सौन्दर्य और वैचित्र्य के लिए सुप्रसिद्ध हैं।

महिलाओं के केश कृष्णवर्ण और सीधे होते हैं। घुंघराले बाल नहीं होते। वे इन्हें बहुत ध्यान से धोकर कलापूर्ण ढंग से विभिन्न प्रकार के जूड़े बनाती हैं। सब आयु वाली स्त्रियों के लिए भिन्न प्रकार के जूड़े निश्चित हैं। जैसे मारूमागे विवाहित स्त्रियां, इकोगाएशि (तितली जूड़ा) युवती कन्याएं, शिमादामागे विवाहयोग्य कन्याएं, त्सुनो काकुशि नववधू के लिए हैं। इस प्रकार लगभग चालीस से भी अधिक प्रकार के केशविन्यास प्रचलित हैं। सजावट के लिए फूल और मोती भी लगाए जाते हैं। राष्ट्रीय उत्सवों और त्यौहारों पर विशिष्ट जापानी ढंग से ही केशविन्यास करने का प्रचलन है।

जापानियों को प्रकृति, दुःख, हर्ष, आमोद-प्रमोद के दर्शन कराती है। पुष्प, वृक्ष, पौधे को अपने ही ढंग से देखते हैं। पर्वत, नदी, उपवन, झरने, इत्यादि दृश्यों की अनुपम किन्तु वास्तविक झांकी उनके बैठने वाले कोष्ठों में कर सकते हैं। बड़े-बड़े वृक्षों को बौने वृक्ष बना कर घर के अन्दर पटल पर उगा लेते हैं। उनकी शाखाओं का भार लटका-लटका कर किसी भी कलापूर्ण ढंग से मोड़ लेते हैं। एक **बौने वृक्ष** को बनाने के लिए कभी १० वर्ष तो कभी १५ वर्ष तक लग जाते हैं। पुष्प-प्रदर्शनी के समय ५०० वर्ष पुराने बौने वृक्ष प्रदर्शित किए जाते है। इन्हें बोन्साइ कहते हैं। बौना बनाने के लिए नाना पौधे उपयोग किए जाते है। पुष्पविन्यास में ऊचांई निचाई के अनुसार वर्गीकरण किए गए हैं। जो पुष्प मुख्य शाखा से सबसे ऊपर की ओर लगा है वह स्वर्ग का प्रतीक है। अन्य शाखा से उगा बीच का पुष्प मनुष्य का सूचक है और सबसे नीचे वाली शाखा का पुष्प पृथ्वी लोक का सूचक है। **पुष्पविन्यास** का आरम्भ १३वीं शताब्दी में भगवान् बुद्ध की वेदी सजाने से आरम्भ हुआ और आज जापानी संस्कृति का आवश्यक अंग है। पुष्प-सज्जा सिखाने के लिए पाठशालाएं हैं। स्त्रियों के लिए यह सीखना अनिवार्य है। परिणामस्वरूप प्रत्येक जापानी घर में प्राकृतिक दृश्यों का लघुरूप पटलों और खिड़कियों में दृष्टिगोचर होता है।

जापानियों को गुड़ियों से बहुत प्रेम है। वे गुड़ियों को बच्चों के समान प्रेम से सजा कर रखते हैं। **गुड़ियां गुड्डे** बच्चों के मनोरंजन के साथ-साथ बड़े लोगों के भी प्रिय हैं। गुड़ियां बनाने

की कला के लिए कई पाठशालाएं हैं। गुड़ियों की प्रदर्शनी लघु जगत् की कल्पना करा देती है। गुड़ियों में प्राचीन वस्त्र अलंकार से सुसज्जित राजा-रानी तथा उनकी सभा के दृश्य, अनेक सभाजनों का उत्सव में सम्मिलित होना, उनके पद के अनुसार उनका उपस्कर, भोजन-पात्र, पर्यंक, उद्यान, घर, इत्यादि छोटी-छोटी प्रत्येक वस्तु और उसमें विलक्षण कला और सौन्दर्य दर्शकों को अप्सरा लोक की कल्पना में डुबा देता है। वर्ष में एक बार गुड़ियों का उत्सव होता हैं। इसमें बच्चे बड़े उत्साह से भाग लेते हैं। जिनकी गुड़ियां टूट फूट जाती हैं उन्हें सुधरवाया जाता है। यदि सुधारने योग्य नहीं हैं तो उन्हें इस उत्सव के दिन भूमि में गाड़ देते हैं और उसके ऊपर झंडी लगा देते हैं। बच्चों के माता पिता उन्हें नयी गुडियां लाकर देते हैं। बच्चे इस उत्सव की बहुत उत्सुकता से प्रतीक्षा करते रहते हैं।

जापानी **अतिथि-सत्कार** में बड़े निपुण होते हैं। जब कोई अतिथि घर में आता है तब उसके पैर धुलाए जाते हैं और बैठने के लिए चटाई दी जाती है। घर की महिला चाय परोसने आती है। चाय बनाना और परोसना जापान की विशेष कला है। चाय की घिसी हुई हरी पत्तियां प्रयोग की जाती हैं। चाय परोसने के विशेष पात्र होते हैं। इनमें बड़ी कला लगी रहती है। जापान में चाय-पात्र बनाने के लिए विशेष कलात्मक निर्माणियां हैं जिनमें नागालंकृत, प्राकृतिक दृश्यों से परिपूर्ण चाय-पात्र बनते हैं। यहां चटाई पर घुटने टेक कर चाय पीने का नियम है। यदि कोई पालथी लगा कर बैठ जाए तो अच्छा नहीं समझा जाता। चाय बनाने और परोसने की विशेष क्षिक्षा दी जाती है।

जापान में **पाद-परिधान** खड़ाऊं के समान होते हैं। खडाऊं ४-५ इंच तक की ऊंचाई वाली होती है। ऊपर अंगूठे की पकड़ के लिए एक पट्टी लगी रहती है। वर्षाकाल में बहुत ऊंची-ऊंची खड़ाऊं पहनी जाती है जिससे कीचड़ में पैर न पड़े। स्त्री और पुरूष सब खड़ाऊं पहिनते हैं। घर में प्रवेश के समय उन्हें बाहर ही उतार देते हैं। जापान में विभिन्न प्रकार के **हाथ के पंखे** बनाए जाते है। महिलाएं और लड़कियां घर से बाहर जाते समय ये पंखा ले जाती हैं। नववधू के हाथ में भी पंखा देते हैं। ये पंखे गत्ते, लकड़ी बांस और पत्र के बने होते हैं। इनपर किसी पर देवी देवता का चित्र होता है, तो किसी पर प्राकृतिक दृश्य। एक कोने में छोटी सी कविता लिखी रहती है। जापान के पंखे संसार में विख्यात हैं।

जापान की **बांस की बनी छतरियां** संसार में प्रसिद्ध हैं। ये कासा कहलाती हैं। इनपर चित्रकारी बहुत सुन्दर होती है। इन छतरियों का उपयोग जापान की महिलाएं बहुत करती हैं। आजकल विदेशों में इनका निर्यात बड़ी संख्या में हो रहा है।

बौद्ध धर्म भारत से चीन और कोरिया होता हुआ जापान पहुंचा। बौद्धधर्म के प्रवेश से कोरिया स्वयं ही उन्नत नहीं हुआ किन्तु उसने जापान को भी सभ्यता, संस्कृति, धर्म, साहित्य आदि का दान दिया। इससे पूर्व जापान में लोग लिखना-पढ़ना नहीं जानते थे। कोरिया के आचार्य जापान गए और बौद्धधर्म की स्थापना की। **पत्र और मसी** बनाना सिखाया। चीनी बर्तन बनाने सिखाए। एक दूसरे कोरिया के विद्वान् ने जापान में जाकर **होर्यूजी** जैसे विश्वविख्यात विहार की स्थापना की और भारतीय धर्म तथा विद्याओं का नगर-नगर में प्रचार किया।

बौद्धधर्म जापान के राजप्रासाद में प्रविष्ट हुआ। स्थान-स्थान पर मन्दिर बनने लगे। पीतल तथा अन्य धातुओं की मूर्तियां ढलने लगीं। लोग ध्यान-योग का अभ्यास करने लगे। कुदारा (कोरिया) के राजा ने ५५२ ई० में युद्ध से पीडित होकर निकट स्थित जापान में शरण ली। अपने साथ सूत्र और मूर्तियां जापान के सम्राट् किम्मेइ को भेंट देने ले गए। धीरे-धीरे बौद्ध भिक्षु और भिक्षुणियां भी जापान में पंहुचीं। चित्रकार और मूर्तिकार आए। राजा ने विहार और मूर्तियां बनाने के आदेश दिए।

जापान के **राजकुमार शोतोकु** ने बौद्ध धर्म का प्रसार करने में अथक परिश्रम किया। राजकुमार शोतोकु की उपमा सम्राट् अशोक से कर सकते हैं। प्रथम प्रमुख सम्प्रदाय माध्यमिक था। बौद्धधर्म के शिंगोन नामक मन्त्रयान सम्प्रदाय के प्रवर्तक कोबो दाइशि का नाम जापानी बड़ी श्रद्धा के साथ लेते हैं। कोबो दाइशि बहुत बड़े धर्माचार्य, चित्रकार, मूर्तिकार, कवि और साहित्यिक थे। ये शिंगोन सम्प्रदाय के जन्मदाता हैं। कोबो दाइशि का अर्थ है धर्मवर्धन महाचार्य। ये बाल्यकाल से ही गंभीर विचारों वाले थे। १६ वर्ष की अवस्था में श्रमण बने। क्योतो और नारा में सैंकड़ों विहार और सहस्रों भिक्षु थे, किन्तु कोबो दाइशि उनसे तृप्त नहीं थे। वे आध्यात्मिक उन्नति की सोच में थे। वे चीन गए और वहां गहन अध्ययन किया, योग अभ्यास किया। आचार्य हुइको से दीक्षा ली। बौद्ध साहित्य में निष्णात कोबो दाइशि अपने देश लौटे। ८१६ में कोयासान नामक पर्वत पर साधना का श्रीगणेश किया। कोबो दाइशि जनता के बहुत प्रिय थे। कोयासान के समीप मन्दिर में महावैरोचन तथागत की मूर्ति प्रतिष्ठित है। अगणित लोग इसकी आराधना करते हैं। भारतीय वर्णमाला के आधार पर जापानी वर्णमाला बनाई जिसको काताकाना कहते हैं। इनका क्रम आ ई ऊ ए ओ का की कू के को आदि है। इन वर्णों का उपयोग करके कोबो दाइशि ने ८०९ में इरोहा नामक कविता लिखी जो परिनिर्वाण-सूत्र पर आधारित है।

जापान में **बौद्ध देवी देवताओं** के अतिरिक्त और भारतीय देवताओं के विहार भी हैं। यहां ये देवता बौद्धधर्म के ही अंग बन गए हैं। जापानी कला एवं सौन्दर्य प्रिय जाति है। विहारों को बहुत ही सुन्दर शैली से सजा कर रखते हैं। **विहार** प्रायः प्रकृति की गोद में हैं। नगर के कोलाहल से दूर नारा और कोयासान विहारों के नगर हैं। नारा में भिक्षु ही भिक्षु हैं। यहां के विहारों में सात्विक भोजन किया जाता है। नारा में एक उपवन मृगदाव का प्रतीक है। यहां बहुत संख्या में मृग पाले हुए हैं जिन्हें भिक्षु स्वयं भोजन खिलाते हैं। नारा के दृश्यों की किसी भी भारतीय तपोवन से तुलना की जा सकती है। समय आने पर तीर्थयात्रा के लिए जाते हैं।

कोयासान में ११०० वर्ष से एक **अखण्ड ज्योति** जल रही है। यह पुण्य तीर्थ है। अनेक यात्री इसके दर्शन करने आते हैं। जापान के विहारों में संस्कृत बीज मन्त्र लिखे मिलते हैं। यहां संस्कृत को लिखने के लिए सिद्धम् लिपि का उपयोग किया जाता है। विहारों के आगे बड़े-बड़े धूपपात्र लगे रहते हैं जिनमें सुगन्धित धूप जलाई जाती है। धार्मिक दृष्टि से जापान के लोग भारत के समीप हैं। क्योतो, नारा, कोयासान के विहारों को देखकर प्रत्येक भारतीय को इनके प्रति ममत्व हो जाता है। जापान का साहित्य भारतीय विचारधारा से ओतप्रोत है।

बौद्धधर्म के प्रवेश की भांति, जापान में **भारतीय साहित्य** का प्रवेश भी कोरिया द्वारा हुआ। ५५२ ई० में चीनी भाषा में लिखा बौद्ध साहित्य जापान पहुंचा। जापानी लोगों के लिए यह नया दर्शन था। उन दिनों नारा राजधानी थी। शोतोकु स्वयं साहित्यिक रूचि के थे। उन्होंने बौद्ध सूत्र लाने के लिए विदेश अधिकारी भेजे। शिलालेख खुदवाए गए। इस समय के सुप्रसिद्ध साहित्यिक काकिनोमोतो, हितोमारो, आकाहितो आदि थे। हेइआन् राजवंश के समय बौद्धधर्म सम्बन्धी बहुत साहित्य लिखा गया। इस समय कोबो दाइशि ने स्वतन्त्र जापानी साहित्य की आधारशिला रखी।

जापानी भाषा में अनेक बौद्ध टीकाएं लिखी गईं। **काताकाना और हीरागाना** लिपियों के प्रयोग से जापानी साहित्य में राष्ट्रीयता का प्रवेश हुआ। १०वीं शताब्दी में **राष्ट्रीय साहित्य** का सृजन द्रुतगति से हुआ। त्रिपिटक का अध्ययन-अध्यापन आज तक हो रहा है। साहित्यिक लोग प्रायः भिक्षु अथवा राजकीय व्यक्ति हुआ करते थे। अतः धार्मिक साहित्य प्रधान रहा। प्राचीन जापानी साहित्य प्रायः छन्दोबद्ध है। आधुनिक जापानी साहित्य में सब प्रकार के वैज्ञानिक विषयों की पुस्तकें हैं।

जापानी प्रत्येक वस्तु को अपने लिए अपने दृष्टि कोण से लिखकर पढ़ते-पढ़ाते हैं। विज्ञान में कोई भी विषय नहीं जिस पर जापानी भाषा में पुस्तक न हो। जापानी वैज्ञानिक शिक्षा के लिए किसी वैदेशिक भाषा पर निर्भर नहीं हैं। उन्होंने नए विषयों के अनुसन्धान के साथ उसके पारिभाषिक शब्द बना लिए हैं और साहित्य भी रच लिया है। इसी लिए जापान इतना उन्नत और स्वावलम्बी देश है। यह एशिया के लिए पथप्रदर्शक है।

तिब्बत और भारत के सांस्कृतिक सम्बन्ध

तिब्बत और भारत का घनिष्ठ सम्बन्ध रहा है। तिब्बत की धर्मनिष्ठता और स्वराज्यप्रियता को देखकर प्रत्येक भारतीय का हृदय करुणा और ममता से भर आता है। इसने भारत की अनेक लुप्त निधियों को साज संवार कर रखा है। सातवीं से लेकर बीसवीं शताब्दी तक के तिब्बत और भारत सम्बन्धों में कभी कोई बाधा उपस्थित नहीं हुई। संसार के लिए तिब्बत अज्ञात और दुर्गम देश रहा है, किन्तु भारत के लिए सुहृद् बन्धु है, भारत को कैसे भुला सकता है। प्राचीन समय से हम लोग तिब्बत को भोट नाम से जानते हैं। हिन्दी में प्रचलित भोटिया इस 'भोट' शब्द से निकला है। प्रस्तुत लेख में भोटदेश और भोटभाषा शब्द प्रयोग किए गए हैं।

भोटदेश के **इतिहास** से परिचय पाकर हम भोटदेश का भलीभांति दिग्दर्शन कर सकेंगे। छठी शताब्दी तिब्बत में जादू-टोने, भूतप्रेत पर अवलम्बित बोनधर्म का प्रचार था। अज्ञान के अन्धकार से आवृत तिब्बत में बौद्धधर्म रूपी ज्ञान का सूर्य उदित हुआ जिसने देश के कोने-कोने को धर्म और संस्कृति रूपी किरणों से आलोकित कर दिया।

सातवीं शताब्दी में **स्रोङ्त्साङ्गाम्पो** नामक भोटदेश का शक्तिशाली सम्राट् हुआ। इसने देश के छोटे-छोटे सामन्तों को जीत कर बड़ा साम्राज्य बनाया। चीन का भी कुछ भाग जीत लिया। स्रोङ्त्साङ्गाम्पो ने नेपाल के राजा अंशुवर्मा की पुत्री भृकुटी देवी और चीन की राजकुमारी वन्त्सङ् से विवाह किया। ये दोनों राजकुमारियां बौद्धधर्म की अनुयायिनी थीं। नेपाल की राजकुमारी अपने साथ अक्षोभ्य बुद्ध, मैत्रेय और चन्दन निर्मित तारा की मूर्तियां लाई, और चीन की राजकुमारी शाक्यमुनि की रत्न-जटित मूर्ति। सम्राट् पर दोनों रानियों का प्रभाव पड़ा और उसने दो विहार बनवाए। अक्षोभ्य के लिए रामोछे का विहार और शाक्यमुनि के लिए रासा में विहार बनवाया।

रासा नामक ग्राम पीछे **ल्हासा** नाम से प्रसिद्ध हो गया। बौद्धधर्म सम्पूर्ण तिब्बत का राजधर्म बन गया। ये दोनों रानियां तारादेवी का अवतार मानी जाने लगीं। नेपाल की राजकुमारी श्यामतारा

बन गई और चीन की राजकुमारी श्वेततारा। स्रोङ्त्साङ्गाम्पो ने धर्माचरण के बहुत से नियम बनाए। अभी तक भोट-भाषा लिखी नहीं जाती थी क्योंकि इसकी कोई लिपि न थी। रानियों की प्रेरणा से सम्राट् ने थोम्मि सम्भोट को धार्मिक ग्रन्थ और लिपि लाने के लिए भारतवर्ष भेजा। थोम्मि भोट उपाधि है और 'सम्भोट' का अर्थ है अच्छा भोटिया। यह उपाधि भारतवर्ष में दी गई थी।

थोम्मि सम्भोट के साथ १६ व्यक्ति गए थे। थोम्मि सम्भोट ने पण्डित देववित्सिंह के अधीन अध्ययन किया। अध्ययनक्रम वर्षों चलता रहा। जब भोटदेश लौटे तो अपने साथ नागरी के पूर्व रूप को, जो उस समय भारत में प्रयोग हो रहा था, भोटभाषा को लिखित रूप देने के लिए ले गए। थोन्मि सम्भोट ने अपनी भाषा को ऐसी अनुपम भेंट दी कि यह युगों के लिए अमर हो गयी। भोटभाषा की वर्तमान लिपि का वही रूप आज भी है। इन्होंने संस्कृत व्याकरण के आधार पर सर्वप्रथम भोट व्याकरण रचा। सम्राट् स्रोङ्त्साङ्गाम्पो ने इन ग्रन्थों का अध्ययन किया। थोम्मि संभोट जो पुण्य ग्रन्थ भारतवर्ष से ले गए थे, वे वहां पहुंचकर दिव्य, अनुपम शास्त्र बन गए।

संस्कृत ग्रन्थों के आधार पर सम्राट् ने बौद्धधर्म की नींव इतनी पक्की डाली कि वह आज तक स्थिर चली आई। स्रोङ्त्साङ्गाम्पो के राज्य काल में कई प्रमुख भारतीय आचार्य भोटदेश गए। ६५० ई॰ में स्रोङ्त्साङ्गाम्पो की मृत्यु के पश्चात् माङ्स्रोङ् गद्दी पर बैठे। कुछ समय पश्चात् ठिस्रोङ्देत्सेन् शक्तिशाली सम्राट् हुए। इन्होंने अपना साम्राज्य चीन की राजधानी तक फैला दिया था। इनके राजगुरू **शान्तरक्षित** थे। शान्तरक्षित के आग्रह से सम्राट् ने नालन्दा विश्वविद्यालय के तांत्रिक योगाचार्य पद्मसंभव को भोट देश निमन्त्रित करने के लिए दूत भेजे। जैसे ही दूत उनके पास पहुंचे वे तुरन्त चल पड़े। ७४७ ई॰ में ये भोटदेश में पहुंच गए। सम्राट् ने गुरू पद्मसंभव का बहुत सम्मान किया। भोटनिवासी इन्हें गुरू रिम्पोछे कहते हैं।

पद्मसंभव ने तान्त्रिक वज्रयान बौद्धधर्म की स्थापना की। अभी तक भोट में जादू टोने वाले बोनधर्म का प्रसार था। पद्मसंभव ने बोन के देवी देवताओं को नवीन धर्म में स्थान दे दिया। इससे बोन मतावलम्बी जनता को नवीन धर्म ग्रहण करने में कठिनाई नहीं पड़ी। अपने शक्तिशाली शस्त्र दोर्जे अर्थात् वज्र से गुरू पद्मसंभव ने सब दानवों का दमन किया और अज्ञान के अन्धकार से आवृत जनता को दिव्य आध्यात्मिक सन्देश सुनाया। इसका सम्प्रदाय न्यिङ्मापा (रक्तोष्णीष) नाम से प्रसिद्ध है। पद्मसंभव ने ७७५ ई॰ में **साम्ये** नामक प्रथम विहार बनाया। लामाधर्म का आरम्भ इस विहार से होता है। पद्मसंभव ने साम्ये विहार मगध के ओदन्तपुरी की शैली का बनाया, और शान्तरक्षित को प्रथम विहाराधीश बनाया। शान्तरक्षित यहां १३ वर्ष तक विहाराधीश रहे। साम्ये विहार

में लामा वैरोचन ने बहुत से संस्कृत ग्रन्थों के भोटभाषा में अनुवाद किए। इस मत के अनुयायी रक्तोष्णीष कहलाते हैं।

सम्राट् ठिस्रोङ्देत्सन् के राज्यकाल में **भारतीय पण्डित** विमलमित्र, बुद्धगुह्य, शान्तिगर्भ, विशुद्धिसिंह, धर्मकीर्ति, जिनमित्र, दानशील तथा आनन्द आदि ने अनेक संस्कृत ग्रन्थों तथा टीकाओं का भोटभाषा में अनुवाद किया। स्वातन्त्रिक माध्यमिक दर्शन के आचार्य कमलशील के भोटभाषा में लिखित अनेक टीका ग्रन्थ तंजूर में सुरक्षित हैं। संस्कृत-भोट-कोश 'महाव्युत्पत्ति' इस युग की अमर कृतियों में से एक है। **७८६** ई॰ में सम्राट् ठिस्रोङ्देत्सेन् की मृत्यु के पश्चात् उनका पुत्र मुनेत्सांम्पो गद्दी पर बैठा। यह कुछ ही दिनों में मारा गया और इसके भाई ने राज्य संभाला। इसका पुत्र राल्पाचन् नवीं शताब्दी के पूर्वार्ध में गद्दी पर बैठा।

राल्पाचन् के समय अनुवाद कार्य बहुत गति से हुआ। भारतीय पण्डितों की सहायता के लिए लोत्सावा अर्थात् भोट अनुवादक बैठा करते थे। सम्राट् राल्पाचन् ने अनुवादकों की समिति बनाई। सम्राट् स्वयं समिति का अध्यक्ष बना। अनुवाद कार्य गति से सम्पन्न होता रहा। इन दिनों नागार्जुन, आर्यदेव और वसुबन्धु की कृतियों के अनुवाद किए गए। सम्राट् द्वारा नियुक्त भारतीय पण्डित जिनमित्र, शीलेन्द्रबोधि, सुरेन्द्रबोधि, प्रज्ञावर्मा, दानशील तथा बोधिमित्र इत्यादि ने भोट अनुवादकों के साथ संस्कृत से अनेक ग्रन्थ अनुवाद किए। सम्राट् राल्पाचन् ने लामाओं को सुसंगठित करके बौद्धधर्म का समस्त देश में प्रचार किया तथा अनेक विहार बनवाए। भारतवर्ष के **तोल और माप** के अनुसार भोटदेश के तोल और माप बनवाए, तथा भारतीय ढंग के सिक्के चलाये। छोटे भाई **लाङ्दार्मा** ने इसकी धार्मिकता से चिढ़ कर इसको मार डाला और स्वयं गद्दी पर बैठ गया। बौद्धधर्म को नष्ट करने के लिए अनेक उपाय प्रयोग किए। लामाओं को मारने का आदेश दे दिया, विहार और मूर्तियां नष्ट कर दी गईं। किन्तु यह दमनचक्र बहुत दिन न चल सका। एक लामा ने यम-नृत्य के बहाने ढीला वस्त्र पहिना और प्रासाद के नीचे नृत्य करने लगा। ढीले चोगे में धनुष बाण छिपा था। सम्राट् नृत्य देखने लगा। अवसर पाते ही उसने बाण छोड़ दिया। सम्राट् मर गया और लामा काले घोड़े पर भाग निकला। लाङ्दार्मा की मृत्यु के उपरान्त भोटदेश छोटे-छोटे राज्यों में विभाजित हो गया। सबका योजक कोई शक्तिशाली सम्राट् न रहा।

११वीं शताब्दी के आरंभ में बहुत से भारतीय पण्डित भोटदेश में आए। छोटे सामन्त ही इन्हें निमन्त्रण देकर बुलाया करते थे। इनमें प्रमुख **श्रीदीपंकरज्ञान अतिश** थे। भोट भाषा में इन्हें लामा जोवोजे पाल्दान् अतिश कहते हैं और मंजुश्री का अवतार मानते हैं। इनकी शिक्षा मगध के ओदन्तपुरी विहार में हुई थी। भोटदेश आने से पूर्व ये मगध के विक्रमशिला नामक विहार में आचार्य थे। भोटदेश में आते ही अतिश ने धर्म का सुधार प्रारम्भ कर दिया और कादम्पा सम्प्रदाय की स्थापना की। अतिश ने बहुत से ग्रन्थ लिखे जिनमें से कुछ उल्लेखनीय हैं– बोधिपथप्रदीप, चर्यासंग्रहप्रदीप, मध्यमकोपदेश, संग्रहगर्भ, बोधिसत्त्वमण्यावली, सूत्रार्थसमुच्चयोपदेश, कर्मविभंग, गुरूक्रियाकर्म, चित्तोत्पादसंवरविधिकर्म, समाधिसंभरपरिवर्त।

११वीं शताब्दी के अन्त में सारे भोटदेश की शक्ति लामाओं के पास आने लगी। छोटे छोटे सामन्त राज्यों के कारण देश की सुव्यवस्था नहीं थी। **साक्या विहार** के लामा शक्तिशाली बन रहे थे। मोंगोल सम्राट् छिंगिस्खां ने १२०६ ई॰ में भोटदेश को जीत लिया। उसके उत्तराधिकारी कुबलइ खां ने भोट की धार्मिक व्यवस्था देखी और बहुत प्रभावित हुआ। **कुबलइ खां** मोंगोल था, किन्तु उसने चीन को जीतकर अपने साम्राज्य में मिला लिया था। सम्राट् कुबलइ खां ने अपनी सभा में सब धर्मों के प्रतिनिधि बुलाए– बौद्ध, मुसलमान और इसाई। बौद्ध प्रतिनिधि के रूप में भोट से साक्या पण्डित तथा अन्य बड़े लामा आए। सम्राट् ने सब धर्मावलम्बियों से कहा कि कोई ऐसा अनोखा कृत्य उपस्थित करो जिससे तुम्हारे धर्म की उच्चता प्रकट हो। बौद्ध लामाओं को छोड़कर कोई भी ऐसा अनोखा कृत्य करने में समर्थ न हुआ। लामाओं ने अपने अदृश्य मनोबल से सम्राट् का मदिरापात्र जो कि नीचे पटल पर रखा था उसके मुख तक पहुंचा दिया। सब स्तब्ध रह गए। लामाओं की विजय हुई, साथ ही साथ बौद्धधर्म की। उस दिन से कुबलइ खां ने प्रकट रूप से बौद्धधर्म अंगीकार कर लिया । साक्या पंडित को भोटदेश का शासक घोषित कर दिया। कुबलइ खां ने मोंगोल देश में बहुत से विहार बनवाए। पेकिङ् में बड़ा भारी विहार बनवाया। १२७५ से १३४५ तक एक के पश्चात् एक तक बीस लामाओं ने भोटदेश पर शासन किया। १३५० में साक्या लामा को सम्राट् जाङ्छुब् ग्याल्सेन् ने शक्ति-विहीन कर दिया और राजनैतिक सत्ता अपने हाथ में ले ली। इस का राजवंश १६३५ तक भोटदेश पर राज्य करता रहा।

१५वीं शताब्दी के आरम्भ में **चोंखापा** नामक शक्तिशाली विद्वान् लामा ने अतिश के सम्प्रदाय को सुधार कर गेलुक्पा नाम दिया। गेलुक्पा सम्प्रदाय से पुराने सम्प्रदायों की सब कुरीतियां निकाल

दी गईं और शुद्ध आचरण का उपदेश दिया गया। मदिरा-सेवन और विवाह करना लामाओं के लिए निषिद्ध हो गया। चोंखापा ने गान्देन् और सेरा विहारों की स्थापना की। चोंखापा को मंजुश्री के अवतार रूप में पूजते हैं। गेलुक्पा शक्तिशाली बन जाने से और सम्प्रदाय ढीले पड़ गए। गेलुक्पा सम्प्रदाय के अनुयायी पीतोष्णीष भी कहलाते हैं। गेदेन्डुप् सर्वप्रथम महालामा थे। इन्होंने सुप्रसिद्ध विहार टाशिल्हुम्पो की स्थापना की तथा पांछेन् लामा इस विहार के अधीश होते हैं।

आज **पांछेन् लामा** का दलाई लामा के पश्चात् दूसरा स्थान है। गेदेन्डुप् ने लामाओं के अवतार लेने की परम्परा चलाई। जब महालामा की मुत्यु हो जाती है, उस समय से दूसरा अवतार ढूढ़ने लगते हैं। उसकी आत्मा उसी समय कहीं न कहीं पुनः जन्म ले लेती है। इसलिए कुछ शारीरिक चि**ह्नों** से और पूर्व अवतार की प्रयोग की हुई कुछ वस्तुएं दिखा कर अवतार को शिशु-रूप में ही पहिचान लेते हैं। उनकी शिक्षा इत्यादि लामाओं के संरक्षण में होती है। जब अवतार लामा १८ वर्ष के हो जाते हैं तब उन्हें स**त्ता** के सम्पूर्ण अधिकार प्राप्त हो जाते हैं।

तृतीय दलाई लामा सोनाम्-ग्यात्सो (पुण्यसागर) ने मोंगोल देश में बौद्धधर्म का प्रचार किया। मोंगोल सम्राट् आल्थन् खां सोनाम्-ग्यात्सो से बहुत प्रसन्न हुआ और उन्हें 'दलाई' उपाधि से विभूषित किया। दलाई लामा उपाधि का आज तक उपयोग होता आ रहा है। दलाई मोंगोल भाषा का शब्द है जिसका अर्थ सागर है। 'दलाई लामा' का अर्थ हुआ ''सद्गुणों का सागर''। भोट भाषा में दलाई लामा को ग्याल्वा रिम्पोछे अर्थात् राजेन्द्ररत्न कहते हैं। भोट नाम प्रायः संस्कृत के निकट होते हैं।

चौथे दलाई लामा योन्तेन्-ग्यात्सो (गुणसागर) छोटी अवस्था में ही मर गये। पांचवें दलाई लामा ङावाङ्-लोब्साङ्-ग्यात्सो (वागिन्द्रसुमतिसागर) बहुत शक्तिशाली हुए। गुश्री खां नामक मोंगोल सम्राट् ने भोटदेश पर विजय प्राप्त करके सारा राज्य पांचवें दलाई लामा को भेंट स्वरूप दे दिया। मोंगोल आक्रमणों के कारण पुराना प्रासाद टूट फूट गया था, इसलिए इन्होंने **पोतल राजप्रासाद** को फिर से विशाल रूप से बनवाया।

पांचवें दलाई लामा को लोग अवलोकितेश्वर का अवतार मानते हैं। पेकिङ् के सम्राट् ने पांचवें दलाई लामा को स्वतन्त्र शासक के रूप में सम्मानित किया। लोब्साङ्-ग्यात्सो का देहावसान १६८० में हो गया था किन्तु इनके मन्त्री सांग्येग्यात्सो ने दलाई लामा की मृत्यु को कई राजनैतिक कारणों से १२ वर्ष तक छिपाए रखा और दलाई लामा के नाम से स्वयं राज्य करते रहे।

छठे दलाई लामा लोब्साङ्-त्साङ्याङ्-ग्यात्सो (सुमति-ब्रह्मघोष-सागर) को चीनियों ने भोट देश के पूर्वी भाग में कहीं ले जाकर मार डाला। **सातवें दलाई लामा** लोब्साङ्-केसाङ्-ग्यात्सो (सुमति-भद्रकल्प-सागर) थे। १७२० में चीनियों ने भोट देश के शासन में हस्तक्षेप किया और दलाई लामा के मन्त्री को मार डाला। प्रतिकार-स्वरूप भोटवासियों ने ल्हासा-स्थित चीनियों को मार डाला। **आठवें दलाई लामा** लोब्साङ्-जाम्पेल-ग्यात्सो (सुमति-मंजुश्री-सागर) थे। इसके पश्चात् चार और दलाई लामा बाल्यावस्था में ही मृत्युग्रस्त हो गए।

तेरहवें दलाई लामा ङावाङ्-लोब्साङ्-थुब्दन्-ग्यात्सो (वागिन्द्र-सुमति-मुनिशासन-सागर) १८७६ ई० में उत्पन्न हुए और १८९३ में राज्यभार संभाला। इनकी मृत्यु १९३३ में हो गई ।

१४वें दलाई लामा ६ जून १९३५ को उत्पन्न हुए और उन्हें १९४० के फरवरी मास में गद्दी पर बिठाया गया। इनका पूरा नाम जेत्सुन्-जाम्पल्-ङावाङ्-लोब्साङ्-यिशे-तान्ज़िन्-ग्यात्सो (वागिन्द्र-सुमति-शासनधर-सागर) है। भोटदेश पर चीनी आक्रमण के कारण ये भारत आ गए। हमारे शासन के ये सम्मानित अतिथि हैं। दलाई लामा अपनी सहायता के लिए एक प्रधानमन्त्री नियुक्त करते हैं जो सिलोन् कहलाते हैं। इनका मन्त्रिमण्डल काशक् कहलाता है। मन्त्रिमण्डल में केवल चार मन्त्री होते हैं जो शापे कहलाते हैं। ड्रेपुङ्, सेरा और गान्देन् विहारों के प्रमुख लामाओं को भी समय समय पर परामर्श के लिए बुलाया जाता है।

दलाई लामा का **पोतल प्रासाद** विशाल पहाड़ी पर स्थित है। पोतल ११ तले ऊँचा है, और इसमें १००० विशाल कोष्ठ हैं। पोतल संस्कृत का शब्द है। अवलोकितेश्वर के निवासस्थान का नाम पोतल है। दलाई लामा अवलोकितेश्वर के अवतार माने जाते हैं, इसलिए इनका प्रासाद पोतल कहलाता है। यह प्रासाद सुवर्णमय छतों से मण्डित है। सूर्य की किरणों से द्योतित, ऊंची पहाड़ी पर स्थित यह अतिविशाल पोतल प्रासाद संसारिक मानव को आध्यामिक सुख और शान्ति का अज्ञात संदेश देता आया है। इस भूतल में स्थित स्वर्ग के दर्शन करने के लिए सहस्रों मील दूर से लोग कोई पैदल, कोई घोड़े पर, कई-कई मास तथा वर्ष तक चल कर आते हैं और इसके नीचे पहुंच कर ये भक्तजन इसके आध्यात्मिक संदेश के आगे नतमस्तक हो जाते हैं। इसके दर्शन मात्र से ही भक्तजन पुलकित हो जाते थे, तर जाते थे। सभा भवन, स्वागत भवन इत्यादि बहुत सुन्दर शैली से सजे हुए हैं। सब ही प्रकोष्ठों में रंगीन भित्तिचित्र और मूर्तियां हैं। कई मूर्तियां बड़े महत्त्व की हैं

जैसे स्रोङ्त्साङ्गाम्पो की मनुष्य-परिमाण मूर्ति तथा उसकी दोनों रानियों की मूर्तियां तारादेवी के रूप में। अवलोकितेश्वर की शुद्ध सुवर्ण में बनी मूर्ति तथा एक चन्दन निर्मित लंका से आई मूर्ति।

पांचवें दलाई लामा का **ऐतिहासिक प्रकोष्ठ**। सर्वथा मध्य में शताब्दियों से संचित असंख्य धनराशि का भाण्डागार। रक्त-प्रासाद में छोर्तेन बने हैं जिनमें दलाई लामाओं के मृत शरीर सुर्वण में मढ़े हुए रखे हैं। ग्यारवें तले में सबसे ऊपर दलाई लामा के रहने के लिए कोष्ठ इत्यादि हैं। यह प्रसिद्धि है कि पोतल प्रासाद में कुछ भारतीय पण्डितों के शरीर भी सुवर्ण में मढ़े रखे हैं। पोतल में हस्तलिखित ग्रन्थों का पुस्तकालय भी है। ग्रीष्म ऋतु में दलाई लामा **नोर्बुलिंका प्रासाद** में चले जाते हैं और वहीं से राजकार्य किया करते हैं। नोर्बुलिंका का पुस्तकालय अमूल्य हस्तलिखित ग्रन्थों से परिपूर्ण है। भोट-निवासियों के हृदय में दलाई लामा के लिए बहुत श्रद्धा है और उनके दर्शनों के लिए सदैव लालायित रहते हैं।

भोट देश में विहारों तथा चैत्यों की संख्या अनन्त है। भारतवर्ष में छठी सातवीं शताब्दी में जिस शैली के विहार बनते थे उसी प्रकार के विहार भोट देश में आज भी हैं। सबसे प्राचीन साम्ये विहार है। यह ल्हासा से ३० मील दूर दक्षिणपूर्व में है। सम्राट् ठिस्रोङ्देत्सेन् के राज्यकाल में भारतीय पण्डित पद्मसंभव और शान्तरक्षित के निर्देश से मगध के ओदन्तपुरी विहार की शैली पर साम्ये विहार बनाया गया। साम्ये विहार का इतिहास 'साम्ये गार्छग्' बहुत महत्त्वपूर्ण है। कई शताब्दियां पूर्व साम्ये विहार में भारतीय और चीनी आचार्यों का वादविवाद हुआ कि तिब्बत के दर्शन का आधार भारतीय "तन्त्रयान" हो अथवा चीन का "ध्यान" सम्प्रदाय हो। वादविवाद में भारतीय आचार्य विजयी रहे। तब से धार्मिक और सांस्कृतिक क्षेत्रों में तिब्बत सदैव भारत के साथ चला आया है। इसमें लामाओं की शिक्षा के लिए चार विद्यालय हैं। पुस्तकालय में भारतीय ताडपत्र भी हैं।

गेलुक्पा सम्प्रदाय के चार बड़े विहार हैं– गादेन्, ड्रेपुङ्, सेरा और टाशिल्हुम्पो। **गादेन् विहार** की स्थापना चोंखापा ने की थी। यह विहार ल्हासा से २५ मील उत्तर-पूर्व में है। यह भोट का सबसे प्रसिद्ध विहार है। चोंखापा की सामाधि भी इसी में बनी हुई है। समाधि की छत सुवर्णमण्डित होने के कारण दूर से चमकती है। चोंखापा की मनुष्य-परिमाण मूर्ति, उसके पांच शिष्यों सहित सुशोभित है। यहां अनन्त मूर्तियों के दर्शन होते हैं। सब मूर्तियां वस्त्र वेष्टित और अलंकृत हैं। श्रद्धालु भक्तजनों के चढ़ाए हुए **खातग्** हाथ में पकड़े हुए हैं। भोटदेश में यह प्रथा है कि जब पूजा के लिए मन्दिर में जाते हैं तब अपनी भक्ति का प्रतीक मन्त्र लिखित एक वस्त्र मूर्ति को समर्पित

करते हैं। यह प्रथा सम्मानित व्यक्तियों के लिए भी है। जितना बड़ा व्यक्ति होता है उतना ही बड़ा वस्त्र (खातग्) उसे दिया जाता हैं। खातग् पर कभी नवरत्न, अष्टवसु इत्यादि बने रहते हैं। दलाई लामा से भेंट के समय भी खातग् समर्पित करना आवश्यक है।

गान्देन् विहार के पुस्तकालय में चोंखापा के हाथ से लिखे हुए ग्रन्थ हैं। यहां ३३०० लामा निवास करते हैं। गान्देन् विहार में अध्ययन-अध्यापन विश्वविद्यालय के स्तर पर होता आया है। दर्शन, तन्त्र, धारणी, इतिहास, काव्य, आयुर्वेद, ज्योतिष, इत्यादि के लिए सुनिश्चित पाठ्यक्रम है। ३३०० लामाओं का प्रातः से सायं तक का समय अध्ययन तथा पूजा प्रक्रिया में व्यस्त रहता है। गान्देन् विहार की राजनैतिक शक्ति बहुत अधिक रही है। समस्त भोटदेश में गान्देन् का बहुत आदर है।

ड्रेपुङ् विहार कलिंग के श्रीधान्यकटक विहार के आधार पर बना है। ड्रेपुङ् शब्द का अर्थ धान्यराशि है। इसमें ७००० भिक्षु निवास करते हैं। इतने भिक्षु और किसी विहार में नहीं हैं। यह विहार अपनी धार्मिक और राजनैतिक शक्ति के लिए प्रसिद्ध है। यह ल्हासा से तीन मील पश्चिम में स्थित है। मध्य में बृहत् पूजा भवन है और उसके चारों ओर बहुत मन्दिर हैं। दलाई लामा यहां प्रतिवर्ष आते हैं। उनके लिए एक छोटा प्रासाद बना है। चतुर्थ दलाई लामा की समाधि इसके सामने है। साइबेरिया तथा मोंगोलिया से भिक्षु यहां अध्ययन करने और दीक्षा ग्रहण करने आया करते थे। महापंचराज ड्रेपुङ् के अधिष्ठातृ-देव हैं। द्वार पर हयग्रीव खड़े हैं। प्रवेश द्वार के पास षोडश अर्हतों की मूर्तियां हैं। ये मूर्तियां भारत की प्राचीन कला के उत्कृष्ट उदाहरण हैं। यहां नालन्दा विश्वविद्यालय के पाठ्यक्रम के अनुसार अध्ययन होता है। शास्त्रार्थ बहुत प्रचलित है। शास्त्रार्थ करने की प्रत्येक मुद्रा भी निश्चित है। ड्रेपुङ् के समीप ही नेछुङ् विहार है। यह राज्यज्योतिषी का विहार है।

सेरा विहार में सेरा शब्द का अर्थ उपलवर्षा है। सेरा विहार ड्रेपुङ् विहार का सदा से प्रतिद्वन्द्वी रहा है। ड्रेपुङ् का अर्थ धान्य-राशि है। सेरा का नाम उपलवर्षा सार्थक ही है क्योंकि धान्य की उत्पत्ति के लिए उपलवर्षा घातक है। सेरा विहार ल्हासा से डेढ़ मील दूर उत्तर में पहाड़ी पर स्थित है। पहाड़ी में एक ओर चांदी की खान है। इसमें भिक्षुओं की संख्या ५५०० है। सेरा विहार में बहुत से मन्दिर हैं। पहाड़ी की चढ़ाई पर स्थित होने के कारण क्रमशः मन्दिर कुछ ऊंचे होते गए हैं। चारों ओर हरितिमा और नैसर्गिक दृश्य इसके सौन्दर्य को बहुगुणित कर देते हैं। कहीं योगी

तपस्या कर रहे हैं तो कहीं अध्ययन-अध्यापन का क्रम चला है। विहार के गंभीर वाद्य संगीत से वातावरण स्तब्ध है। धूप, दीप, नैवेद्य की पवित्र सुगन्धि से वायुमण्डल कितना पवित्र बन रहा है। सेरा विहार में कई तले ऊंचे तीन प्रमुख मन्दिर हैं। प्रमुख पूजा भवन में एकादशमुख आर्य अवलोकितेश्वर की विशाल मूर्ति प्रतिष्ठित है। मध्य में भारत से उड़कर आया फुर्बु (कीलक) स्थित है। इस की बहुत सी अनुकृतियां बनाई गईं। इस फुर्बु को वर्ष में एक बार सजा कर बड़ी धूम धाम से ल्हासा नगर में ले जाते हैं। नगरवासी इसके दर्शन करते हैं। फिर इसे पोतल प्रासाद में ले जाते हैं। वहां दलाई लामा इसे सिर पर रखते हैं। क्रमशः समस्त लामा फुर्बु की पूजा करके पुनः विहार में ले जाते हैं।

टाशिल्हुम्पो विहार में टाशिल्हुम्पो का अर्थ मंगलकूट है। यह पांछेन् लामा का निवास स्थान है। ये अमिताभबुद्ध के अवतार माने जाते हैं। इनकी स्थिति दलाई लामा से दूसरी है। टाशिल्हुम्पो विहार साङ्पो नदी के दक्षिणी तट पर है। इससे एक मील दूर शिगात्से नगर है। यह डोल्माइरि अर्थात् तारागिरि पर बना है। पर्वत की चढ़ाई के कारण क्रमशः एक एक मन्दिर ऊंचा बनता गया है। लामाओं की संख्या ४००० है। विहार के मध्य में एक बड़ा सभा भवन है। यह भवन ऊंचे-ऊंचे १०० स्तम्भों पर आधारित है। इसमें ३००० लामा एक साथ बैठ सकते हैं। इस विहार में चार विद्यालय हैं। देश के कोने-कोने से लामा यहां पढ़ने आते हैं। प्रत्येक विद्यालय का अध्यक्ष अवतार लामा होता है। इनमें से एक को त्साङ् प्रान्त का प्रधानमन्त्री चुना जाता है। विहार के एक महाकोष्ठ में बड़े बड़े थंका रखे रहते हैं। इन्हें वर्ष में एक बार उत्सव के दिन सबसे ऊंचे भवन से लटकाया जाता है।जनता इनके दर्शन करके पाप मुक्त होती है। इन थंकाओं को देखने भक्तजन दूर-दूर से मीलों पैदल चलकर आते हैं और अपनी श्रद्धांजलि अर्पित करके लौट जाते हैं। ग्रीष्म ऋतु के प्रारंभ होने पर एक सुप्रसिद्ध लामा अपने आश्रम से निकल कर विशेष मंच पर बैठकर दिव्य शास्त्रों को जनता के लिए पढ़ता है। यह कार्यक्रम कई मास तक चलता रहता है। विशेष उत्सवों के समय लामा विभिन्न वेशभूषाएं पहिन कर अभिनय करते हैं।

छाक्पोरि विद्यालय नोर्बुलिंका और पोतल के मध्य छाक्पोरि पर्वत पर स्थित आयुर्वैदिक विद्यालय है। यहां भैषज्यगुरू की प्रतिमाएं प्रतिष्ठित हैं। प्रायः लामा ही वैद्यक का अध्ययन करते हैं। यहां की सब शिक्षा वाग्भट-विरचित अष्टांगहृदय पर आधारित है। इसका भोट भाषा में अनुवाद यन्लग्ग्येपा है। दूसरा सुप्रसिद्ध ग्रन्थ ग्युशि है। इसका संस्कृत मूल अमृतहृदयाष्टांगगुह्योपदेशतन्त्र था। संस्कृत का मूल नष्ट हो चुका है। इस आयुर्वैदिक विद्यालय में लामाओं की अध्यक्षता में जड़ी

बूटी कूट कर औषधियां बनाई जाती हैं। औषधियों को मन्त्रोच्चारण से पवित्र किया जाता है। मन्त्र-चिकित्सा भी की जाती है। चिकित्सक रोगी को निरन्तर मन्त्रपाठ सुनाता है। भयंकर रोग में कंजूर ग्रन्थमाला को रोगी के सिर से छुआते हैं। एक लामा निरन्तर उसका पाठ करता रहता है। रोग को पूर्वजन्म के दुष्कर्मों का फल मानते हैं। मन्त्र लिख कर पत्र को पानी में घोलकर रोगी को पिलाते हैं। श्रद्धा और विश्वास के कारण कई बार रोगी अपने आत्मबल से ठीक हो जाते हैं। चिकित्सक लामाओं की कई औषधियां रामबाण का काम करती हैं, जिस प्रकार पेट पीड़ा, सामान्य जूड़ी के ज्वर इत्यादि में इनकी औषधि अचूक है। ये औषधियां आयुर्वेद के वात, पित्त, कफ के आधार पर बनाई जाती हैं। छाक्पोरि आयुर्वैदिक विद्यालय में शारीर-विज्ञान के बहुत से रंगीन चित्र हैं। ये चित्र भित्ति पर लटके रहते हैं। यहां जड़ी बूटियों के विभिन्न प्रकार के चित्रयुक्त हस्तलिखित ग्रन्थ भी हैं। शल्यकर्म करने के लिए भिन्न प्रकार के छोटे बड़े यन्त्रों के चित्र भी हैं। भोट के कुछ आयुर्वैदिक चित्र 'सरस्वती विहार' संस्था में सुरक्षित हैं। विशिष्ट रोग की चिकित्सा के लिए अमृत कलश से युक्त अमितायु, वज्रपाणि, सिंहनादावलोकितेश्वर, मंजुश्री, चतुर्भुज पद्मपाणि, महाकाल, श्रीदेवी तथा पंचरक्षा का आह्वान किया जाता है। ये आयुर्वेद के अधिष्ठातृदेव माने जाते हैं।

विहारों के इस प्रकरण में पाठकों को यह सूचित करना आवश्यक है कि यहां केवल ५ अतिप्रमुख विहारों का वर्णन किया गया है। भोट देश के कोने कोने में अगणित विहार हैं। हम भारतीयों के लिए ये पुण्यतीर्थ स्वरुप हैं।

भोट देश की कला के दर्शन विहारों में होते हैं। शताब्दियों पुरानी कलाकृतियों के अनुपम भण्डार इन में सुरक्षित हैं। कलाकार लामा हैं। थंका (पटचित्र), मूर्ति तथा विहार के पूजापात्र, पूजापटल इत्यादि वस्तुएं लामा ही बनाते हैं। **थंका** कड़ी साधना के पश्चात् बनाया जाता है। यह कौशेय, सूतीवस्त्र और हाथ के बने मोटे पत्र पर बनाया जाता है। खनिजों और वनस्पतियों के रंग प्रयोग किए जाते हैं। सुनहरा और रूपहरा रंग वास्तविक सुवर्ण और चांदी से बनाया जाता है। थंका के वस्त्र और रंग को सुनिश्चित समय तक मन्त्र पढ़कर पवित्र किया जाता है। जिस देवता को प्रमुख रूप से चित्रित करना होता है, उसका अह्वान किया जाता है। लामा के मनःपटल पर चित्र प्रस्फुटित होने लगता है, वह उसी का प्रतिबिम्ब थंका पर अंकित करता है। एक बड़े थंका को बनाने में कई मास लग जाते हैं। जब पूरा थंका बन जाता है तब उसके चारों ओर जरी के कपड़े अथवा सुन्दर कौशेय का प्रान्त लगा देते हैं। दोनों छोरों पर पतली लकड़ी सिलाई कर देते हैं। लटकाने के लिए सुन्दर डोरी लगा देते हैं। एक पतले कपड़े का आवरण ऊपर की ओर लगा देते

हैं। थंका पर प्रायः बुद्ध के कोई न कोई अवतार और उनका शिष्यमण्डल चित्रित रहता है। कुछ अतिप्रसिद्ध थंकाओं के देवी देवताओं के वर्णन इस प्रकार हैं– भगवान् गौतम बुद्ध अपने दो शिष्य शारिपुत्र और मौद्गल्यायन के साथ चित्र के बीच में सुशोभित हैं। बुद्ध सदैव कमलासनस्थ दिखाए जाते हैं। बादलों में सुप्रसिद्ध भारतीय एवं भोट आचार्य विशिष्ट मुद्राओं में बैठे रहते हैं। नीचे की ओर अन्य छोटे देवी देवता बैठे रहते हैं। कोई ग्रन्थ पढ़ रहा है, तो कोई बुद्ध को श्रद्धांजलि अर्पित कर रहा है, तो कोई नैवेद्य से पूजा कर रहा है। किसी-किसी थंका में देवी देवताओं के नाम छोटे अक्षरों में उनके आसन के नीचे लिखे रहते हैं। बहुत से थंकाओं में बुद्ध की जातक कथाएं चित्रित रहती हैं। चित्रों के साथ वर्णन भी लिखा रहता है। वेश-भूषा भारतीय शैली की होती है। कहीं स्वर्ग के दृश्य हैं, देवता विमानों में बैठे गगन विचरण कर रहे हैं। कहीं प्रासादों के भव्य चित्र हैं। धर्मोपदेश हो रहा है। पापियों का संहार और पुण्यात्माओं का उद्धार। बहुत से चित्रों में चोंखापा, अतीश, पद्मसंभव प्रमुख रूप से चित्रित किए जाते हैं। श्याम तारा, रक्त तारा और श्वेत तारा दुःख से निवारण करके भवसागर से तारण करती हैं। किसी थंका में सहस्रबाहु अवलोकितेश्वर हैं। उनकी प्रत्येक हथेली में एक आंख है। किसी में एकादश-शिरोधारी अवलोकितेश्वर है। किसी में कोई भारतीय आचार्य तर्क-मुद्रा में अवस्थित है। हरितिमा से पूर्ण पर्वत, नदियां, झरने, पशु पक्षी, श्वेत फेनिल बादल इत्यादि प्राकृतिक दृश्य भी चित्रित किए जाते हैं। विभिन्न धर्मपाल अपनी भयानक आकृतियों में पशु वाहनों पर बैठे ज्वालारूपी तेज से युक्त चित्रित हैं। ये थंका १ फुट से लेकर २०० फुट तक की लम्बाई तक होते हैं। विहारों के अन्दर की भित्तियां इनसे ढकी रहती हैं। मूर्तियां सोने, चांदी, पीतल, लकड़ी, मिट्टी, पत्थर, इत्यादि की बनी होती हैं। छोटे परिमाण से लेकर पड़े परिमाण की होती हैं।

छोटी-छोटी मूर्तियों का मण्डल बड़ी संख्या में पटल पर सुशोभित रहता है। कहीं एक सहस्र छोटे स्वर्णिम बुद्ध छत में बैठे दिखाई देते हैं। बड़ी मूर्तियां विहार के प्रमुख भवन में होती हैं। कई बार मूर्ति इतनी विशाल होती है कि उसके मुख के दर्शन करने भवन के पांचवें तल पर जाना पड़ता है और बाहों और कटि के दर्शन करने क्रमशः ४ और ३ तले पर आना पड़ता है। टांगों और पैरों के दर्शन दूसरे और पहले तले पर होते हैं। इन मूर्तियों को देखने के लिए उनके चारों ओर ऊपर जाने के लिए प्रबन्ध रहता है। साधना के क्रम से मूर्तियों का वर्गीकरण इस प्रकार है– आदिबुद्ध, वज्रधर, वज्रसत्व, समन्तभद्र, वैरोचन, अक्षोभ्य, रत्नसंभव, अभितायु, अमोघसिद्धि, कनकमुनि, काश्यप, शाक्यमुनि, मैत्रेय। देवताओं की गणना में लोकपाल, महापंचराज, धर्मपाल इत्यादि आते हैं।

देवियों में– सिततारा, श्यामतारा, भृकुटी, एकजटा, कुरूकुल्ला आदि। उग्र देवियों अर्थात् डाकिनियों के कुछ नाम इस प्रकार हैं– सिंहवक्त्रा, मकरवक्त्रा, व्याघ्रवक्त्रा आदि। ऋतु की देवियां– वसन्तदेवी, ग्रीष्मदेवी, शरद्देवी, हेमन्तदेवी। मूर्ति बन जाने पर जिस देवता की वह मूर्ति होती है उसका आह्वान किया जाता है। रत्न और मन्त्र रख कर तले की ओर से मूर्ति बन्द कर दी जाती है। इसे मूर्ति की प्रतिष्ठा कहते हैं। पूजा-योग्य प्रत्येक मूर्ति प्रतिष्ठित होनी आवश्यक है।

पूजा-सामग्री की प्रमुख वस्तुएं– शंख, पुष्प, प्रार्थनाचक्र, पुस्तक, वज्र, स्तूप, घण्टा, कपाल, मयूरपिच्छ, कुश, धान्यमण्डल, सप्तरत्न, दीपक, धूप, घी, मक्खन, कलश, श्रीवत्स, माला, डमरू, मन्त्रमंजूषा हैं। विहार के पटल तक रंगीन चित्रों से युक्त होते हैं। इन पर नवरत्न और अष्टमंगलों के चित्र होते हैं। सुन्दर रंगों से रंगे पटलों पर मूर्तियां सजी रहती हैं। जिन पर पुस्तक रख कर पढ़ते हैं वे पटल भी बहुत सुन्दर रंगे होते हैं। प्रायः विहार की छतें सुर्वण रंग से रंगी होती हैं। छत के उच्च भाग पर कलश, धर्मचक्र, मृग और हाथियों की सुर्वणमयी मूर्तियां बनी रहती हैं।

बौद्ध धर्म की हीनयान और महायान दो शाखाएं हैं। हीनयान की भाषा पालि और महायान की संस्कृत है। महायान का प्रसार जिन जिन देशों में हुआ उनमें संस्कृत के ग्रन्थ गए और उनके अनुवाद हुए। भोट देश में महायान धर्म गया। साथ में संस्कृत पहुंची। संस्कृत के प्रत्येक शब्द का अनुवाद हुआ। यहां तक कि 'बुद्ध' का अनुवाद 'सांजे' हुआ।

भोट देश में **बौद्धधर्म** ७ वीं शताब्दी में प्रविष्ट हुआ। कई शताब्दी तक इसकी प्रगति मन्द रही। **भोट भाषा** मौखिक भाषा थी। इसका लिखित रूप कोई न था। धर्म के प्रवेश से जनवीवन में नई स्फूर्ति और नई जागृति आई और धर्म की सुन्दर अभिव्यक्ति के लिए साहित्य की आवश्यकता पड़ी। थोम्मि सम्भोट ने भारत से नागरी लिपि का पूर्वरूप भोट भाषा को प्रदान किया और व्याकरण बना कर इसे सुगठित किया। अनुवाद परम्परा भी यहीं से आरम्भ हुई। यह गौरव का विषय है कि भोट साहित्य संसार के किसी भी साहित्य से टक्कर ले सकता है। **छपाई की कला** यहां बहुत प्राचीन है। लकड़ी पर अक्षर उलटे खोद कर मुद्रण की प्रथा चली आ रही है। जितनी बड़ी पुस्तक छापनी होती है, उतने बड़े लकड़ी के पट को लेकर अक्षर उलटे खोद लेते हैं। जब पूरा पट खुद जाता है तब उस पर काली मसी लगाकर पत्र रख देते हैं और ऊपर से बेलन चला देते हैं। पुस्तक में जितने पृष्ठ होते हैं उतने ही मुद्रणपट होते हैं। मुद्रणालय में ये अनन्त पट क्रम से लगे रहते हैं। पोतल प्रासाद के नीचे शोपार्खाङ् मुद्रणालय भी ऐसे पटों से भरा है। प्रायः सभी बड़े

विहारों में छापने की व्यवस्था रहती है। प्रत्येक पुस्तक विशेष रूप से छापी जाती हैं। पुस्तक छप जाने पर मुद्रणपट उठाकर रख देते हैं। फिर यदि कोई पाठक आए तो उसे अपना पत्र लाना पड़ता है। मसी और छापने वाले का व्यय देना पड़ता है। तब उसके लिए कुछ दिनों में पुस्तक छप जाती है। ये भोट पुस्तकें भारतवर्ष की पोथियों के समान होती हैं। प्रत्येक पन्ना पृथक् पृथक् होता है। प्रारम्भ और अन्त में उसी परिमाण का लकड़ी का पट लगा रहता है, जिससे पुस्तक को दोनों ओर से सहारा रहता है। ऊपर से पीत अथवा लाल कौशेय में पुस्तक कस कर लपेट दी जाती है। पुस्तक का पत्र भी हाथ से बना होता है। यह घास इत्यादि को कूट कर बनाया जाता है। इस पत्र में घास के स्वाभाविक तन्तु भी दिखाई देते रहते हैं। यह पर्याप्त मोटा होता है। तिब्बत का पत्र शताब्दियों तक जीर्ण नहीं होता।

भगवान् बुद्ध के मुख से निकले सूत्र अथवा प्रवचन **कंजूर** नामक बृहत् ग्रन्थमाला में संगृहीत हैं। उन पर टीकाएं **तंजूर** ग्रन्थमाला में हैं। प्रत्येक विहार में कंजूर और तंजूर ग्रन्थमालाएं अवश्य होती हैं और लोग बड़ी श्रद्धा और भक्ति से इनकी पूजा करते हैं। कंजूर कई स्थानों पर छपा है। सबसे पहले नार्थाङ् संस्करण छपा। देर्गे, चोनी, पेकिङ्, उर्गा, इत्यादि के संस्करण काष्ठपटों से छापे गए हैं। तंजूर के नार्थाङ्, देर्गे, पेकिङ् और चोनी आदि संस्करण भी काष्ठफलकों से छापे गये हैं। कंजूर में १०८ भाग हैं और तंजूर में २२५ भाग हैं। प्रत्येक में एक सहस्र पृष्ठ हैं। कंजूर के विषय– विनय, प्रज्ञापारमिता, रत्नकूट, अवतंसक, सूत्र और तन्त्र हैं। तंजूर के विषय हैं– धारणी, स्तोत्र, तन्त्र, प्रज्ञापारमिता, मध्यमक, सूत्र, योगाचार, अभिधर्म, विनय, जातक, पत्र, न्याय-शास्त्र, व्याकरण, आयुर्वेद, रसायन-शास्त्र, नीति, श्रीदीपंकरज्ञान अतीश की कृतियां आदि। प्रत्येक पुस्तक के आरंभ में ग्रन्थ का संस्कृत नाम लिखा रहता है, पुस्तक के अन्त में यह भी दिया रहता है कि यह संस्कृत से अमुक पण्डित और अमुक भोट लोत्सावा (अनुवादक) ने भोट भाषा में अनुवाद किया है। संस्कृत के वे ग्रन्थ जो भारत में नष्ट हो गए भोट देश में अनुवाद रूप में सुरक्षित हैं ।

नालन्दा, ओदन्तपुरी, विक्रमशिला के पुस्तकालयों से ले जाए गए बहुत से अमूल्य ग्रन्थ आज भोट भाषा में अनूदित हैं। यदि हम उनका मूल रूप जानना चाहते हैं तो हम पुनः भोट-संस्कृत कोष की सहायता से उनका छाया अनुवाद करके मूल रूप देख सकते हैं। केवल बौद्ध ग्रन्थों के अनुवाद ही नहीं हुए किन्तु अन्य ग्रन्थ भी **भोट में अनुवाद** किए गए, जैसे– मेघदूत, काव्यादर्श, छन्दोरत्नाकर, वृत्तमाला-स्तुति, पाणिनिसूत्र और उन पर रामचन्द्र की वृत्ति प्रक्रियाकौमुदी, चान्द्र व्याकरण, कलाप व्याकरण, सारस्वत व्याकरण, चाणक्यराजनीति-शास्त्र, आर्याकोष,

सुभाषितरत्नकदण्ड, अमरकोष, कामधेनु टीका, मुक्तावली अथवा विश्वलोचन अभिधान शास्त्र, आयुर्वेद का आधारभूत ग्रन्थ अष्टांगहृदय टीका सहित, अश्वायुर्वेद, प्रतिमामानलक्षण, सर्वेश्वर-रसायन, इत्यादि। कंजूर तंजूर के अतिरिक्त भोट में स्वतंत्र रूप से बहुत से ग्रन्थ लिखे गये। भोट भाषा में लिखे गये इतिहास ग्रन्थ भारत के लुप्त ऐतिहासिक अध्यायों के लिए अत्यन्त आवश्यक परिशिष्ट हैं। भोट-निवासी इतिहास लिखने में पटु हैं। भारत के कई इतिहास विद्यमान हैं।

भोट देश में एक परम्परा अच्छी है कि लेखक के ग्रन्थों का संग्रह कर दिया जाता है। और उसे उस लेखक का सुम्बुम् कहते हैं। जैसे हम रवीन्द्रनाथ ठाकुर के समस्त रचनाओं का संग्रह एक माला में कर दें तो उसे रवीन्द्रनाथ ठाकुर का सुम्बुम् कहेंगे। भोट देश में बड़े बड़े लेखकों के ४००-५०० सुम्बुम् विद्यमान हैं, जैसे– बूतोन का सुम्बुम्, चोंखापा का सुम्बुम् (इसके मूल आज भी गांडङ् विहार में सुरक्षित हैं), पांचवें दलाई लामा का सुम्बुम्।

भोट साहित्य के कुछ वर्णन के साथ-साथ भोट भाषा की **अन्तर्राष्ट्रीयता** का वर्णन अनुचित न होगा। जैसे योरोपीय देशों के लिए लैटिन ग्रीक हैं उसी प्रकार उत्तरी एशिया के लिए संस्कृत और भोट आवश्यक भाषाएं थीं। भोट का क्षेत्र बहुत विस्तृत था। भोट लामा तथा भारतीय पण्डित उत्तर में साइबेरिया तक पहुंचते थे। घोड़ा ही आवागमन का साधन था। चीन के विहारों में भी भोट कंजूर का पाठ होता था। **मंचूरिया** में विहार भोट देश के आधार पर बने थे, वहां की धर्म भाषा भी भोट थी। मंचूरिया में संस्कृत धारणी, स्तोत्र, बीजमन्त्र भोट-लिपि में लिखे हुए आज भी विहारों में पढ़े जाते हैं। मंचूरिया में वैदिक गायत्री मन्त्र का पाठ होता रहा है।

आभ्यन्तर मोंगोल देश में सभी लामा भोट द्वारा ही पूजा-विधि सम्पन्न करते हैं। बाह्य मोंगोल में भोट भाषा के अध्ययन अध्यापन की परम्परा आज तक विद्यमान है। यहां के विहारों में स्थान-स्थान पर भोट भाषा में सामग्री और ग्रन्थ लिखे हुए हैं। बुर्यात मोंगोल, काल्मिक मोंगोल चीन के सिनक्याङ् प्रान्त तथा भारतीय लद्दाख और सिक्किम, भूटान में भोट धर्म-भाषा है। भारत के उत्तरी सीमा-क्षेत्रों में भोट भाषा बोली जाती है। इतनी व्यापक भाषा होने के कारण इसका साहित्य भी बहुत विशाल है। भोट से मोंगोल और मांचू भाषाओं में अनेक अनुवाद हुए हैं। मोंगोल विद्वानों ने भोटभाषा में अनेक अमूल्य ग्रन्थ लिखे हैं। इसमें से बहुत से सूची-पत्र न बनने के कारण अज्ञात हैं। मोंगोल देश की राजधानी उलान्बातर के राजकीय पुस्तकालय में एक लाख भोट ग्रन्थ हैं और न जाने कितने अमूल्य ग्रन्थ वहां और मिलेंगे। पेकिङ् का राजकीय पुस्तकालय भोट साहित्य में बहुत

समृद्ध है। रूस की प्राच्य संस्था में भोट साहित्य के अनन्त अमूल्य रत्न सुरक्षित हैं। इसी प्रकार सारे पाश्चात्य देशों में कुछ न कुछ भोट साहित्य है। कुछ पुस्तकें दिल्ली, बनारस, पटना, कलकत्ता, शान्तिनिकेतन, चेन्नइ के पुस्तकालयों में हैं। दिल्ली स्थित सरस्वती-विहार संस्था में भोट भाषा का अनुपम तथा दुर्लभ साहित्य सुरक्षित है। इसमें कंजूर तंजूर के कई संस्करणों के अतिरिक्त अन्य भोट साहित्य भी है। इस संस्था का एक ध्येय भोट साहित्य का सम्पादन करके प्रकाशित करना है। जहां संस्कृत मूल प्राप्त है, वहां उसे भी भोट के साथ साथ दिया जाता है। यदि वह पुस्तक मोंगोल भाषा और चीनी में भी मिलती है तो उसको भी साथ-साथ रखा जाता है तथा उन के सब संस्करणों से पाठान्तर दिए जाते हैं। यह कार्य अनुसंधान-प्रक्रिया का उच्चतम शिखर है। इससे भोट साहित्य के उत्कृष्टतम रूप को संसार में लोग जान सकेंगे। इन भोट पुस्तकों को छापने के लिए बड़े परिश्रम से भोट मुद्राक्षर बनाए गए हैं। मुद्रणालय में विशेष लोग सिखाये गये हैं। आचार्य रघुवीर जी की अध्यक्षता में यह कार्य नित्य नई प्रगति पर है। वे इसी कार्य में प्रातः से रात्रि तक अनवरत लगे रहते हैं। आजकल आप मंजुश्री-नामसंगीति नामक ग्रन्थ भोट, मोंगोल, संस्कृत में छाप रहे हैं। भोट और मोंगोल भाषाएं अपनी मूल लिपि में हैं। मोंगोल भाषा के मूल अक्षर भी अत्यधिक परिश्रम से आचार्य जी ने बनवाए हैं।

जिन भोट ग्रन्थों के संस्कृत मूल नहीं मिलते उनकी छाया बनाने के लिए एक बृहत् भोट-संस्कृत-कोश का निर्माण आचार्य जी के सुपुत्र डॉ॰ लोकेश चन्द्र जी कर रहे हैं। इन्होंने भोट, चीनी, जापानी बाल्यावस्था से अध्ययन की है और भोट कोश निर्माण के लिए अनेक सुदूर देशों की यात्रा की है। ये मोंगोल देश की राजधानी उलान्बातर से अनेक अज्ञात भोट ग्रन्थों का सूचीपत्र बनाकर लाए हैं। चेकोस्लोवाकिया, स्विट्ज़रलैण्ड, फ्रांस, इटली, इंगलैण्ड, जर्मनी आदि का भ्रमण भी इन्होंने इसी कोश के निर्माण के लिए किया है। जो ग्रन्थ कठिन शब्दावली के कारण आजतक अनुवाद नहीं हुए थे वे इसकी सहायता से अनुवाद हो जाएंगे। भोट-भाषा की अभिव्यक्ति संस्कृत के आधार पर है। इसलिए प्रत्येक भोट शब्द का संस्कृत पर्याय सुनिश्चित है। प्रत्येक भोट शब्द निर्देशों सहित इस कोश में रखा गया है। इस कोश में दो लाख शब्द होंगे। देवी देवताओं के चित्र भी मूल से छापे गए हैं।

आज हमारा कर्तव्य है कि हम जिस प्रकार फ्रेंच, जर्मन, अंग्रेजी पढ़ने के लिए लालयित रहते हैं उसी प्रकार अपने इस सुहृद् देश की भाषा का अध्ययन करने के लिए कटिबद्ध हो जाएं। भोट उन योरोपीय भाषाओं की अपेक्षा कहीं अधिक सरल है। लिपि अपनी नागरी की जननी समझ

लीजिए। हम भारतीय अपने अतीत के नष्ट किए गए इतिहास के अमूल्य अध्यायों का पुनः दिग्दर्शन कर सकेंगे। भोट साहित्य रूपी मानव को भारत की रक्तवाहिनी नाड़िया सिंचित कर रही हैं। उसका हृदय भारत के रक्त से संचालित है। उसका बाह्य रूप हम से चाहे कितना भी भिन्न क्यों न हो किन्तु अनतर्धारा एक है, मन एक है, हृदय एक है, विचार-परम्परा एक है, उपमा, अलंकार, छन्द एक हैं, काव्य शैली एक है, सब कुछ एक है। भगवान् इस ऐक्य को अमर रखें।।

तिब्बत की संस्कृति और संस्कार (१९५२)

तिब्बत-निवासी अपने देश को 'बोद् युल' कहते हैं। पुरुष 'बोद्पा' और नारी 'बोद्मा' कहलाती है। तिब्बत शब्द के 'ति' का अर्थ है बड़ा और ब्बत का अर्थ है भोट अर्थात् बड़ा भोट। हम भारतीय इसे भोट कहते हैं। इसी 'भोट' से भोटिया शब्द निकला है। बड़े **भोट** का तात्पर्य देश के पश्चिमी और मध्य भाग से है। स्पष्टता के लिए पूर्वी भाग को 'मे बोद्' कहते हैं अर्थात् निम्न भोट। हिमालय की पर्वत-श्रेणियों के मध्य स्थित इस भूखण्ड को एशिया-मानव के लिए मर्मस्थल की संज्ञा दी जाय तो अत्युक्ति न होगी। भौगोलिक दृष्टि से देखा जाय तो भोट की दक्षिणी सीमा, म्यान्मार, आसाम, भूटान, नेपाल, बंगाल, उत्तरप्रदेश और हिमाचल प्रदेश को छू रही है और पश्चिमी सीमा पंजाब, कश्मीर और लद्दाख से मिली है। उत्तरी सीमा चीन के सिंक्याङ् प्रान्त (चीनी तुर्किस्थान) से और पूर्वी सीमा चीन देश से छू रही है। भोट देश पर्वत-मालाओं से परिपूर्ण है। प्रायः ये पर्वत-शृंखलाएं पश्चिम दिशा से पूर्व की ओर फैली हैं। प्रमुख श्रेणियां "ताङ्ला श्रेणियां'' हैं। यहां की भूमि पठारी और पथरीली है। यहां की प्रमुख झीलें ज़िलिङ्छो, थेङ्रि नोर (यह १००० वर्गमील विस्तृत देश के सर्वथा मध्य में है); दारूछो, दाङ्गायुम्छो हैं। भारत का पवित्र मानसरोवर यहीं स्थित है। मानसरोवर के समीप सुप्रसिद्ध कैलाश पर्वत से ब्रह्मपुत्र (भोट भाषा में त्साङ्पो) दक्षिणी भाग में बहती हुई आसाम में प्रवेश करती हैं। सतलुज और सिन्धु नदियों के उद्गम-स्थान भोट-देश के पश्चिमी भाग में हैं । दक्षिण-पूर्वी एशिया में बहने वाली साल्विन और मेकोङ् नदियां भोट देश के पूर्वी भाग से निकलती हैं ।

तिब्बत का उत्तरी भाग छाङ्ताङ् समभूमि और घाटियों से पूर्ण होते हुए भी अत्यधिक शीत के कारण जनशून्य है। यहां कोई पेड़ पौधा भी नहीं उग सकता। दक्षिणी तथा पश्चिमी भाग समस्त देश की जनसंख्या की तुलना में सघन बसा हुआ है। यही त्साङ्पो (ब्रह्मपुत्र), सिन्धु तथा सतलुज नदियों की घाटियां होने के कारण उपज हो जाती है। इस भाग को दो प्रान्तों में बांटा

गया है– उ और त्साङ्। उ प्रान्त की राजधानी ल्हासा है, जो समस्त देश की भी राजधानी है, और त्साङ् की राजधानी शिगात्से है। प्रमुख नगर **ग्यान्त्से और यातुङ्** यहीं स्थित हैं। व्यापार और आवागमन का प्रमुख क्षेत्र यही है।

पूर्वी तिब्बत खाम्‌युल् कहलाता है। यहां के निवासी खाम्पा कहलाते हैं। पश्चिमी भाग जो लद्दाख के समीप है ङारी कहलाता है, यहां के लोग ङारीपा कहलाते हैं। भोट देश का क्षेत्रफल पांच लाख वर्गमील है। सामान्यतः समुद्र-स्तर से १२ सहस्र से लेकर १६ सहस्र पाद उंचाई है। जनसंख्या ४० लाख और ५० लाख के बीच है। **जलवायु** की दृष्टि से यह बहुत ठंडा देश है। उष्णता में भी पर्वत-शिखर हिमावृत रहते हैं। शीतऋतु में चारों ओर हिम का साम्राज्य रहता है और तापमान शून्य से ४० संख्या नीचे गिर जाता है। वर्षा बहुत न्यून होती है, वर्ष में १२ इंच से अधिक नहीं। शरीर को कंपाने वाली तीखी वायु दिन-भर बड़े वेग से चलती रहती है । अधिक उपजाऊ क्षेत्र न होने के कारण खेती थोड़ी होती है। देश के दक्षिणी भाग में जौ, गेहूं, नाशपाती, सेब, अखरोट इत्यादि उगाए जाते हैं। कहीं-कहीं आलू और शाक इत्यादि भी। खनिज पदार्थों के सम्बन्ध में अभी बहुत कम खोज हुई है। इस भूगर्भ में क्या क्या अमूल्य निधियां पड़ी हैं ये प्रायः अज्ञात हैं। पश्चिमी भाग में जालुङ् नामक स्थान में सुप्रसिद्ध सुवर्ण की खान है । नदियों की रेती में थोड़ा सुवर्ण और रजत मिला हुआ है । पूर्वी भाग में तांबा, लोहा, सुहागा, सोना और चांदी की खाने हैं।

भारतवर्ष से तिब्बत जाने के लिए तीन प्रमुख **व्यापारी मार्ग** हैं, जिनमें कालिम्पोङ् वाला मार्ग बहुत लोकप्रिय है। लोग प्रायः खच्चर, घोड़े और चमरी गाय पर आते जाते हैं। कालिम्पोङ् नगर से नाथुला दर्रे द्वारा अथवा जेलेप्ला द्वारा चुम्बी घाटी में पहुंचते हैं और वहां से फारि। फारि से ल्हासा के लिए दो मार्ग हैं, एक ह्राम्‌त्सो झील से और अन्य लम्बा मार्ग ग्यान्त्से होता हुआ है। द्वितीय मार्ग श्रीनगर-लेह-शिगात्से-ल्हासा है। तृतीय, आसाम से त्सेथाङ् होता हुआ ल्हासा पहुंचता है। तिब्बत की राजधानी ल्हासा है। ल्हासा का अर्थ है देवभूभि। सम्राट् स्रोङ्‌त्साङ्‌गाम्पो के पूर्वजों ने इसे बसाया था। ल्हासा की जनसंख्या ४ लाख से अधिक नहीं है। दूसरा प्रमुख नगर 'शिगात्से है जो ल्हासा से १३० मील दूर है। शिगात्से से ६० मील दूर ग्यान्त्से नगर है। यह भारत-ल्हासा मार्ग का अतिव्यस्त व्यापारिक नगर है।

तिब्बत के लोग शारीरिक रूप से बहुत पक्के होते हैं । स्त्रियां शारीरिक परिश्रम में पुरूषों के समान ही हैं। व्यापार में भी भाग लेती हैं। तिब्बत से ऊन, चंवर, जड़ी बूटी इत्यादि भारत आती हैं, और भारत से सूती वस्त्र, चावल, शक्कर, चाय, तेल, साबुन, तम्बाकु तिब्बत जाते हैं। तिब्बतियों

का प्रमुख भोजन जौ का सत्तू है जिसे ये त्साम्पा कहते हैं। ये दिनभर में ३०-४० कटोरे चाय पी जाते हैं। चाय को सोडा और नमक डाल कर पकाते हैं। जब पक जाती है तब मक्खन डाल कर मथते हैं, फिर चांदी अथवा लकड़ी के बने कटोरों में डाल कर पीते हैं। आतिथ्य का प्रमुख अंग चाय पिलाना है। मांस खाने का बहुत प्रचलन है किन्तु मछली नहीं खाते। चावल, फल और शाक को केवल धनी लोग विशेष अवसर पर बनवाते हैं। यह वैभव का चिह्न माना जाता है। जौ से बनी छाङ् अर्थात् मदिरा का सेवन भी बहुत होता है।

तिब्बती **उत्सवों और मेलों** में बहुत भाग लेते हैं। नववर्षारम्भ पर लगभग एक मास तक उत्सव मनाते हैं। सुप्रतिष्ठित आचार्य चोङ्खापा के निर्वाण-दिवस पर घी के दीप जलाते हैं। यह हमारी दीपावली के समान है। अमावस्या, पूर्णिमा तथा प्रतिपदा को विहारों में विशेष पूजा और अखण्ड पाठ होता है। तिब्बत में तिथि-गणना भारत के कालचक्र संवत्सर के आधार पर है। प्रत्येक व्यक्ति के पास प्रार्थना-चक्र होता है जिसे वह कार्य के बीच-बीच में भी चलाता रहता है। इसके अन्दर ओं मणिपद्मे हूँ मन्त्र लाखों बार लिखा रहता है। एक बार घुमाने से यह चक्र बहुत से चक्कर काटता है। इसका अर्थ है कि भक्त को उतनी बार मन्त्र पढ़ने का पुण्य मिल गया। इसी प्रकार बड़े बड़े प्रार्थना-चक्र विहारों में भी लगे हैं। भक्त-जन आते जाते इन्हें घुमाते रहते हैं।

तिब्बत और भारत के **धार्मिक-सांस्कृतिक सम्बन्ध** बहुत घनिष्ठ और प्राचीन हैं। धार्मिकता के साथ-साथ बहुत से सामाजिक संस्कारों में भी परस्पर सामंजस्य है। नवजात शिशु का तीन दिन के पश्चात् शुद्धि-संस्कार होता है। सब दिशाओं में शुद्धि-जल छिड़कते हैं। सम्बन्धी और मित्र निमन्त्रित किए जाते हैं। ज्योतिषी को बुलाया जाता है। वह जन्म कुण्डली बनाता है और बच्चे को आशीर्वाद देता है। सब परिजन भी बच्चे और मां को उपहार देते हैं।

विवाह का आयोजन माता-पिता करते हैं। ज्योतिषी को बुलाकर शुभ मुहूर्त में वर-वधू की जन्मपत्री मिलवाते हैं। कुण्डली देकर ज्योतिषी दोनों के गुण मिलाता है। नक्षत्रों की दशा बताता है। यदि कुण्डली मिल जाती है तो विवाह का निश्चय होता है। शुभ मुहूर्त निकाल कर वर-वधू के पिता को सूचना दे देता है। विवाह संस्कार ज्योतिषी सम्पन्न करवाता है। बारात में वर वधू के घर नहीं जाता, अपितु वर के सम्बन्धी मित्र इत्यादि वधू के लिए वस्त्र, अमूल्य आभूषण तथा पांच रंगबिरंगे वस्त्रों में लिपटा हुआ बाण ले कर वधू के यहां जाते हैं। बाण वधू के पास भिजवा दिया जाता है। वरपक्ष के वस्त्र, आभूषण पहन कर वधू बाण को कन्धे पर लटका लेती है। बहुत सी सखियां सजधज कर वर वधू को पहुंचाने वर-पक्ष के घर तक जाती हैं। मार्ग में कई स्थानों पर वर-पक्ष की

स्त्रियां वधू के स्वागत में तीन दिशाओं में त्रिरत्नों के लिए छींट देती हैं। घर में प्रवेश के समय ज्योतिषी मन्त्र-पाठ करता है। एक काष्ठ में लामा मन्त्र-पाठ करते रहते हैं। अतिथि बहुत बड़ी संख्या में आते हैं। जितना बड़ा व्यक्ति होता है उत्सव उतनी ही धूमधाम से ८-१० दिन तक चलता रहता है। वधू को बीच में बिठा कर नीलम और मूंगे से जड़ा हुआ सिर पर पहनने का टीका दिया जाता है। विवाहोत्सव सम्पन्न होने पर सब अतिथि अपने घर चले जाते हैं और वधू अपने पति के साथ रहने लगती है।

तिब्बत में **मृत्यु-संस्कार** के समय भी ज्योतिषी बुलाया जाता है। वह मृत्यु समय के अनुसार संस्कार का महूर्त निकालता है। मृत शरीर की पूजा करके उसकी आत्मा के पुनर्जन्म के लिए मन्त्र-पाठ करते हैं। फिर उसे श्मशान-भूमि, जो कि एक ऊंचे पर्वत पर बनी रहती है, में ले जाते है। वहां शव के खण्ड कर के गिद्धों और चीलों को खिला देते हैं। तिब्बती कहते हैं मिट्टी से उत्पन्न शरीर पुनः मिट्टी में मिल जाएगा, यदि उस मिट्टी से किसी का पेट ही भर जाए तो कल्याण ही है। उसका पुण्य उसे आगामी जन्म में मिलेगा। सामान्य व्यक्तियों का संस्कार तो ऐसे किया जाता है परन्तु बड़े लामा तथा पुजारियों को समाधि अवस्था में ही रखा जाता है। मृत शरीर पर नमक लगा कर तीन दिन तक रखा रहने देते हैं। नमक से सारे शरीर का पानी निकल जाता है। फिर शरीर पर एक विशेष प्रकार की मिट्टी चढ़ा देते हैं। फिर सोने के पत्र से सारा शरीर मढ़ देते हैं। हाथ में कलश अथवा कोई भी वस्तु पकड़ा देते हैं। फिर उसके लिए विशेष मण्डप और चैत्य बनवाते हैं। उसमें मूर्ति की प्रतिष्ठा करते हैं। कई बार छोर्तेन (चैत्य) में रखकर चारों ओर से बन्द कर देते हैं। लामा के उपयोग में लाई गई पुस्तकें इत्यादि सब वस्तुएं चैत्य में बन्द कर देते हैं।

छठी शताब्दी तक तिब्बत में विशेष धर्म और सभ्यता नहीं थी। भूतप्रेत, जादू-टोने से ओतप्रोत बोन् मत का प्रसार था। सातवीं शताब्दी में **स्रोङ्त्साङ्गाम्पो** नामक एक शक्तिशाली सम्राट् हुआ। इसने तिब्बत के छोटे-छोटे राज्यों को जीत कर एक बड़ा साम्राज्य बनाया। चीन का भी बहुत सा भाग जीतकर अपने राज्य में मिला लिया। स्रोङ्त्साङ्गाम्पो ने नेपाल नरेश अंशुवर्मा की पुत्री भृकुटी देवी तथा चीन के सम्राट् की पुत्री वन्चेङ् से विवाह किया। दोनों रानियां बौद्ध थीं। नेपाल की राजकुमारी अपने साथ अक्षोभ्य बुद्ध, मैत्रेय और चन्दन-निर्मित तारा-देवी की मूर्तियां लाई और चीन की राजकुमारी शाक्यमुनि की रत्नजटित मूर्ति लाई। सम्राट् पर दोनों रानियों का बहुत प्रभाव पड़ा और वह स्वयं बौद्ध धर्म के प्रसार में जुट गया । सम्राट् ने दोनों रानियों की मूर्तियों के लिए अलग विहार बनवाए। अक्षोभ्य के लिए जोखाङ् का परम ऐतिहासिक विहार बनवाया और

शाक्यमुनि के लिए रासा में विहार बनवाया। यह रासा शब्द कालान्तर में ल्हासा नाम से प्रसिद्ध हो गया। स्रोङ्त्साङ्गाम्पो के राज्यकाल में बौद्धधर्म राजधर्म बना। दोनों रानियां तारा-देवी का अवतार मानी जाने लगीं। नेपाल की श्याम तारा, और चीन की श्वेत तारा के रूप में पूजी जाने लगीं। अभी तक तिब्बत की भाषा का कोई लिखित रूप न था।

रानियों की प्रेरणा से सम्राट् ने थोम्मि सम्भोट को **भोट भाषा** के लिए लिपि और धार्मिक ग्रन्थ लाने के लिए १६ व्यक्तियों के साथ भारतवर्ष भेजा। थोम्मि सम्भोट ने भारत में ब्राह्मण लिपिक और पण्डित देवविर्त्सिह के अधीन अध्ययन किया। जब अपने देश लौटे तो अनेक ग्रन्थ साथ ले गए और नागरी के पूर्वरूप से भोट लिखने के लिए लिपि बनाई। थोम्मि सम्भोट ने कारण्डव्यूह का भोट में अनुवाद किया और संस्कृत व्याकरण के आधार पर भोट व्याकरण बनाया। स्रोङ्त्साङ्गाम्पो ने इन गन्थों का चार वर्ष तक अध्ययन किया। इसके पश्चात् सम्राट् ठिस्रोङ्देत्सेन् बहुत शक्तिशाली हुआ। इसका पुरोहित शान्तरक्षित था। शान्तरक्षित के आग्रह से सम्राट् ने नालन्दा विश्वविद्यालय के तान्त्रिक योगाचार्य पद्मसंभव को ७४७ में तिब्बत बुलाया। इन्होंने तिब्बत में तान्त्रिक वज्रयान की स्थापना की। बोन् मत के देवी देवताओं को भी बौद्ध देवी-देवताओं के साथ स्थान दिया। दीक्षा की प्रथा डाली।

पद्मसंभव ही तिब्बत में लामा-धर्म के जन्मदाता हैं। इनका तान्त्रिक धर्म पीछे से न्यिङ्मापा (रक्तोष्णीष) कहलाया। इन्होंने साम्ये विहार की स्थापना की। शान्तरक्षित को प्रथम मठाधीश बनाया। साम्ये विहार मगध के ओदन्तपुरी की शैली का बना है। ठिस्रोङ्देत्सेन् के राज्य-काल में बहुत से भारतीय पण्डित तिब्बत गए। संस्कृत से भोट भाषा में अनुवाद परंपरा प्रारम्भ हुई।

संस्कृत-भोट कोष महाव्युत्पत्ति इस युग की अमर कृतियों में से है। इस सम्राट् के पश्चात् नवीं शताब्दी के प्रारंभ में राल्पाचेन् नामक धर्मप्रिय सम्राट् हुए । इन्होंने संस्कृत से भोट भाषा में अनेक ग्रन्थ अनुवाद करवाए। संस्कृत और भोट अनुवादकों की समिति बनाई और स्वयं अध्यक्ष बना। बौद्ध धर्म को सुसंगठित किया और भारत के अनुसार नाप तोल बनवाए। भारत के समान सिक्के चलाए। ११वीं शताब्दी में श्रीदीपंकरज्ञान अतिश तिब्बत आए। इन्हें मंजुश्री का अवतार माना जाता है। अतिश ने धर्म का सुधार किया और कादम्पा सम्प्रदाय की स्थापना की। ३०० वर्ष पश्चात् यह कादम्पा सम्प्रदाय गेलुक्पा (पीतोष्णीष) बन गया, जो कि आज तक चला आ रहा है। १३वीं शताब्दी में चीनी सम्राट् कुबलईखां ने अपनी सभा में सब धर्मों के प्रतिनिधियों की सभा बुलाई। बौद्ध, मुसलमान और इसाई सब उपस्थित हुए। तिब्बत से साक्या पण्डित तथा अन्य लामा गए।

सम्राट् ने कहा कि कोई ऐसा अनोखा कृत्य उपस्थित करो जिससे तुम्हारे धर्म की श्रेष्ठता प्रकट हो। सब चुपचाप बैठे रहे। बौद्ध लामाओं ने भूमि पर रखा चषक अदृश्य मनःशक्ति द्वारा सम्राट् के मुंह तक पहुंचा दिया। समस्त सभाजन और प्रतिनिधि चकित रह गए। उस दिन से कुबलइखां स्वयं बौद्धधर्म के प्रचार में जुट गए। साक्या पण्डित को तिब्बत का शासक घोषित कर दिया। मोंगोल देश में बहुत से विहार बनवाए तथा पेकिङ् में एक बड़ा बौद्ध विहार बनवाया। जो भारतीय ग्रन्थ भोट में अनुवाद हो गए थे उनका मोगोल में अनुवाद करवाया।

तिब्बत के कोने-कोने में सहस्रों **विहार और चैत्य** हैं। इनके पूर्ण विस्तार के लिए सहस्रों पृष्ठ चाहिएं। भारत में सातवीं शताब्दी में जिस प्रकार के विहार बनते थे, तिब्बत में उसी शैली के विहार हैं। सबसे प्राचीन साम्ये विहार है। यह ल्हासा से ३० मील दूर है। यह भारतीय आचार्य पद्मसंभव और शान्तरक्षित के निरीक्षण में मगध के ओदन्तपुरी की शैली पर आधारित है। विश्वरूप की कल्पना पर भवन का निर्माण हुआ है। इसमें चार विशाल विद्यालय हैं जिनमें लामाओं को शिक्षा दी जाती है। मूर्तियां सुवर्ण-निर्मित हैं, और अमूल्य वस्त्र आभूषणों से अलंकृत हैं।

भोट भाषा देश के विभिन्न भागों में थोड़े.थोड़े भेद से बोली जाती है किन्तु ल्हासा की भाषा सब समझते हैं। सातवीं शताब्दी तक यहां कोई साहित्य न था। बौद्ध धर्म के प्रवेश से संस्कृत के ग्रन्थ अनुवाद होने लगे। बुद्ध के मुख से निकले वचनों का संग्रह कंजूर ग्रन्थमाला में हुआ और उन पर टीकाएं तंजूर ग्रन्थमाला में संगृहीत हुईं। कंजूर के १०८ भाग हैं और तंजूर के २२५ भाग हैं। एक एक भाग में एक एक सहस्र पृष्ठ हैं। ये ग्रन्थ लकड़ी के फट्टों पर खोदकर फिर हाथ के बने पत्र पर छापे जाते हैं। प्रत्येक भाग को कौशैय वस्त्र में लपेट कर ऊपर विषय और अंक की पट्टी लगा कर अलमारी में रखते हैं। प्रत्येक विहार में इनकी कई प्रतियां होती हैं। कंजूर में विनय, प्रज्ञापारमिता, रत्नकूट, अवंतसक, सूत्र, और तन्त्र विषय हैं। तंजूर में धारणी, स्तोत्र, तन्त्र , प्रज्ञापारमिता, मध्यमक दर्शन, सूत्र, योगाचार, अभिधर्म, विनय, जातक, पत्र, न्याय, व्याकरण, आयुर्वेद, ज्योतिष, रसायन शास्त्र, नीति आदि हैं। प्रत्येक ग्रन्थ के आरम्भ में स्पष्ट लिखा रहता है कि यह संस्कृत भाषा से अनुवाद किया गया है। संस्कृत का मेघदूत, काव्यादर्श, छन्दोरत्नाकर, वृत्तमाला, पाणिनिसूत्र, चाणक्य.नीतिशास्त्र, सुभाषितरत्ननिधि, अमरकोश, विश्वलोचन कोश, अष्टांगहृदय, प्रतिमामानलक्षण तथा अन्य अनेक असंख्य ग्रन्थ भोट भाषा में मिलते हैं। इस अमूल्य निधि को सुरक्षित रखने में भारतीयों को पूर्णरूपेण सहयोग देना चाहिए। यह निधि भारतीय इतिहास के विलुप्त अध्यायों पर प्रकाश डालने में समर्थ है।

बाली द्वीप

सनातन भारतीय सभ्यता का प्रतीक व्यजनाकृति पूर्वस्थित रमणीय बाली द्वीप शताब्दियों से हमारा धर्मबन्धु है। यहां की सूर्य-ताप से तप्त ताम्र-वर्ण की स्निग्ध-शरीर स्त्रियां अप्सराओं के समान पुष्पों का शृंगार करती हैं। केवल स्त्रियां ही नहीं, बाली के पुरुष भी सुन्दर कुसुम से अपना सिर सजा लेते हैं। रमणीय पुष्पों एवं वाटिकाओं से आच्छादित द्वीप पृथ्वी का स्वर्ग सा प्रतीत होता है, ऐसा स्वर्ग जहाँ न धन की आवश्यकता है, न वस्त्र की, न सांसारिक स्पर्द्धा की। यहां केवल मानव भावना का पारस्परिक समीकरण होता है, यहां एक मधुर भावात्मक गीत पर ही रहने के लिए सुन्दर कुटिया मिल सकती है।

आधुनिक संसार के वैज्ञानिक तथा संहारात्मक कोलाहल से अतिदूर बाली द्वीप प्राचीन कालीन भारतीय तपोभूमि सी लगता है जहाँ ऋषि मुनि वन में तप करके मस्तिष्क के विकास के लिए नित्य सामग्री एकत्र करते रहते थे। बाली द्वीप में जितना हिन्दुत्व एवं धार्मिकता है वह आज भारत में नहीं। वहीं भारतीय ब्राह्मण परिवारों के धर्मपरायण जीवन-मापना के प्रत्यक्ष दर्शन होते हैं। इन निवासियों के खान-पान में, नृत्य संगीत में, पूजा करने की विधि में सर्वथा भारतीयता है। वे आज भी हमसे बहुत दूर होते हुए भी समान संस्कृति के कारण अतिनिकट हैं।

बाली-निवासियों की **पूजा** भावना प्रधान होती है। पूजा करते करते वे इतने आत्मलीन हो जाते हैं कि उन्हें अपनी अवस्थिति का ज्ञान नहीं रहता। बाली में स्थान-स्थान पर मन्दिर हैं। मन्दिर के बाहर द्वारपाल की मूर्तियाँ स्थित हैं। ये द्वारपाल भीम और दुर्योधन हैं। मन्दिर के अन्दर भिन्न भिन्न प्रकार की अति कर्ण-प्रिय मधुर झंकार करने वाली घंण्टियां लगी रहती हैं। प्रातःकाल और सायंकाल आचार-विचार के साथ पदाण्ड पूजा करते हैं।

प्रत्येक **गांव मन्दिर के चारों ओर** बसा हुआ है। बाली निवासी सघन रहना पसन्द करते हैं। इनके घर पास पास बने होते हैं। गांव के मध्य में रिक्तस्थान अथवा थोड़ा सा जंगल भी उन्हें नहीं भाता। उसे प्रेतात्माओं का निवास स्थान मानते हैं। द्वीप का केवल पूर्वी भाग बसा हुआ है। सम्पूर्ण द्वीप में मन्दिरों के ऊंचे २ शिखर दूर से ही दृष्टिगोचर होते हैं। देवालय में कई प्रांगण होते हैं। वे पूजा सभा और मनोरंजन के केन्द्र हैं। सायं तथा प्रातः सारे गाँव के व्यक्ति यहां एकत्र होते हैं।

बाली के प्रत्येक मन्दिर में उनकी लिपि में लिखी हुई चित्रमयी **संस्कृतानुप्राणित धार्मिक पुस्तकें** हैं। ये निधि-स्वरूप केवल पदाण्ड के अधिकार में होती हैं। इन्हें लोन्तार कहते हैं। सायं-

पूजाविधि के समाप्त होने पर ज्योत्स्ना में मन्दिर का पुजारी ग्रामवासियों के लिए लोन्तारों से पाठ करता है। जनता की इनके प्रति इतनी श्रद्धा होती है कि वह एकचित्त होकर आदि से अन्त तक उसे सुनती है। लोन्तार ताडपत्र पर लिखा बाली लिपि का ग्रन्थ होता है। प्रत्येक ताडपत्र के मध्य में छिद्र करके उसे रज्जु द्वारा एक दूसरे से बांधते हैं। शंकु-लेखनी से शब्दों को ताडपत्र पर खोदते हैं, उसमें काजल भर कर पढ़ने के लिए स्पष्ट कर देते हैं। इन पुस्तकों में उच्च-स्तर की प्राचीन धार्मिक हिन्दू गाथाएं एवं दार्शनिक आध्यात्मिक तत्त्व रहते हैं। कभी-कभी ताडपत्र पर कथा के साथ साथ उसके अद्भुत चित्र रहते हैं। इससे पुस्तक बड़ी रोचक एवं दर्शनीय हो जाती है।

प्रत्येक **बाली-निवासी कलाकार** होता है। वे ताम्रपत्र और चांदी पर इतनी सुन्दर उकेरी करते हैं, कि विश्वास नहीं होता कि बिना किसी यंत्र की सहायता से इतना सुन्दर एवं सूक्ष्म रूपांकन कैसे हुआ। यहां के हाथ के बुने वस्त्र रंगों के सम्मिश्रण एवं कला की विविधता के लिए प्रसिद्ध हैं। कलाकार गृह, देवालय, पात्र एवं आभूषण पर चित्र बनाने से पूर्व कोई रेखांकन नहीं बनाते। वे इतने निपुण हैं कि सीधे वस्तु पर ही कार्य करना आरम्भ कर देते हैं। वारिवर्ण चित्रण अद्भुत है। प्रत्येक मन्दिर में रामायण महाभारत के अनुपम रंगीन चित्र बने हैं। इनकी चर्म चित्रण कला भी उच्च कोटि की एवं मनोमुग्धकारिणी है। बाली स्त्रियों के पास अतिसुन्दर स्वर्ण एवं रजत से कढ़े हुए अनुपम कौशेय के वस्त्र होते हैं। ये वस्त्र केवल पूजा के लिए काम में आते हैं।

बाली-निवासियों में **सौन्दर्याभिव्यक्ति** उच्च स्तर की है। इनके मनोरंजन के साधन अति-आकर्षक हैं। नाटक, नृत्य, संगीत, वाद्ययन्त्र आदि अनुपम हैं। कठपुलियों के द्वारा नाटक दिखाया जाता है। यह **वायाङ्** कहलाता है। वायाङ् की कथा प्रायः रामायण अथवा महाभारत से संबद्ध होती है। यह चलचित्र जैसा होता है। रात्रि के समय देवालय के बाह्य प्रागण में श्वेत-चादर लगाई जाती है। उसके पीछे बड़ा तैलदीप जलाया जाता है। मंच केले के पत्तों ओर डालियों से सजा होता है। कठपुतली वाला मंच के ऊर्ध्व भाग की ओर बैठता है। सारी कठपुतलियां मंच के मध्य में रखी जाती हैं। संगीत आरम्भ होता है, साथ ही साथ कथा का गायन भी। वातावरण इतना प्रशान्त एवं गंभीर होता है कि सारी वस्तु अति-गरिमा-सम्पन्न प्रतीत होती है। यहां के वायाङ् अर्थात् छाया चलचित्र में यदि महाभारत की कथा हो तो अर्जुन का प्रमुख स्थान रहता है। अर्जुन की कार्यनिपुणता एवं युद्धकुशलता पर यहां के निवासी बहुत प्रसन्न होते हैं और उसके तनिक कष्ट पाने पर दुःखी। कभी-कभी वायाङ् देखते-देखते भावतादात्म्य होने पर रो उठते हैं। खलनायक यदि उसके प्रिय नायक को कुछ भी कष्ट पहुंचाए तो उनको आन्तरिक पीड़ा होती है। भीम और दुर्योधन भी इनके प्रमुख नायकों में से हैं।

कठपुतली बनाने में बाली का कलाकौशल उच्चतम शिखर पर पहुंचा दिखाई देता है। वास्तव में कठपुतली आकर्षण-निहित आश्चर्यजनक सौन्दर्य को समेटे रहती है। ये बड़ी कलापूर्ण विधि से चित्रित एवं अद्‌भुत आभूषणों से आभूषित उच्च कुल की प्रतीक होती हैं। इनकी नाक, भुजाएं एवं ग्रीवा बड़ी तीखी होती है।

बाली द्वीप का संगीत मधुर होता है। जब ये गाने या नृत्य करने लगते हैं तो आत्मविभोर हो जाते हैं। उन्हें अपनी स्थिति का ज्ञान नहीं रहता। नृत्य करते समय भावभंगिमा, मुद्रा, मुखाकृति एवं सम्पूर्ण अंग संगीत के साथ मधुर लय में चलते हैं। मुखाकृति जितनी प्रतिमा के सदृश रहती है उतनी ही श्रेष्ठ **नृत्य कला** समझी जाती है। मन्दिर में नृत्य करना प्रमुख धार्मिक कृत्य है। किसी कुटुम्ब का कोई बालक यदि देवालय के नृत्य के लिए चुन लिया गया तो वह कुटुम्ब अपने को बड़ा भाग्यशाली समझता है। स्त्री पुरूषों का सम्मिलित नृत्य भी होता है। इनकी नृत्य वेषभूषा स्वर्ण-जटित होती है। हाथ में चन्दन का पंखा लेना, सिर पर रत्नजटित मुकुट पहनना प्रमुख नृत्यसज्जा है। नृत्य सदैव देवालय के कुसुमों से आच्छादित सुमनों की मृदु सुगन्ध से परिलिप्त प्रांगण में रजत राका में होता है।

बाली की **गायन और वाद्य-यंत्र ध्वनियां** भारत के संगीत के निकट बैठती हैं। यहां वाद्य दो प्रकार के होते हैं, स्वरव्यंजक और तालव्यंजक। स्वरव्यंजक वाद्य गायन के साथ सम्मिलित रहते हैं और तालव्यंजक नृत्य के साथ। इन दोनों प्रकार के वाद्ययन्त्रों का अद्‌भुत स्वर, लय और गति का सम्मिश्रण रहता हैं। नृत्य के साथ-साथ मधुर गायन तथा वृन्दवादन भी चलता है। गामेलान् अर्थात् वृन्दवादन प्रमुख धार्मिक नृत्यों के साथ साथ होता रहता है जो कि ५० से ६० वाद्यों तक का होता है। किसी उत्सव में नृत्य एवं वृन्दवादन ज्योत्स्नाप्लावित समुद्र-तट पर पूर्णिमा की रात्रि को, किसी नारियल वन के मध्य में और किसी मन्दिर के प्रांगण में होता है।

गामेलान् संगीत इतना हृदयस्पर्शी, मुदु एवं भावात्मक होता है कि भारतीयों को अत्यधिक रोचक एवं कर्णप्रिय लगता है। यह केवल भारतीय ही नहीं अपितु बाली में रहने वाले डच व अन्य योरोप-निवासियों को भी अत्यधिक प्रिय लगता है। एक अमेरिकन तो गामेलान् संगीत पर इतना मुग्ध हुआ कि वह कुछ संगीतज्ञों को अमेरिका ले जाने के लिए उद्यत था। परन्तु ये अपना रमणीय बाली द्वीप छोड़ कर कहीं जाना नहीं चाहते। बाली में संगीत लिखने की कोई पद्धति प्रचलित नहीं है। मौखिक रूप से ही अभ्यास करते हैं। एक गामेलान् को सज्ज करने में कभी कभी एक वर्ष भी

लग जाता है। वाद्ययन्त्र सुन्दर बने होते हैं। प्रत्येक में किसी न किसी रूप में देवता का प्रतिरूप मिलता है। वाद्यों से अधिक रूचिकर उनके बजाने वाले होते हैं। गामेलान् आरम्भ होने पर बजाने वाले स्वर, लय और गीत में इतने तल्लीन हो जाते हैं कि उनका सारा शरीर ही थिरकने लगता है। ये नर्तक से अधिक प्रभावशाली मुद्रा में भाव प्रकट करते हैं। वीणा, सितार, बांसुरी, सारंगी, आदि भिन्न-भिन्न ध्वनियां करने वाली होती हैं। पखावज और ढोल भी बहुत प्रकार के होते हैं। जलतरंग, काष्ठतरंग, नलतरंग और बिम्बतरंग में भी विविधता है। कोई भारतीय गायन वादन सुनने वहां पहुचं जाए तो उसे भारतीयता के दर्शन होंगे।

बाली में स्त्रियों की संख्या अधिक है। ७० प्रतिशत स्त्रियां ही हैं। उन्हें ही सबसे अधिक अधिकार प्राप्त हैं। घर और बाहर पूर्ण स्वातंत्र्य है। व्यापार, गृहकार्य एवं पूजापाठ में ये पर्याप्त भाग लेती हैं। उत्सवों में सम्मिलित होने के लिए स्त्रियां स्वर्ण-जटित वेशभूषा और फूलों का शृंगार करती हैं। स्वर्णिम वेश एक सहस्र रूपये तक का होता है। इसे बातिक कहते हैं। बाली के बच्चे बड़े आकर्षक एवं सौम्य प्रकृति के होते हैं। वे आरम्भ से ही कुटुम्ब का कार्य करते हैं। बच्चों के छोटे-छोटे प्रयत्नों की कभी उपेक्षा नहीं की जाती। यदि बच्चे की चित्रकला में रूचि प्रकट होती है तो उसे मिट्टी में ही चित्र बनाने की प्रेरणा दी जाती है। पांच छः वर्ष की बालिकाएं मन्दिर की सजावट के लिए सुन्दर पुष्प बनाती रहती हैं। बच्चों को मन्दिर सजाने की, देवोपासना आदि विधिक्रिया विस्तार से समझाई जाती है। छोटे बच्चे भी मन्दिर में गंभीर मुद्रा में बैठे रहते हैं। वे पूजा क्रिया में उतनी ही रूचि रखते हैं जितनी की बड़े व्यक्ति। संस्कृत के श्लोकों का उच्चारण करना सीख लेते हैं। उपासना संस्कृत श्लोकों के बिना संपन्न नहीं होती है।

माता-पिता बच्चों को कभी अवहेलना की दृष्टि से नहीं देखते। आरंभ से नन्हा सा बच्चा भी उतना ही सम्मान पाता है जितना बड़ा। इसीलिए बाल्यकाल से ही बालक अपना उत्तरदायित्व समझने लगता है।

द्वीप में मन्दिर बनाना सामाजिक कर्तव्य समझा जाता है। सारा गांव इसमें कार्य करता है। इसके लिए उन्हें कोई वेतन या शुल्क नहीं मिलता। यह उनका धार्मिक कर्त्तव्य है। अपने दैनंदिन जीवन के द्वारा यहां के निवासी आज संसार को सद्भावना, सहयोग एवं शान्ति का पाठ सिखा सकते हैं।

अन्त्येष्टि संस्कार भी भारत के निकट है। इस समय ये लोग रोने के स्थान पर उत्सव-सा मनाते हैं। सारा गांव उस में लग जाता है। इसे इन्द्रलोक की यात्रा कहते हैं। बहुत से व्यक्तियों का एक साथ संस्कार होता है। यह इनका राज-संस्कार है।

आज बाली प्रेरणा दे रहा है कि हम वहां जायें और अपनी खोई हुई संस्कृति, कला, सभ्यता, ग्रन्थों का पुनः अन्वेषण करें। बाली हिन्दु गौरवगाथा है। यदि हम अपनी जीती जागती भारतीय संस्कृति के दर्शन करना चाहते हैं तो अवश्य जाना चाहिए। बाली यात्रा हमारे लिए पुण्य तीथयात्रा होगी।।

THE KECHAK DANCE

Originally, the Kechak was a choir of men who, by their litanies cooperated with the Sanghyang girl who was to be put into a trance. The Sanghyang (trance) dance is performed for the purpose of hearing the wishes of the Gods or the ancestors conveyed through the Sanghyang girl. At present, the Kechak dance is performed with a special story chosen from the Rāmāyaṇa.

The story is as follows: By intrigue, Rāma, the legal heir to the throne of Ayodia was exiled from the realm of his father Daśaratha. Accompanied by his wife Sītā and his younger brother Lakṣmaṇa he left his father's palace and entered the Daṇḍaka forest. He went through many adventures until he finally found himself chasing a golden deer. It was at this moment that Sītā was left alone without any protection as Lakṣmaṇa had gone to help Rāma. Sītā was kidnapped by Rāvaṇa, the king of the demons and was brought to his kingdom called Alengka.

Followed by an army of monkeys under the command of their King Sugriva, Rāma headed for Rāvaṇa's palace called Lengkapura. The monkeys built a bridge between Hindustan and Lengkapura. A great battle took place which resulted in the victory of Rāma. Some episodes from this saga are represented in the dance of the principal figures.

ACT 1. Sītā, Rāma, Lakṣmaṇa, Kijang Mas (golden deer). Sītā, Rāma and Lakṣmaṇa enter the stage. Suddenly, a golden deer, which is actually the transformed figure of Mārīca the Prime Minister of Rāvaṇa, appears. Sītā asks her husband to catch it for her. Exit Rāma. After a while, a voice crying for help is heard and Sītā thinking it was her husband's voice orders Lakṣmaṇa to go and help.

At first, Lakṣmaṇa refuses since he believes that brother Rāma is a mighty king who needs no help. Sītā strongly urges him to go and accuses him waiting for Rāma's death so that he can marry her. Being accused thus, Lakṣmaṇa becomes very angry at her and goes away.

ACT 2. Sītā, Rāvaṇa. Rāvaṇa appears, kidnaps Sītā and brings her to his palace called Lengkapura.

ACT 3. Sītā, Trijaṭā, Hanoman (the commander of monkeys). Accompanied by Trijaṭā (Rāvaṇa's niece) Sītā is now in the palace of Rāvaṇa bemoaning her misforture, being separated from her beloved husband. Hanoman appears and shows Sītā the ring of Rāma. Sītā gives a token to Hanoman to be forwarded to Rāma, to imply that Sītā is still very much alive and is desperately waiting to be rescued.

ACT 4. Rāma, Meghanāda, Garuḍa. Rāma is on the battle field. He is encountered by Rāvaṇa's son, Meghanāda. Meghanāda shoots Rāma with his arrow which turns into a snake tying up Rāma as with a rope. This is enacted by Rāma sitting in the middle of a chain of men. He calls his ally Garuḍa to come and help him. Garuḍa enters the arena and frees Rāma by pricking the snake to death.

ACT 5. Rāma, Sugrīva, Meghanāda. Sugrīva the king of the monkeys and Rāma's ally comes. He asks Rāma to take rest and let him fight Meghanāda. Sugrīva assembles the monkeys and incites them to fight. He challenges Meghanāda to come out of the clouds and fight him. The dance group divides itself into two parts one group is the demon's army shouting cak, and the other is the army of monkeys under Sugrīva making mokey like noises.

The performance ends with the fight between Sugrīva and Meghanāda and Sugrīva wins. Finally, Rāma succeeds in killing Rāvaṇa, meets his wife and triumphantly they return to Ayodhyā.

KUNTI-YADNYA कुन्तीयज्ञ

(taken from the Bhāratayuddha and performed by the Puri Pemecutan troupe of the former royal palace)

King Darmawangsa, the eldest brother of the Pandawas, is kidnapped by the demon King Detya Indragata. Indragata is of the opinion that if he can do away with the pious king Darmawangsa, he will enjoy freedom from any danger.

ACT 1. The other Pandavas are very busy searching for their brother but they find no success. For a thorough search, helped by their cousin Krishna, King of Dvāravatī, Arjuna, the third handsome brother transforms himself into Nāgarāja, King of Serpents and later into Jaṭāyu, King of Birds. The second strong brother Bīma and the twins Nakula and Sadewa are to look for their brother around the earth. Gatutkaca son of Bima is to help in the sky as he can fly very well. That way the search will be thorough in every corner of the world and even upto the deep sea-bed.

Flying in the sky, Gatukaca meets Nāgaketu, another son of Bima from a different mother, who is supposed to own this particular territory. Furious because his territory is being crossed, Nagaketu attacks the former using all his might. A most fierce fight is inevitable as both of them are equally strong. Both heaven and earth tremble which makes the Gods uneasy and they request the brothers to fight somewhere else. On earth, Bima soon realizes what is happening and immediately orders the two sons to stop and start to work to find their uncle's whereabout, after telling who they really are.

ACT 2. Darmawangsa is tied and tortured on the town square of the demon kingdom when Arjuna finds him. Among the lookers-on there is a beautiful princess, the daughter of Indragata who falls in love with Arjuna at first sight. When he gets nearer the princess, Indrawati tells Arjuna what she feels, but he promises her nothing until Darmawangsa is free. The princess acts right away, and fulfills the required. Realizing the escape of Darmawangsa the demon king is furious and gathers his army. Both sides suffer equally. But luck is with the Pāṇḍavas who stand for righteousness. Indragata is defeated. Thus ends the story of that demon kingdom with nothing left behind.

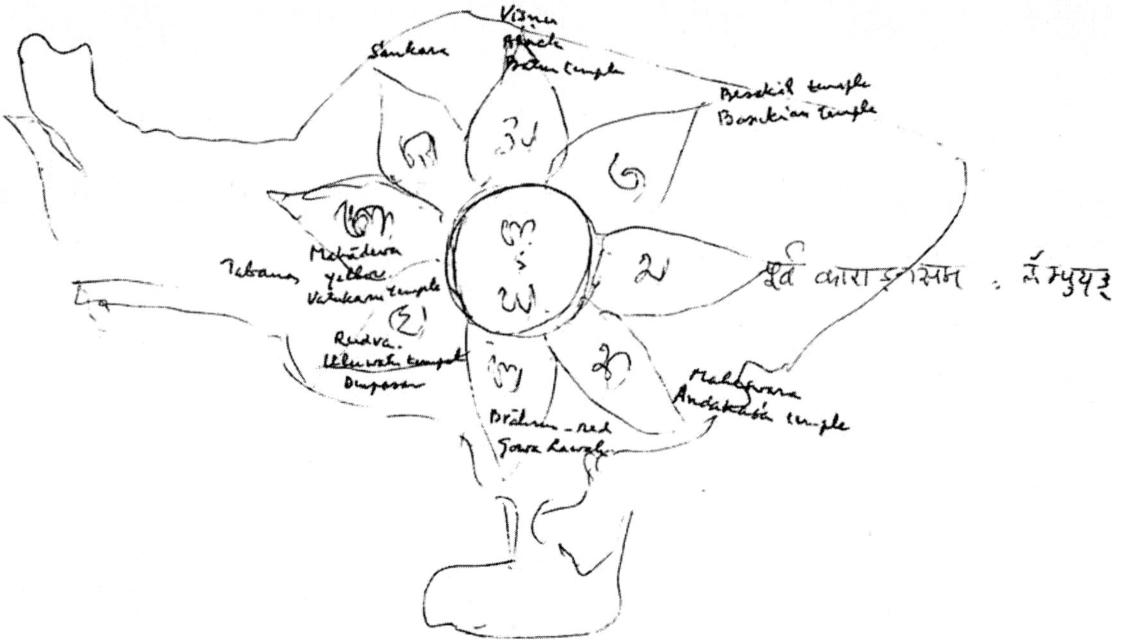

MAP OF BALI

The late Dr. Punyatmaja Oka drew this **map of Bali** as an eight-petalled lotus, dedicated to Viṣṇu, Brahmā and six manifestations of Śiva.

एशिया में श्रीकृष्ण-चरित

योगीराज श्रीकृष्ण का चरित्र भारत से बाहर कहीं दुर्गम समुद्र लंघन करके, तो कहीं हिमाच्छादित दुरूह पर्वतों को पारकर सुदूर देशों में पहुंच गया। भारत से प्राप्त प्रत्येक वस्तु वहां पंहुचते ही दिव्य स्वरूप धारण कर लेती थी। श्रीविष्णु भगवान्, मर्यादा पुरूषोत्तम श्रीराम, श्रीकृष्ण और शिवजी एशिया के अनन्य पूज्य देव रहे हैं। इनके जीवन चरित पर आधारित नानाप्रकार की रचनाएं, काव्य, गाथाएं निर्मित हुईं और इन देशों में इतने अटूट विश्वास के साथ अपनाई गईं कि लोग भूल गये कि राम और कृष्ण पुण्यभूमि भारत के अधिष्ठातृ-देव हैं। ये लोग उन्हें अन्तस्तम में विराजमान कर चुके थे। सरयू और यमुना पुण्यतीर्थ बन जन-जीवन को आध्यात्मिक रस प्रदान करने लगीं।

इंडोनीसिया के द्वीप जावा, बाली और लोम्बोक् में रामायण और महाभारत जनवीवन के आधार रहे हैं। राष्ट्रपति सुकर्ण अपने महलों में महाभारत के छाया-नाटकों द्वारा आत्मिक बल प्राप्त करते हैं। महाभारत के आदि, विराट्, भीष्म और दूसरे पर्व अभी तक पढ़े-पढ़ाये जाते हैं। ये पर्व संस्कृत के संक्षेप हैं। भीष्मपर्व में श्रीमद्भगवद्गीता का प्रमुख स्थान है। योगीश्वर श्रीकृष्ण अर्जुन के सारथी बन कर गीता का उपदेश देते हैं। हमारी गीता की अपेक्षा कविभाषा की गीता संक्षिप्त है। पहले मूल संस्कृत का श्लोक, फिर उसकी कवि भाषा में टीका, इस प्रकार गीता आज भी बाली और लोम्बोक् द्वीप के ताड़पत्र पर उत्कीर्ण हुई मिलती है। जब इंडोनीसिया स्वतन्त्र हुआ, तब प्रत्येक मतावलम्बी ने अपने-अपने धर्म-ग्रन्थों को छूकर शपथ ली। जावा, बाली, और लोम्बोक् के हिन्दुओं (ब्राह्मण, क्षत्रिय, वैश्य, शूद्र ये चारों वर्ण आज भी यहां विद्यमान हैं) श्रीमद्भगवद्गीता को स्पर्श करके शपथ ली।

भीष्मपर्व में गीता का प्रमुख स्थान है। कवि-रचयिता ने महाभारत के श्लोकों और श्लोकांशों को देते हुए उनकी कवि में व्याख्या की है। कवि-लेखक को जिन स्थलों के समझने-समझाने में कठिनाई अनुभव हुई, वे उसने छोड़ दिये। इसी प्रकार जहां पुनरूक्ति अथवा अतिशयोक्ति का आभास हुआ वे स्थल भी उसने छोड़ दिये। कवि में उद्धृत गीता के श्लोकों में हमारी आधुनिक गीता से पाठान्तर हैं। किन्तु ये पाठान्तर इस प्रकार के नहीं कि विषय के प्रतिपादन में भिन्नता आए। श्रीगीता के पश्चात् कवि-साहित्य में **हरिवंश-पुराण, कृष्णायन और कृष्णान्तक** नामक काव्यों में श्रीकृष्ण-चरित का विस्तृत विवरण मिलता है। श्रीकृष्ण प्रभावशाली पथद्रष्टा एवं

नीति निर्धाता के रूप में उपस्थित होते हैं। अर्जुन और भीम उनके शिष्य हैं। कृष्णायन महाकाव्य के रचयिता म्पु त्रिगुण हैं। इसमें श्रीकृष्ण और रूक्मिणी के प्रेम-प्रसंग का प्रमुख रूपसे वर्णन किया गया है। इस कथानक में राधा और गोप-गोपियों का कहीं उल्लेख नहीं है। श्रीकृष्ण द्वारा कंस के वध का वर्णन हमें ककविन् हरिवंश मिलता है। ग्रन्थारम्भ विष्णु भगवान् के अवतार से होता है। श्रीविष्णु भगवान् शेष-शय्या पर विराजमान हैं। भूलोक पर कंस के अत्याचारों से प्रजा त्रस्त है और भक्तों के त्राण हेतु भगवान् विष्णु, श्रीकृष्ण के अवतार के रूप में भूलोक पर अवतरित होते हैं। असत्य पर सत्य की और अधर्म पर धर्म की विजय होती है।

जावा स्थित **चण्डी जागो और चण्डी पनतरन्** में कृष्णायन महाकाव्य के कथाचित्र पत्थरों में उत्कीर्ण हैं। श्रीकृष्ण की मूर्ति भारत के समान ही मुकुट, कटिमेखला से अलंकृत है और मथुरा नगरी का विविध वैभव प्रदर्शन किया गया है। जावा, बाली और लोम्बोक् द्वीपों में वैष्णव-धर्म जन जीवन में इतना व्याप्त है कि युद्ध के अवसर पर पितृ-योद्धाओं को स्मरण करते हुए जय अर्जुन, जय भीम, जय कृष्ण आदि का उच्चारण कर शक्ति अर्जित करते हैं और शत्रु को ललकारते समय कहते हैं कि हमारे मस्तिक में श्रीकृष्ण का युद्धकौशल हो, हमारी भुजाओं में भीम और अर्जुन की शक्ति निहित हो, हम युधिष्ठिर के समान अडिग हों। पितरों की दिव्य शक्ति के कारण हमें कोई परास्त नहीं कर सकता।

अर्जुन-विवाह नामक सुप्रसिद्ध काव्य-ग्रन्थ में श्रीकृष्ण प्रमुख रूप से चित्रित किए गये हैं। श्रीकृष्ण में अद्‌भुत आकर्षण शक्ति थी, इसका उल्लेख इस कवि-ग्रन्थ में पढ़ने को मिलता है। अर्जुन के विवाह के अवसर पर श्रीकृष्ण द्वारवती नगरी में पदार्पण करते हैं। नगर के सब प्राणी, बच्चे-बूढ़े, स्त्रियां, युवक अपने-अपने कार्य छोड़कर श्रीकृष्ण-दर्शन करने भागे चले आते हैं। गाय का दुग्ध दोहन करती हुई महिलाएं भागी आती हैं, चित्रकार अपने रंग और तूलिकाएं लिए भागे चले आ रहे हैं। यहां तक कि समस्त वनचर, खेचर, जलचर विस्मृत ठगे से हो गए। श्रीकृष्ण की मोहिनी शक्ति प्राणी मात्र को आकृष्ट कर लेती है।

इंडोनीसिया में **छाया-नाटकों** के रूप में समस्त महाभारत खेला जाता है। इसे इनकी भाषा में वायाङ् कहते हैं। चर्मनिर्मित कठपुतलियों में श्रीकृष्ण, भीष्म पितामह, युधिष्ठिर, अर्जुन, भीम, सुभद्रा, दुर्योधन आदि पात्र बनाए जाते हैं। यह छाया-नाटक सायंकाल आरम्भ होता है और आधी रात तक चलता है। प्रत्येक पात्र का मुकुट, अलंकरण, वस्त्र, रंग सुनिश्चित होते हैं। दूर से देखते ही तुरन्त पता लग जाएगा कि मंच पर अमुक पात्र आ रहा है। पीछे से सुमधुर गान द्वारा कथासार

बताया जाता है। दर्शक मन्त्रमुग्ध हुए देखते रहते हैं। कम्बोज और चम्पा के पुष्पों से मण्डप सजाया जाता है। 'तीर्थगंगा' के जल से 'मन्त्रपूत' तोय समस्त प्रांगण में छिड़का जाता है। हृदय को प्रफुल्लित करने वाला मनोरम दृश्य होता है। भारत के लिए यह तीर्थ स्थान है।

थाई और कम्बुज देश में **श्रीकृष्ण और विष्णु** भगवान् को एक ही अवतार मानते हैं। जिस प्रकार भारत में वर्षाकाल में चार मास के लिए देवता शयन करते हैं और इन चार मासों में कोई मांगलिक कार्य नहीं किये जाते, उसी प्रकार थाई देश में विष्णु भगवान् का शयन शेषशय्या पर वास्तव में दिखाया जाता है। एक उत्सव आयोजित होता है जिसमें राजा (थाई देश में राजा विष्णु के अवतार-स्वरूप माने जाते हैं) साक्षात् शयन करते दिखाए जाते हैं। समस्त उत्सव एक बड़ी झील में सम्पन्न होता है।

साइबीरिया (शिबिरदेश) में संस्कृत के अनेक ग्रन्थ उनकी भाषा में अनूदित मिलते हैं। पाणिनि का व्याकरण, मेघदूत, काव्यादर्श, सुभाषित-रत्ननिधि आदि के साथ-साथ बच्चे कथासरित्सागर, राजा विक्रमादित्य, राजा भोज तथा राजा किसन खान् (राजा कृष्ण भगवान्) की कथाएं प्रचलित हैं, प्रस्फुटित हैं। जम्बुद्वीप के महान् सम्राट् श्रीकृष्ण की मोंगोल गाथाओं का आचार्य रघुवीर जी की सुपुत्री सुषमा देवी ने तुलनात्मक अध्ययन किया है। आचार्य रघुवीर जी ने यह कथात्रयी छापने का कार्य हाथ में लिया था। विक्रमादित्य और राजा भोज की गाथाएं उन्होंने प्रकाशित कर दीं, किन्तु किसन खान् की कथाओं को पूरा होते वे न देख पाए। मोंगोल देश की श्रीकृष्ण-गाथाएं सुषमा देवी ने जर्मनी में प्रकाशित की हैं।

भारत की संस्कृति, सहित्य, देवी-देवता जहां-तहां भारत से बाहर सुदूर देशों में मिलते हैं, उनको खोजते-खोजते आचार्य रघुवीर जी उन-उन देशों में गए और वहां से हस्तलिखित पोथियों एवं ताड़पत्रों का संग्रह किया। अदम्य उत्साह के साथ उनके सम्पादन और प्रकाशन का कार्य चल रहा है। उनके सुपुत्र डॉ॰ लोकेशचन्द्र भी उसी कार्य को पूर्ण करने लगे हैं। इसको सम्पन्न करने से भारत का विलुप्त गौरवमय इतिहास पुनः नवजीवन पायेगा और गौरवान्वित होगा।

भारतीय जनसंघ के एकादश अधिवेशन के महिला-सम्मेलन में अध्यक्षीय भाषण (अहमदाबाद, २८.१२.१९६३)

बहिनो एवं बन्धुओ, गतवर्ष पूज्य पिताजी आचार्य रघुवीरजी ने अधिवेशन सभा का सभापतित्व किया था। आज वे नहीं रहे, यह सोच-सोच कर हृदय टूटता है। यह ऐसा मर्मभेदी घाव है कि दिन पर दिन अधिक गहरा होता जा रहा है। पूज्य पिताजी के चले जाने से पारिवारिक दुःख तो अथाह हुआ ही किन्तु देश और हिन्दू समाज को महान् हानि हुई है। उसकी पूर्ति कौन करेगा। अब पूज्य पिताजी कहां से आएंगे, हिन्दू जाति को गहरी नींद से जगाने के लिए, उसे अपना गौरव सुनाने के लिए, भारत की सीमा-सुरक्षा के लिए, जन जन को जागृत करने के लिए। वे कर्मठ योगी, तपस्वी आग सा सन्देश देकर अन्तर्धान हो गए। उनके मन की लगन, व्यास और वाल्मीकि जैसा पाण्डित्य अब कहां से प्रकट होगा। हिन्दी भाषा का पाणिनि अब कहां से आएगा। पिताजी जनता के हृदय में ऐसे समा गए थे मानों दूध और पानी। उनकी कही हुई एक एक बात हृदय को छूती थी। उनका चिन्तन अध्ययन और मनन अनन्त था। हमारा सौभाग्य था कि हम उनकी छत्रछाया एवं अनन्त प्रेम में इतने दिन रहे। कभी भी अनुभव नहीं हुआ कि पिताजी हमसे इतने बड़े हैं, हम उनसे डरें। उनका वात्सल्य अटूट था। बाहर से जब भी लौटते, घर के प्रत्येक व्यक्ति की कुशल मंगल पूछा करते थे। घर में कोई रोगी हो जाए तो दिन में दस बार जा कर उसका समाचार लेते थे। घर के लोगों कि तो बात ही क्या, एक दिन हमारा चपरासी रोगी हो गया। पू॰ पिताजी ने पूछा कि आज बहादुर काम पर क्यों नहीं आया। उसके रोग का पता लगते ही तुरन्त वहां आ पहुंचे और चपरासी का माथा छूकर कहने लगे कि इसे तो ताप है। तुरन्त दूरभाष करके डाक्टर को बुलाया। डा॰ आया, चिकित्सा हुई, पिताजी स्वयं उसके लिए चाय और भोजन लेकर उसके कोष्ठ तक गए। दो दिन पश्चात् सेवक ठीक हो गया और उसके हृदय से पिताजी के लिए अनेक आर्शीवाद निकल रहे थे। यह था पिताजी का अपूर्व स्नेह। उनके लिए प्रत्येक छोटा श्रमिक, सेवक अपने आत्मीय जैसा था। अपने पराये का भेद उन्हें छू तक न गया था।

भारत माता के उत्थान और गौरव के लिए वे बड़े से बड़ा त्याग कर देते थे। यह गुण पिताजी में **विद्यार्थी जीवन** से था जबकि वे तीन वर्ष योरोप रहकर पढ़े। वहां रहते हुए भी वहां के वैभव की चमक पिताजी को लुभा न सकी, उल्टा उनके प्रति उपेक्षा और भारत मां के उत्थान की टीस मन में दिन रात कसकने लगी। एक दिन पिताजी एक मित्र को अपनी किशोरावस्था की बात सुना रहे थे कि जर्मनी का एक विश्वविद्यालय कई हजार मासिक पर उन्हें काम देता था। लेकिन

परन्तु उन्होंने अधिकारियों को धन्यवाद देते हुए कहा मैं निरन्तर भारत से अनुपस्थित रहने में असमर्थ हूं। मैंने वहां कुछ इस प्रकार का काम अपने ऊपर लिया है जो मैं ही कर सकता हूं। मुझे गंगा, यमुना, हिमालय और वहां के कण-कण से प्यार है। कोई मुझे वहां से अलग न कर सकेगा। मुझे विदेश के धन, मान, गौरव किसी भी बात का मोह नहीं। मुझे भारत का कल्याण प्यारा है और उसी भूखे नंगे देश में मेरा स्थान है। ऐसा कहते कहते पिताजी की आंखें दमकने लगीं और अगले क्षण गीली हो क्षरने लगीं। यह था पिताजी का अपूर्व प्रेम भारत भूमि के प्रति।

पिताजी जो **आदर्श** हमारे और आपके लिए छोड़ गए हैं उसको पूरा करना, उनके संजोये स्वप्नों को साकार करना हमारा परम कर्तव्य है। विशेष कर महिला वर्ग को अपनी संस्कृति, भाषा और धर्म की ओर सदैव जागरूक रहना चाहिए। आज तक भारत की नारियां देश के गौरव के लिए महान् बलिदान करती आयी हैं। सीता, सावित्री, गार्गेयी और मैत्रेयी का आदर्श हमारे सामने है। जहां जहां पुरूष भटका है वहां वहां महिलाओं ने उसे संभाला है। पुरूष सदैव नयी वस्तु, नए वेश, नए आचार विचार की ओर स्त्री की अपेक्षा शीघ्र झुका है किन्तु स्त्रीजाति ने सदैव संयम से काम लिया है। आप देखिए प्रायः भारत के पढ़े लिखे पुरूष पाश्चात्य वेश भूषा धारण करने लगे हैं और उसे पहन कर वे अपने को गौरवशाली समझते हैं, किन्तु क्या भारतीय नारी ने पाश्चात्य वेशभूषा को कभी गौरव दिया? कभी नहीं। भारतीय नारी का स्वाभिमान ऊंचा है। उसे अपनी भाषा, अपना वेश, अपना धर्म सबसे अधिक प्यारा है। इसके लिए वह बड़े से बड़े बलिदान करती है। हम पाश्चात्य प्रगति की प्रंशसा करती हैं किन्तु अपने स्वाभिमान और देश प्रेम का बलिदान करके नहीं।

पहले हमारी भूखी नंगी किन्तु सबला भारत माता, फिर और कुछ। हम उसे वस्त्रों से, भोजन से, आभूषणों से तृप्त करेंगे। उसकी **वाणी** को अपनी वाणी बना लेंगे। मां भारती के मस्तक की बिन्दी, हिन्दी को जनजन की भाषा और राजभाषा बनाकर छोड़ेंगे। हिन्दू और हिन्दी के लिए बड़े से बड़ा तप करेंगे, बलिदान करेंगे। किसकी शक्ति है कि हिन्दी और अन्य भारतीय भाषाओं गुजराती, मराठी आदि को उनका स्थान न मिले। हिन्दी भारत के भूखे नंगे व्यक्ति की भाषा है। हिन्दी भारत के मजदूर किसान की भाषा है। हिन्दी भारत के रिक्षा-तांगे वालों की भाषा है। हिन्दी में भारत का हृदय है। हिन्दी के एक एक शब्द, क्रिया, सर्वनामों में भारत मां का लहू बह रहा है। इसे कौन गद्दी से उतार सकता है। यह ९९ प्रतिशत जनता की भाषा है। केवल एक प्रतिशत लोग ऐसे हैं जो शासन की बागडोर संभाले बैठे हैं। वे हिन्दी और भारतीय भाषाओं का विरोध करते हैं। वे भारतीय भाषाओं में आपस में फूट डालनी चाहते हैं। वे चाहते हैं कि दो बिल्लियां लड़ें और बन्दर

आकर अपना काम बनाएं। फूट डालो और राज्य करो यह पुराना सिद्धान्त हो गया है। आज सब जनता इसके मर्म को जानती है। अब भारत की जनता को कुछ मुट्ठी भर पद-लोलुप नेता धोखा देकर ठग नहीं सकते। वे हां में हां मिलाना जानते हैं। उन्हें भारत के अच्छे बुरे की परवाह नहीं। अपना स्वार्थ, झूठ, छल कपट, भ्रष्टाचार, चोर बाजारी लक्ष्य बन गया है। और वे कहते हैं कि हिन्दी वाले दबाव डालते हैं, बलात्कार से हिन्दी को राजभाषा बनवाना चाहते हैं। दक्षिण के विरोध की धमकी देते हैं। दक्षिण वालों को उकसाते हैं कि विरोध करो, नहीं तो तुम कहीं के न रहोगे। धोती वाले पण्डितों का राज्य आ जाएगा। कहीं हमारे हाथों से निकलकर सत्ता इनके हाथों में न चली जाए। यह भय उन्हें खाए जाता है। उनके मन में डर समाया है। इसलिए गद्दी पर ऐसे चिपके जैसे गुड़ पर मक्खी बैठी हो। गद्दी का मोह इतना कि जो आदेश आया वह आगे कह दिया। ग्रामोफोन के समान जो भरा गया वह बोल दिया। ये दूसरे की रोटी पर बिके हुए लोग हैं। ये घृणा के पात्र हैं। आज सीमाओं पर चीनी घात लगाए बैठे हैं। भारत के पुण्य पावन तीर्थ मानसरोवर और पवित्र कैलाश पवर्त को हथिया कर भारत पर आक्रमण करने का इन लोगों को दुःस्साहस कैसे हुआ?

पू॰ पिताजी आचार्य रघुवीर जी ने १६५५ में **चीन की यात्रा** से लौटते ही संसद् में यह कहा था कि भारत का वास्तविक शत्रु चीन है। उससे सदैव सर्तक रहना चाहिए। हमें अपनी सीमाएं पक्की करनी चाहिएं। पिताजी बहुत से मानचित्र साथ में लाये थे जिनमें तिब्बत और शिंचियाङ् प्रदेश की सब सड़कें दिखायी हुई हैं जिनके द्वारा चीन कलकत्ता तक आने का स्वप्न लेता है। उस समय 'हिन्दी चीनी भाई भाई' के प्रेमालाप में हमारी सरकार फंसी हुई थी। यह हमारी सरकार का दोष है कि हमने **तिब्बत की रक्षा** नहीं की और वहां की डाकतार व्यवस्था, प्रेम उपहार स्वरूप लाल चीन को सौंप दी। पंचशील प्रस्ताव के अनुसार चीन ने भारत को कुछ भी कहने से बांध दिया। पंचशील पर हस्ताक्षर होते ही हमारे हाथ मानों कट गए। क्या तिब्बत कभी चीन का अंग हो सकता है? नहीं, कभी नहीं। वह स्वतंत्र देश है। तिब्बत की संस्कृति, भाषा, साहित्य, भारतीय संस्कृति से ओतप्रोत है। वहां शिव, दुर्गा, काली, गणेश, इन्द्र की पूजा होती है। दीर्घायु के लिए मृत्युंजय पाठ होता है। जन्म से लेकर मृत्यु तक तिब्बत-निवासी भारतीय मन्त्र, धारणियां, कवच और स्तोत्रों का पाठ करता है। वह विशुद्ध भारतीय है।

प्राचीन भारत के दर्शन करने हो तो आज से **साठ वर्ष पुराने तिब्बत** में जाइये। देखिए किस प्रकार विहारों में पूजा होती थी। एक एक विहार नालन्दा विश्वविद्यालय की अनुकृति थी। प्रत्येक विहार में ७००-८०० विद्यार्थी रहते थे। ये गुरूकुल जहां स्नातक पठन-पाठन, शास्त्रों पर तर्क

विर्तक और एक दूसरे के ज्ञान की सीमाओं की बढ़ाने के लिए बड़े-बड़े सम्मेलन किया करते थे। ये क्रूर और घोर अत्याचारी चीनियों के बमों द्वारा तोड़ दिए गए। हस्तलिखित पुस्तकों को कमरे गरम करने के लिए जलाया जा रहा है। धातु की मूर्तियों को पिघला कर बन्दूकों की गोलियां बनाया जा रहा है। बड़े बड़े पण्डित आचार्यों को उन्हीं के शिष्यों द्वारा पिटवाया जा रहा है। इस अत्याचार का वर्णन करना कठिन है। तिब्बत को बलि पशु के समान चीन को उपहार में देकर ही हमारी सीमाओं पर ये संकट आए हैं।

आज **हमारी सुरक्षा** केवल शासन के हाथों में नहीं छोड़ी जा सकती। प्रत्येक भारतीय का यह कर्तव्य है कि हम सचेत रहें। इस पवित्र भारत माता, जिसका मुकुट हिमालय है, की सुरक्षा की शपथ लें। यह तपस्वी, ऋषि मुनियों का देश किसी प्रकार अपने मान, गौरव की हत्या कर झुक नहीं सकता। इसके जनता जनार्दन में, भूखे नंगे किसान में, शिव के तीसरे नेत्र के समान जलाने की, भस्म करने की शक्ति है। हम राष्ट्र के सम्मान की, उसके गौरव की, उसके धर्म की, प्राणों की बलि चढ़ाकर भी रक्षा करेंगे। भारत के कण-कण से, जन जन से, क्षण-क्षण से प्यार करेंगे।

अब मैं भारत के **गौरव की एक छोटी से रूपरेखा** आपको देती हूं। आज जो भारत की सीमाएं हैं वे बहुत छोटी रह गयी हैं। हमारी आध्यात्मिक और बौद्धिक सीमाएं साइबेरिया की बाईकाल झील से श्रीलंका तक और अफ्रीका से फिलिप्पाइन द्वीप तक थीं। हमारे पूर्वज पर्वत और समुद्र भेदते हुए इन दूरवर्ती देशों में आया जाया करते थे। आज के से यातायात साधन उस समय उपलब्ध नहीं थे। महीनों वर्षों लग जाते थे, चलते-चलते, कभी कभी दुर्घटनाएं भी सहन करते थे। किन्तु उनके अन्तर में अपने धर्म, अपनी संस्कृति की ज्वाला जलती रहती थी, निराश नहीं होते थे।असभ्य, बर्बर जातियों को सभ्य एवं शिक्षित बनाना इनका परम धर्म था। प्राचीन भारत के ये सखा बन्धु देश आज पुनः भारत की ओर आशाजनक दृष्टि से देखते हैं। आज भी उनके लिये प्रेरणा का स्रोत भारतवर्ष है। किन्तु आज हम अपने सब प्राचीन सम्पर्क और प्रेम को भुला बैठे हैं। अपने सखा बन्धुओं को अवहेलना और उपेक्षा की दृष्टि से देखने लगे। अवहेलना किस लिए– क्योंकि वे पिछडे हुए देश हैं। उपेक्षा किस लिए– क्योंकि संसार की राजनीति में उनका कोई स्थान नहीं है। लंका, बर्मा, मलाया, कम्बोडिया, थाईलैण्ड, इंडोनीसिया, फिलिप्पाइन, लाओस, वियतनाम, जापान, कोरिया, मंगोलिया, तिब्बत, मलेशिया, नेपाल हमारे प्राचीन आध्यात्मिक बन्धु हैं। इन बन्धुओं से हमें पुनः मैत्री एवं प्रेम का नाता जोड़ना है। इन देशों की भाषा, साहित्य, संस्कृति आदि सब भारतीय भावना विचार-धारा से परिपूर्ण है। क्यों न इसका लाभ उठाया जाये। आज हमारे राजनैतिक

सम्पर्क हैं किन्तु मानसिक एवं आध्यात्मिक सम्पर्क सर्वथा नहीं रहे। यदि कोई उस देश का व्यक्ति अपना सौहार्द दिखाता भी है तो भारतवर्ष उसे चुप करा देता है। यह सब क्यों? इन देशों को आज भारत अपने साथ ले ले– वैज्ञानिक उन्नति में, साहित्य और आध्यात्मिक उन्नति में, तो हम लोग कितने अधिक शक्तिशाली बन जाएंगे। हमने अपने प्राचीन मित्र भुला दिये और नये कोई नहीं बनाये। हम संसार में अकेले हैं, कोई साथ देने वाला नहीं। दूर देशों से क्यों आशा की जाए। अपने पड़ोसी देश हमारे काम आएंगे। संगठन के पीछे शक्ति निहित है। मैत्री और प्रेम देकर ये सब देश भारत के पुनः साथ आ सकते हैं। भारत सदैव से नेता रहा है, आज हमें अपनी संस्कृति, अपने धर्म, अपनी भाषा से विरक्तता है। अंग्रेजी में बातचीत करने में गर्व, अपनी भाषा में हीनता अनुभव करना, यह सिखाया जा रहा है। विद्यालयों और पाठशालाओं में किसी भी प्रकार की धार्मिक शिक्षा नहीं दी जाती। बच्चे विचारधारा में यूरोप के अधिक समीप बनते जाएंगे। न उन्हें अपने देश पर कोई गर्व होगा, न उन्हें यह पता होगा कि हमारे देश में कोई अपनी भाषा है अथवा नहीं। धर्म और संस्कृति की तो कोई जानकारी होगी ही नहीं। अपनी भाषा, अपना धर्म, अपना देश प्रगति के लिए कितने आवश्यक हैं– आज इसे कोई नहीं जानता।

हां भारत के बन्धु-देशों का कुछ परिचय दे दूं। जहां सरयू नदी, और पुण्य पावनी गंगा नदी बहती है। जहां श्रीराम ने अवतार लिया है। जहां गायत्री मंत्र से पूजा आरम्भ होती है। और समाप्ति पापोऽहं पापकर्माहं पापात्मा पापसंभवः, त्राहि मां सर्वपापेभ्यः, पुण्डरीकाक्ष रक्ष मां– इस श्लोक से होती है। यह पुण्य भूमि इंडोनीसिया का द्वीप बाली है। जावा यवद्वीप है और बोर्नियो को वहां के निवासी कालिमन्थन कहते हैं। सेलेबीज़ को शूलावेशी कहते हैं। इंडोनीसिया के राष्ट्रपति का नाम सुकार्णो अथार्त् सुकर्ण है। महाभारत में कर्ण दुर्योधन के पक्ष में था। दुर्योधन का पक्ष अनीति का पक्ष था। जब राष्ट्रपति सुकार्णो का जन्म हुआ तो उसके पिता ने कहा मुझे महाभारत का पात्र कर्ण बहुत अच्छा लगता है, सर्वगुण-सम्पन्न होते हुए भी वह अनीति में फंस गया, किन्तु मेरा पुत्र सुकर्ण होगा, सुनीति का अनुसरण करेगा। एक दूसरे महानुभाव हैं, आपने भी यह नाम बहुत सुना होगा, शास्त्रोअमिजोयो, यह शुद्ध भारतीय नाम है। शास्त्र अमितजय।

इंडोनीसिया में अनेक भारतीय शब्द आज तक प्रयोग हो रहे हैं जैसे पूजा, पृथिवी, मानुष, मेघ, विद्या, सूत्र, रत्न, सत्य आदि। यदि कवि कोश उठाकर देखें तो प्रत्येक दूसरा शब्द संस्कृत का है। जनसाधारण के नाम भारतीय हैं, हां उच्चारण का भेद अवश्य है। लिखने में शुद्ध रूप से भारतीय हैं। कभी आप इंडोनीसिया जाइये तो आपको ये नाम कितने प्रिय लगेंगे। हम इण्डियन

एयरलाइंस अथवा इण्डिया इन्टरनेशनल अपने विमानों की संस्था का अंग्रेजी का नाम रख रहे हैं तो इंडोनीसिया वाले अपनी विमानसंस्था को गरूड़ एयर्वेज़ कहते हैं। गरूड़ पक्षी बहुत शक्तिशाली और उड़ने में बहुत गति वाला था। इसलिए विमान का नाम गरूड के ऊपर रखा। देखिए कितना समीचीन नाम है। मोटर बसों के नाम सम्पाति और जटायु रामायण से लिए गये हैं। महाभारत और रामायण के छायानाटक सहस्रों की संख्या में प्रतिदिन अभिनय किए जाते हैं। दर्शक मन्त्रमुग्ध देखते रहते हैं। अभिनय पात्र अर्जुन, भीम, कृष्ण, दुर्योधन, कुन्ती, रूक्मिणी आदि होते हैं। स्त्रियों के नाम अम्बरी, कुसुमा, तीर्था, तृणा, पद्मिनी, विचित्रा, विरागा आदि, एवं पुरूषों के नाम अग्र , अमृत, कर्ता, जप पूजा, भद्र, वीर सुत, सुतेज, स्तव, स्वास्थ, सुव्रत, सुजन, महेन्द्र आदि हैं। दिल्ली स्थित इंडोनीसिया के दूतावास के संस्कृति सचिव का नाम सुजन अर्थात् अच्छा मनुष्य था और उसके पश्चात् एक महिला विदुषी सुजन के स्थान पर आयीं उनका नाम सत्यवती था। नाम ही नहीं विचार-परम्परा, मानसिक भावनाएं इंडानीसिया और भारत की समान हैं।

इंडोनीसिया के एक बहुत बड़े विद्वान् हैं। उनका नाम पूर्वचरक है। इन्हें अनेक संस्कृत श्लोक कण्ठस्थ हैं। संस्कृत स्तोत्रों का पाठ सुनते रहते हैं।

इंडोनीसिया के द्वीप-द्वीप में, मन्दिर-मन्दिर में, व्यक्ति-व्यक्ति में भारत की आत्मा के दिग्दर्शन कर सकते हैं। ये पराए नही अपने लोग हैं। बाली द्वीप में चारों वर्ण है– ब्राह्मण, क्षत्रिय, वैश्य, शूद्र। यहां पुजारी दो प्रकार के हैं– शैव पदाण्ड और बुद्ध पदाण्ड। गीता इनका धार्मिक ग्रन्थ है। ये गायत्री मन्त्र का पाठ बड़ी गम्भीरता से करते हैं। पदाण्ड यज्ञोपवीत, मुकुट माला पहिनकर पूजा करने बैठता है। पूजा सामग्री में धूप, दीप, नैवेद्य, घंटा और गंगा तोय अर्थात् गंगा जल रहता है। नासाग्र दृष्टि से ध्यान और जप करते हैं। संस्कृत श्लोकों का बड़ी श्रद्धा एवं भक्ति के साथ उच्चारण करते हैं। संस्कृत श्लोकों एवं मन्त्रों से सारे संस्कार किए जाते हैं। इनका साहित्य भारतीय दर्शन, भारतीय ज्योतिष, भारतीय आयुर्वेद, भारतीय व्याकरण से ओत-प्रोत है। संस्कृत के छन्द, संस्कृत के अलंकार, इनके साहित्य में प्रयोग किए जाते हैं। भारतीय आयुर्वेद और ज्योतिष प्रयोग में आ रहे हैं। इन्हें भारत की प्रत्येक वस्तु प्रिय है। यह जाति कला-प्रिय है। इंडोनीसिया के मन्दिर और मूर्तियों को देख कोई भी कलाकार मन्त्र-मुग्ध हो जाता है। यह कला भारत से वहां गयी और अपने देश में लुप्त हो गयी। छाया-नाटक, नृत्य एवं वाद्य-संगीत में भारतीयता भरी हुई है। गुजरात प्रान्त को अपनी संस्कृति फैलाने का सबसे बड़ा श्रेय है। गुजराती व्यापारी छठी शताब्दी से इन प्रदेशों में व्यापार किया करते थे। व्यापार के साथ-साथ भारतीय कला और साहित्य भी पहुंच गये।

अब **कम्बोडिया** का अवलोकन करें। इसे कम्बुज देश कहते हैं। कम्बुज का अर्थ है शंख। यहां भारतीय मास चैत, बैसाख, जेठ, आषाढ़ आदि चलते हैं। पूर्णिमा और अमावस्या को उत्सव मनाते हैं। कम्बुज भाषा में संस्कृत के शब्द भरे पड़े हैं। स्कूल को शाला, कालिज को अनुविद्यालय और यूनिवर्सिटी को महाविद्यालय कहते हैं। पुस्तकालय को पन्नागार कहते हैं।

कम्बुज देश में भारत के दर्शन स्थान-स्थान पर, व्यक्ति-व्यक्ति में होते हैं। वास्तव में कम्बुज और थाईलैण्ड भारत के लिए पुण्यस्थली हैं। जैसे तीर्थयात्रा करने बद्रीनाथ, केदारनाथ जाते हैं उसी प्रकार इन स्थानों पर भी जाना चाहिए। कम्बुज देश में संस्कृत के अनेक शिलालेख आज भी उपलब्ध हैं। ताड़पत्र पर संस्कृत और पालि के अनेक हस्तलिखित ग्रन्थ सुरक्षित हैं। आंकोरवाट नामक कई मील में बना हुआ अतिविशाल मन्दिर है। शिव, विष्णु, ब्रह्मा की भव्य मूर्तियों को देखकर मन आश्चर्य-चकित हो जाता है। कम्बुज के राजा विष्णु के अवतार माने जाते हैं।

अब चलिए, बहुत दूर उत्तर में **साइबेरिया** स्थित है। साइबेरिया अंग्रेजी उच्चारण है। यहां के निवासी इसे शिबिर देश करते हैं। शिबिर का अर्थ तम्बू और तम्बुओं का देश शिबिर देश। यहां के निवासी तम्बुओं में रहते हैं। भारतीयों को पता नहीं कि शिबिर देश से हमारा कोई सम्बन्ध भी है अथवा यहां कोई सभ्यता संस्कृति नाम की वस्तु है। साइबेरिया और मंगोलिया भारतवर्ष के लिए परम पावन पवित्र भूमियां हैं। हमारे आचार्य पण्डितगण भारत माता का पवित्र संदेश पहुंचाने इन हिमाच्छादित देशों तक पहुंचते रहे हैं। इन देशों में जाइये और देखिये कि भारत का क्या स्वरूप है। वस्तुएं स्वयं बोल-बोल कर कहेंगी कि हम भारतीय हैं, हम भारतीय हैं। ये देश भारत की धरोहर को संजाये बैठे हैं। सहस्रों संस्कृत के ग्रन्थ मोंगोल सम्राट् ने मोंगोल में तिब्बत भाषा से अनुवाद करवाए। उन पर टीकाएं लिखी गयीं। वाद-विवाद, मनन, चिन्तन, अध्ययन हुए। साइबेरिया से ८४ सिद्धों के अलग अलग मुद्राओं में चित्र पिताजी लाए हैं। छिंगिस् खां की राजधानी काराकोरम से संस्कृत मंत्र लिखे हुए छोटे-छोटे स्तूप हमें खुदाई में मिले हैं। मंगोलिया में संस्कृत फाग्पा लिपि में लिखी जाती थी। इस लिपि में अनेक शिलालेखों के स्थान-स्थान पर दर्शन होते हैं। बड़े-बड़े विहार और कलाकृतियों एवं साहित्यिक सामग्री से भरे पड़े हैं। कंजूर माला और तंजूर माला के हज़ारों ग्रन्थ संस्कृत से अनुवाद किए गये हैं। भारतवर्ष में कई ग्रन्थ नष्ट हो चुके हैं किन्तु इतनी दूर वे सुरक्षित हैं। स्थान-स्थान पर अनेक स्तूप बने हैं। उनके नीचे अनेक ग्रन्थ, मूर्तियां आदि रखी रहती हैं। मोंगोल लोग कहते हैं कि स्तूपों की यदि खुदाई की जाय तो संस्कृत के

ताड़पत्र पर लिखे ग्रन्थ उपलब्ध हो सकते हैं। मोंगोल देश में पर्वतों के नाम वैडूर्य, सुमेरू और झील के नाम दुर्गा झील और श्री झील हैं।

विहारों के नाम तुषित विहार, भविष्यवाणी विहार और रत्नकूट विहार हैं। विहार के बाहर द्वारपाल बने है। सिंह द्वार की रक्षा करता है। अन्दर शाक्यमुनि, मैत्रेय, तारा माता की विशाल मूर्तियां बनी हैं। पूर्णिमा और अमावस्या को अखण्ड पाठ होता है। दण्डवत् प्रणाम करके विहार की परिक्रमा करते हैं। लामा लोग संस्कृत की पुस्तकें पढ़ते हैं। पाणिनि का व्याकरण मोंगोल भाषा में है। मेघदूत, विक्रमादित्य की कथाएं, राजा भोज की कथाएं घर घर में सुनायी जाती हैं। लोग गंगाजल पीने के लिए प्राण भी देने को तैयार हैं। भारत से लाये हुए गंगाजल की एक एक बूंद उनके लिए अमृत के समान है। हाथी को पवित्र पशु मानते हैं। भारतीय फल आम देखने और खाने की उनकी उत्कट इच्छा है। केले को ये कदली कहते हैं। संस्कृत में भी कदली कहते हैं। क्या आप कल्पना कर सकते हैं यह चन्दन का गुरूड कहां से है? यह मोंगोल प्रधानमंत्री की पिताजी को भेंट है।

मोंगोल लोग कहते हैं कि भारतीयों ने हमें बताशे बनाने बताए और दूध मक्खन और शाकाहारी भोजन करना सिखाया।

बच्चों के नाम भारतीय होते हैं– लड़कियों के आयुषी, मुकुन्दी, पद्मिनी, प्रज्ञापारमिता, प्रज्ञाप्रभा, प्रज्ञामेधा, भैषज्यगुरूरक्षिता और लड़कों के नाम बुद्धरक्षित, धर्मसिंह, रत्नवज्र, गुरूशरण, सुमतिवागिन्द्र, नाथवज्र, सूर्यरक्षित, संघधर्म और भद्र इत्यादि हैं।

मोंगोल राष्ट्रपति का नाम शम्भू और राष्ट्रीय झण्डे का नाम स्वयंभू है। मोंगोल देश के बहुत बड़े विद्वान् का नाम रत्न है और उनकी पत्नी का नाम रत्ना है, पुत्री का नाम इन्द्री है। आज भी मोंगोल देश में भारतीय संस्कृति, धर्म एवं साहित्य के लिए बहुत आदर है। भारत का प्रत्येक पुरूष उनके लिए देवता और प्रत्येक पुत्री उनके लिए देवी है।

भारत के विशाल स्वरूप के दर्शन **अफगानिस्तान** के दर्रे और उसकी चट्टानों में होते हैं। दर्रों पर भारतीय देवी देवताओं की मूर्तियां चट्टानों पर बनी हुई हैं। ये मूर्तियां कुछ बोल नहीं सकतीं, बता नहीं सकतीं। आक्रमणकारी आए और इनसे लड़ना आरम्भ कर दिया। इन्हें तोड़ फोड़ डाला। किसी का सिर तोड़ दिया, तो किसी का मुख, हाथ, पांव इत्यादि। फिर भी ये मूर्तियां भारत के इतिहास के अमर स्तम्भ हैं। अफगानिस्तान की राजधानी काबुल से ४०० किलोमीटर दूर बामियान गुफाएं हमारी अजन्ता अलोरा गुफाओं के समान हैं। बामियान गुफा में ७० मीटर ऊंची बुद्ध

की अतिविशाल मूर्ति चट्टान काट काट कर बहुत परिश्रम से बनाई गयी है। प्रत्येक गुफा में मूर्तियां हैं। ऐसी कला भारत में आजकल देखने को उपलब्ध नहीं है।

आगे चलिए केस्पियन सागर के तट पर **अस्त्राखान** में भारतीय लोग १९वीं शताब्दी तक व्यापार करते थे। यहां से गुरुमुखी में लिखा पद्मपुराण का ग्रन्थ मिला है जो पिताजी लाए हैं। मलेशिया से भारत का नियमित व्यापार हुआ करता था। कश्मीर के उत्तर में लद्दाख और गिल्गित से होकर शिंचियाङ् में भारतीय धर्म और संस्कृति का प्रभाव था। संस्कृत वहां की मातृभाषा के समान थी। जब लोग ऊंट और घोड़े मोल लेते थे तब संस्कृत भाषा में रसीद काट कर देते थे। संस्कृत में बोलते थे और पत्र व्यवहार करते थे।

इसी प्रकार समस्त एशिया में भारतवर्ष ने प्रेम और बन्धुत्व का प्रसार किया। एशिया का कोई भी देश इससे अछूता नहीं है। तिब्बत, चीन, जापान, कोरिया, लाओस, वियतनाम, लंका, बर्मा आदि सब देशों से सम्बन्ध रहा है। इन देशों के साहित्य, इतिहास, दर्शन शास्त्र भारत के प्रत्येक विद्यार्थी एवं शिक्षक वर्ग को अध्ययन करने चाहियें। इससे भारतीय अपने अतीत के नष्ट किए गए इतिहास के अमूल्य अध्यायों का पुनः दिग्दर्शन कर सकेंगे।

इन देशों का बाह्यरूप चाहे कितना भिन्न हो, किन्तु इनमें भारत की आत्मा के दर्शन किसी रूप में होते रहते हैं। इनकी हमारी विचार-परम्परा एक, चिन्तन-शैली एक, उपमा अलंकार, छन्द एक, काव्य.शैली एक, सब कुछ एक जैसा है। आज भारतीयों का कर्तव्य है कि जिस प्रकार फ्रेंच, जर्मन, रूसी, अंग्रेज़ी आदि भाषाएं सीखने के लिए हम लालायित रहते हैं, उसी प्रकार अपने इन बन्धु-देशों की भाषा का अध्ययन करने को कटिबद्ध हो जाएं। योरोपीय भाषाओं की अपेक्षा ये हमारे लिए कहीं सरल हैं। लिपियां भी ब्राह्मी से निकली हैं। देवनागरी की बहिनें हैं। भिन्न-भिन्न स्थानों पर भिन्न-भिन्न रूप धारण कर लिया है।

इस प्रकार इन बिछड़े बन्धुओं के सहयोग से भारत पुनः शक्तिशाली राष्ट्र बन जाएगा। आजकल शक्ति वाले को ही सब पूछते है। भारतवर्ष का संसार में एक विशिष्ट स्थान चला आ रहा है, किन्तु हमने अपना महत्वपूर्ण स्थान नहीं समझा और यह न जाना कि हम एशिया के गुरू हैं। पुराना पद संभालना और उसकी प्रतिष्ठा रखना हमारा उद्देश्य होना चाहिए।

भारतीय नारियों को आज इस कार्य में सम्पूर्ण सहयोग देना चाहिए। जब पुरूष भटक जाता है तो स्त्री उसे समझाकर सुपथ पर ले जाती है। हम महिलाओं का परम कर्तव्य है कि देश रक्षा और

उन्नति के लिए कटिबद्ध होकर घोर परिश्रम करते रहें। कभी न कभी हमें अवश्य सफलता मिलेगी। मेरे साथ बोलिए– जय भारत, जय हिन्दी, जय भारत, जय हिन्दी, जय भारत, जय हिन्दी, जय भारत, जय हिन्दी, भारत की भाषाएं अमर रहें, आचार्य रघुवीर की साधना अमर रहे!

आचार्य रघुवीर और जनसंघ

(साहित्याचार्य डॉ॰ सिद्धेश दीक्षित गीतेश)

प्रिय! जन-मन–मानसरोवर के, हे राजहंस-रघुवीर कहां ?
वाणी के वरद–पुत्र प्यारे, साहित्यकला–रणधीर कहां ?
हो कहां हिन्द की दिव्य-ज्योति, हो कहां हिन्दू-कुल की विभूति,
हिन्दी के शब्दागार-जनक, जनसंघ-सिन्धु के नीर कहां ?
शुचि-सुखद राष्ट्र-पथ-निर्माता, भारती-ज्ञान-धन के दाता,
सत्संस्कृति-नीति विधाता अरू, विद्या-वारिधि-बलवीर कहां?
स्वातन्त्र्य-समर के सेनानी, शुचि-राष्ट्रवाद के अभिमानी,
मानव-मूर्द्धन्य लोक-पूजित, हे विश्व-शान्ति प्राचीर कहां?
तुम अकस्मात् मुंह-मोड़ गये, भारत संकट में छोड़ गये,
तुम्हारे संकल्प-अधूरे का, पूरणकर्ता प्रणवीर कहां?
रो रही धरा रो रहा गगन, रो रहे नारि-नर मन ही मन,
सिद्धेश लगा वह तीर हृदय, मिट सकती जिसकी पीर कहां?

महिला-सम्मेलन में अभिभाषण

प्रिय स्नेहमयी भगिनीयो! आज मैं अहमदाबाद नगरी में आई हूं। आपका प्रेम और स्नेह मुझे खींच कर यहां ले आया है। आपका प्रेम मुझे बोलने में असमर्थ कर रहा है। आपके अनुपम प्रेम के लिए हृदय से धन्यवाद देती हूं। भारतवर्ष में महिलाओं का विशिष्ट स्थान रहा है। घर की देखभाल करने में चतुर महिला को हम सुगृहिणी कहते आए हैं। अतिथि-सत्कार और सुव्यवस्था करने में भारतीय नारी आदर्श उपस्थित करती हैं। सुगृहिणी के साथ-साथ भारतीय महिला को विद्या ज्ञान

प्राप्त कर विदुषी बनना आवश्यक है। यदि हमारा महिला समाज इस ओर ध्यान देगा तो भारत योरोपीय देशों से पीछे रहने वाला नहीं है। ५०-६० वर्षों में ही भारतवर्ष योरोप का स्तर पा लेगा। इसके पीछे घोर श्रम की आवश्यकता है। हम गांव-गांव में समिति बनाएं और महिलाओं को शिक्षा दें। बचपन से लड़कियों को विद्या के प्रति प्रेम उत्पन्न कराएं तो सफलता स्वयं मिलेगी।

अब मैं आपको बताऊंगी कि मैं **मोंगोल और साइबेरिया** आदि देशों में क्या क्या देखकर आई हूं। साइबेरिया ओर मोंगोल में भारतीय संस्कृति और भारतीय धर्म के विभिन्न रूप मिलते हैं। हम मोस्को से विमान द्वारा साइबेरिया के ऊपर उड़ते हुए मोंगोल देश पहुंचे। साइबेरिया अंग्रेज़ी उच्चारण है। यहां के निवासी तम्बुओं में रहते हैं। शिबिर अर्थात् तम्बू में रहने वाले व्यक्ति अपने देश को शिबिर देश कहते हैं। शिबिर संस्कृत का शब्द है। तम्बू को ये लोग गेर कहते हैं जो संस्कृ त शब्द गृह से निकला है। मोंगोल देश की राजधानी उलान्बातर है। हमारा विमान बाईकाल झील पार करता हुआ राजधानी पहुंचा। बाईकाल झील हिम से जमी पड़ी थी। मई के मास में भी यहां चारों ओर हिम गिरी पड़ी थी। इतनी ठण्ड की आखों से लगातार पानी टपकता था।

हमारे स्वागत के लिए विमान-क्षेत्र पर प्रोफेसर रिन्छिन् और उनकी पत्नी रत्ना आए थे। यहां रत्ना नाम रखना बहुत अच्छा समझा जाता है। हमें अल्ताई होटल में ठहराया गया। दूसरे दिन अमावस्या थी। मोंगोल देश में तिथियों की गणना भारत के समान होती है। एकदशी, अष्टमी, पूर्णिमा और अमावस्या इत्यादि, चन्द्रमा की गति के अनुसार पंचांग बनाया जाता है। गान्देन विहार के मुख्य लामा ने हमें निमन्त्रण दिया। अमावस्या और पूर्णिमा के दिन यहां संगीतमय उत्सव होता है। दूसरे दिन प्रातः हम बड़ी उत्सुकता से वहां जाने की प्रतीक्षा कर रहे थे। दुभाषिया आया और हम चल पड़े। गान्देन् का अर्थ है तुषितविहार। विहारों पर बाहर की ओर संस्कृत में लिखे लकड़ी के फट्टे लगे हुए थे। विहार में चढ़ाने के लिए हम भारत से कुछ चन्दन की अगरबत्ती और सुवर्णिम वस्त्र लाए थे। जब हम वस्त्र चढ़ा रहे थे तब एक लामा ने पूछा क्या यह वस्त्र काशी का बना हुआ है। हमने कहा हां यह काशी का है। वे बहुत प्रसन्न हो गए। काशी (बनारस) और पुण्य पावन गंगा नदी मोंगोल देश के लिए तीर्थ-स्थान हैं। भारत को जम्बुद्वीप नाम से जानते हैं। जब भक्तगणों को पता लगा कि हम जम्बुद्वीप अर्थात् भारतवर्ष से आए हैं तो चारों ओर भीड़ आकर खड़ी हो गई। सब लोग श्लोक सुनने के लिए उत्सुक थे। मैंने संस्कृत पाठ किया और स्त्रियां और बच्चे मुझसे आशीर्वाद लेने आ गए। सबके सिर पर हाथ रख कर आशीर्वाद दिया। एक महिला मुझे जपमाला दे गई। कहती थी कि यह भारत से आई हुई माला है, भारत को ही प्रेम-पूर्वक भेंट करती

हूं। मोंगोल देश में भारत के प्रति बहुत प्रेम है। यहां संस्कृत ग्रन्थों के अनेक अनुवाद किए गए है। सुभाषितरत्ननिधि, अमरकोश, छन्दोरत्नाकर, कालिदास का मेघदूत, अष्टांगहृदय आदि। मोंगोल प्रधानमन्त्री ने मोंगोल मेघदूत और अमरकोश आचार्य रघुवीर जी को भेंट स्वरूप दिए थे। अब ये ग्रन्थ सरस्वती विहार से प्रकाशित हो रहे हैं। आपको यह जानकर आश्चर्य होगा कि आज भारत में विक्रमादित्य और राजा भोज की कथाएं कम सुनने में आती हैं जब कि मोंगोल देश के घर-घर में राजा भोज, सिंहासनबत्तीसी और विक्रमादित्य की कथाएं आज भी सुनी सुनाई जाती है। मेरी एक ननन्द जर्मन विश्वविद्यालय में मोंगोल कथा पर अनुसन्धान कार्य कर रही है। उसने इस का तुलनात्मक अध्ययन किया है। परम हर्ष की बात है कि चार वर्ष के परिश्रम और अध्यवसाय के पीछे उसे गत सप्ताह डी.लिट्. की उपाधि मिल गई है।

मोंगोल राष्ट्रपति का नाम शम्भू है और राष्ट्रीय ध्वज को सोयम्बू अर्थात् स्वयंभू कहते हैं। मोंगोल झण्डे पर स्वयम्भू का चिह्न बना रहता है। इनके नाटकगृह की छत के अन्दर अष्टमंगल और सन्तरत्न के चिह्न बने थे।

मोंगोल अध्यापक की पत्नी रत्ना हमें निमन्त्रण देने आई और हम लोग उसके साथ गए। अपनी लड़की इन्द्री से परिचय कराया। अपने पुत्र धर्मसिंह को मिलवाया। भारत से इतनी दूर संस्कृत नाम सुनकर आश्चर्य हुआ। मोंगोल जाति के प्रति हमारा प्रेम उमड़ आया। श्रीमती रत्ना ने बताया कि आप कुछ दिन हमारे देश में रहिए तो आपको बहुत से नाम सुनाई देंगे जैसे– कीर्ति, कुमुद, कुबेर, चक्र, सुमेरू, जय, ज्ञान, बृहस्पति, पंचरक्षा, पुण्य, पार्वती, सुमति, आदि। तीन मोंगोल विद्यार्थी हमारे यहां हिन्दी और संस्कृत अध्ययन हेतु आए थे। उनके नाम सुनिए, भद्र, सूर्यरक्षित और संघधर्म। दिल्ली में एक दिन बर्मा दूतावास में राष्ट्रीय दिवस का उत्सव था। हम सबको बुलाया गया था। पिताजी आचार्य रघुवीर जी अपने साथ सूर्यरक्षित और संघधर्म को दूतावास ले गए। दूतावासों के उत्सवों में अग्रेजी भाषा का ही बोल बाला रहता है। सूर्यरक्षित और संघधर्म को अंग्रेजी नहीं आती थी। दोनों शुद्ध हिन्दी में बातचीत करने लगे। वहां हमारे अधिकारी- गण एक विदेशी के मुख से विशुद्ध हिन्दी में बातचीत सुन आश्चर्य चकित हो गए। पूछने लगे आप ने हिन्दी कहां से सीखी। तो संघधर्म ने उत्तर दिया मैं मोंगोल देश से इसीलिए यहां आया हूँ कि भारत की भाषाएं हिन्दी, मराठी, गुजराती सीखूं और भारतीयों को चेतावनी दूं कि अपनी भाषा के प्रयोग से ही राष्ट्र उन्नति करता है, दूसरे की अनुकृति करने से नहीं। मैं इतनी दूर से आपके देश में भारत की राष्ट्रभाषा सीखने आया और यहां आप एक विदेशी भाषा का प्रयोग कर अपने स्वाभिमान को चोट

पहुंचा रहे हैं। अंग्रेज़ चले गए किन्तु अंग्रेज़ों की दासता की बेड़ी अंग्रेज़ी भाषा यहां से नहीं गई। कितने दुःख की बात है। मोंगोल विद्यार्थी के मुख से यह उपदेश सुनकर सब चकित रह गए कि यह कितना निज-भाषा-प्रेमी है।

अब मैं अपनी संस्था का परिचय कराती हूँ। दिल्ली में पूज्य पिताजी ने सरस्वती-विहार संस्था बनाई है। हम सब, अर्थात् मेरे पति, ननन्दें, मैं स्वयं इसी में कार्य करते हैं। मेरे पति तिब्बती, मोंगोल, जापानी, चीनी भाषा के ज्ञाता हैं। इन्होंने तिब्बती-संस्कृत कोश बनाया है। तिब्बत के साहित्य पर लगभग २५ ग्रन्थ इन्होंने लिखे हैं। संस्था का संचालन एवं ग्रन्थों का सम्पादन आदि स्वयं करते हैं। मेरी बड़ी ननन्द इंडोनीसिया के शैव धर्म पर कार्य करती हैं। अभी बृहस्पतितत्त्व, तत्त्वज्ञान, गणपतितत्त्व नामक पुस्तकें छप चुकी हैं। इंडोनीसिया में शैव धर्म मिलता है। यहां के नाम संस्कृतमय हैं। मैं स्वयं इंडोनीसिया के स्मृति-ग्रन्थों पर कार्य करती हूँ। मेरी दो पुस्तकें व्रतिशासन और श्लोकान्तर प्रकाशित हो चुकी हैं। आजकल पितृपूजा पर कार्य कर रही हूँ। हम लोग घर में सामान्य बातचीत नहीं करते। प्रातः सायं जब साथ मिलकर बैठते हैं तो कभी इण्डोनीसिया, कभी थाईदेश, कभी कम्बोडिया आदि देशों की बातचीत चलती रहती है। मेरी छोटी ननन्द जर्मनी में मोंगोल भाषा का अध्ययन कर रही है।

हमारी संस्था में सब मिला कर ४०-४५ लोग कार्य करते हैं, जिनमें से १५ विदेशी विद्वान् हैं। एक फ्रेंच विद्वान् हैं, ४ मोंगोल देश से हैं, ३ बुर्यात देश से हैं और ८ तिब्बती विद्वान् हैं। हम लोग प्रातः आठ बजे संस्था में कार्यं करने चले जाते हैं, और सायं ५ बजे घर लौटते हैं। यही हमारी दिनचर्या है। गुजरात में गुजराती प्रयोग होते देख मेरे प्राण प्रसन्न होते हैं। यह भाषा कितनी मधुर है। मैं तीन वर्ष तक नागपुर में रही तो कुछ-कुछ मराठी समझने लगी। अन्त में अपनी स्नेहमयी बहिनों को हार्दिक धन्यवाद देती हूँ।

भारत और मोंगोल देश के सांस्कृतिक सम्बन्ध

भारत में मोंगोल देश के प्रधानमंत्री आ रहे हैं (1959)। शताब्दियों पुराने हमारे और मोंगोल देश के सम्बन्ध आज दो देशों की मित्रता में गाम्भीर्य एवं प्राण भर रहे हैं। समुद्र से गंभीर, विस्तृत, शान्त ये सम्बन्ध क्या हैं, इस तीव्र उत्कण्ठा का साक्षात् हमने बड़े स्नेह, श्रद्धा और उल्लास से मोंगोल भूमि पर किया था।

24 अप्रैल 1957 को हमने पुण्यभूमि मोंगोल की तीर्थयात्रा का मस्क्वा (मोस्को) से सूत्रपात किया। 26 की प्रातः 9 बजे हिममय पर्वतों के बीच विमान उतरा। भूमि का स्पर्श पाते ही सारी थकान दूर हो गई।

यहां का **शासकीय पुस्तकालय** का संग्रह आश्चर्यमुग्ध और चकित कर देने वाला है। भोट अर्थात् तिब्बत के साहित्य की एक लाख के लगभग पुस्तकें हैं। 50 सहस्र आधुनिक और पुरातन मोंगोल पुस्तकें हैं। विद्या और कला का सुन्दर सम्मिश्रण मानव की श्रद्धा की अभिव्यक्ति कर रहा है। चांदी के पत्रों पर स्वर्णाक्षरों से लिखा गुह्यसमाज-तन्त्रराज नामक ग्रन्थ वैभव की पराकाष्ठा है। काष्ठफलकों में उभरे बने हुए सुखावती और तुषित स्वर्ग के दृश्य देखकर यह विश्वास नहीं होता कि मानव भी इतनी सुन्दर सृष्टि कर सकता है। कला को इतने उच्चशिखर पर पहुंचाने का श्रेय आध्यात्मिकता और श्रद्धा को ही है।

बौद्ध साहित्य के विशाल संग्रह कंजूर के सात संस्करण हैं। चांदी से लिखे विशाल भागों के संग्रह सुनकर हमें आश्चर्य हो रहा था कि पुस्तकाध्यक्ष ने स्वर्णलिखित संस्करण के दर्शन करा कर मुग्ध व मूक बना दिया। भक्तों को इतने से ही संतोष हो जाता तो भी बात थी, परन्तु नहीं, भगवान् बुद्ध के वचन नवरत्नों की मसी से भी लिखे गए हैं। **अष्टसाहस्रिका प्रज्ञापारमिता** का लोकप्रिय ग्रन्थ, कौशेय के स्तरों से बनाए गए पट पर पीले रंग से लिखा है।

भोट (तिब्बत) और मोंगोल देश के लामाओं में इतिहास, दर्शन, धर्म, ज्योतिष आदि पर ग्रन्थ लिखने की परम्परा है। एक विद्वान् द्वारा विभिन्न विषयों पर लिखित ग्रन्थों का संग्रह **'सुम्बुम्'** कहलाता है। सौ के लगभग सुम्बुम् इस महान् और विशाल पुस्तकालय में सुरक्षित हैं। मोंगोल लामाओं द्वारा लिखित ये सुम्बुम् अनुसन्धान जगत् के लिए विशेष महत्त्वपूर्ण हैं। इनमें भारतीय आचार्यों की जीवनियां और इतिहास भी दिए हैं। भारत के गौरवमय इतिहास के लिए यह प्रामाणिक

और उल्लेखनीय सामग्री अन्यत्र दुर्लभ है। यहां पर हमने 'सरस्वती विहार' के लिए इनके सहस्रों अणुचित्र लिए।

संस्कृत भाषा और लिपि में पुस्तकों के शीर्षक देने की परम्परा ने कलाकार जाति के हाथों अनेक कलात्मक लिपि-रूपों को जन्म दिया। किंचित् गोलाकार लिपि का नाम सुनकर आपको आश्चर्य होगा। यह नाम वर्तु अथवा वर्तुल है। दूसरी लिपि स्वयंभू है। सर्वाधिक प्रयुक्त संस्कृत लिपि को ये **'लांछा'** कहते हैं। इससे ग्रन्थ में गरिमा आ जाती है। इस **रंजना** लिपि से सुशोभित ग्रन्थ की अध्यात्मिकता और गंभीरता असंदिग्ध है। इन लिपियों को सीखने के लिए हमने कलात्मक सौंदर्य से परिपूर्ण लिपि-पुस्तक देखी। इसमे लांछा, वर्तु और स्वयंभू तथा उनका भोट, मोंगोल में स्पष्टीकारण है। **मंजुश्रीनामसंगीति** नामक पूजा ग्रन्थ चार भाषाओं में है। संस्कृत की लिपि लांछा है। मोंगोल लिपि के भी अनेक कलात्मक रूप हैं जिनमें से एक नाम 'वागिन्द्र' है।

28 अप्रैल 1957 हमारे जीवन का संस्मरणीय दिवस है। भारत और मोंगोल के स्वर्णिम युग के सखित्व और गौरव के दर्शन का दिन है। अमावस्या है। अतः विहार आज धारणियों अर्थात् संस्कृत के पूजामन्त्रों की ध्वनि से गूंज रहा है। मोंगोल का प्रथित **विहार 'गान्दन्'** आज भी दर्शकों के लिए आकर्षण का केन्द्र है। दूर से ही सुवर्णमंडित शिखरों ने हमें उल्लसित कर वहां शीघ्रातिशीघ्र पहुंचने को विह्वल कर दिया। प्रवेश करते ही शक्तिमान् सिंहों की दो प्रस्तरमूर्त्तियां विहार की रक्षा कर रही हैं। आंगन पार करते ही मुखभित्ति के द्वार पर मृगदाव का सुप्रसिद्ध दृश्य है। मध्य में धर्मचक्र और उसके उभय पार्श्वों में बैठे दो मृग, स्वर्ण की आभा से देदीप्यमान हो विहार के वैभव और जनता की अगाध श्रद्धा का दर्शक को परिचय करा रहे हैं। भीतर जाकर पांच मंदिर भवन हैं। इसकी स्वर्णकलश सुशोभित छत धूप में चमक रही है, द्वार पर विहार का नाम संस्कृत में लिखा है– 'तुषितमहायानद्वीप'। शीर्षक के चारों ओर का फ्रेम शंख, चक्र, कलश और स्वस्तिक आदि से अलंकृत है। लाल रंग के विशाल द्वारपटों पर विश्ववज्र और भोग के लिए फलों से भरे थालों के चित्र हैं। वातावरण की पवित्रता से अवनत होकर हमने श्रद्धाचकित मोंगोलों के बीच भव्य मन्दिर में प्रवेश किया। अमावस्या का पर्व है। पाठ चल रहा है। नागालंकृत बड़े और छोटे ढोलों और पूजा वाद्यों से भवन में रहस्यमयी गूंज भर रही है। 40 के लगभग लामा पाठ में तन्मय हैं। भावमयी मूर्त्तियां भी मानो गरिमा से प्रभावित, मौन और शान्त, इस वातावरण का रसास्वादन कर रही हैं। चारों ओर के भित्तिचित्रों पर दृष्टिपात कीजिए। स्वर्गों के दृश्य और भगवान् बुद्ध की अनेक भावमुद्राएं और आचार्यों के चित्र आपको आश्चर्यचकित कर देंगे। छतों का सौन्दर्य भी अपार है। ये

नागों और मूर्त्तियों से अलंकृत हैं। माला जपती वृद्धाएं परिक्रमा कर रही हैं। इन देशों में मूर्त्तियों पर सुन्दर वस्त्र चढ़ाने की परम्परा है। इन वस्त्रों को इनकी भाषा में काशिक कहते हैं क्योंकि प्राचीन समय में ये काशी से आते थे। भारत से हम भी ऐसे वस्त्र ले गए थे। हमने चढ़ाए। भारत की धूप जलाई। यह देख लामाओं के हर्ष का पारावार न रहा। मुख्य लामा से हमने आशीर्वाद लिए। आज अनुभूति हुई कि भगवत् शरण में आया मानव कितना प्रफुल्लित और दुविधामुक्त है। महान् की ओर उन्मुख मानव महान् के सूक्ष्मातिसूक्ष्म अंश को पाने में सक्षम है। मानव से देव बनने का उसका युगों से चला आया आदर्श आध्यात्मोन्मुख ही तो है। अस्तु।

दूसरा प्रकोष्ठ वज्रधर-भवन है। वज्रधर की धातुमूर्त्ति में कलाकार की साधना ने प्राण-प्रतिष्ठा कर दी है। इस मूर्त्ति के निर्माता प्रथमावतार ज्ञानवज्र हैं। भोट (तिब्बत) में बौद्धधर्म के प्रचारक प्रथम राजा स्रोन्त्साङ्गाम्पो के समय की अवलोकितेश्वर की **नेपाल-निर्मित** मूर्त्ति है। भगवान् बुद्ध के वचनों का संकलन, 108 **मोटे-मोटे भागों वाला कंजूर**, दोनों ओर अलमारियों में सजा है। एक ओर बहुत सुरक्षा से रखे भारतीय दंड को कौतुहल से देख रहे हमें लामाओं ने बताया कि यह दंड भारतीय आचार्य का है जो तारानाथ के प्रथमावतार के समय (अर्थात् सत्रहवीं शताब्दी में) यहां आए थे। ये आचार्य अश्मांगुलि थे। सहसा शंख के गंभीर घोष ने हमारा ध्यान आकर्षित किया। भारत से आए इस शंख को सुवर्ण में मढ़कर लामा इसका पूजा में प्रयोग करते हैं। मोरपंखों से बने पंखे पर ह्क्ष्म्ल्व्र्यं तांत्रिक बीज संस्कृत लिपि में लिखा है। **घृत-दीपक** जल रहे हैं। धूप की सुगन्ध चारों ओर फैल रही है। भगवान् के ये मन्दिर मानव कला के चरमोत्कर्ष हैं। भवन से जैसे ही बाहर निकले भवन पर लिखी संस्कृत धारणी देख रुक गए। इसकी लिपि लांछा है। ओं नमो भगवते। भैषज्यगुरुवैडूर्यप्रभराजाय तथागताय। अर्हते सम्यग्बुद्धाय। तद्यथा। ओं भैषज्यै भैषज्यै महाभैषज्यै भैषज्यै। राजसमुद्गते स्वाहा।

तीसरा प्रकोष्ठ चन्दनजोवो भवन है। छत पर अंकित धर्मचक्र श्रद्धालुओं की धार्मिक प्रवृत्ति का प्रतिनिधित्व कर रहा है। मुख्य मूर्त्ति चन्दन जोवो की प्रतिकृति है। चन्दन जोवो का अर्थ है **चन्दन के प्रभु।** इसकी रोचक कथा इस प्रकार है। मगध देश से भगवान् बुद्ध चले गए। श्रद्धालु और भक्त राजा ने भगवान् की मूर्त्ति बनाने का सुसंकल्प किया। करुणा, सौम्यता और भव्यता की निधि भगवान् बुद्ध की मूर्त्ति बनाने में साधक कलाकार तल्लीन हो गए। चन्दन की प्रथम विशाल मूर्त्ति बनी। परन्तु भगवान् के मुख पर झलकने वाली सम्पूर्ण मानव कल्याण की भावना, करुणा और दया के, कलाकार और सम्राट् को उस मूर्त्ति में दर्शन नहीं हुए। भगवान् का ममतामय विशाल हृदय

भक्तों की श्रद्धा और साधना से द्रवित था ही। भगवान् ने स्वयं अपने हाथों से उस कलाकृति में प्राणप्रतिष्ठा की। भावाभिव्यक्ति में इतनी सक्षम मूर्त्ति का संसार में प्रथम बार निर्माण हुआ और भगवद् हाथों ने उसे सजीवता प्रदान कर भक्तों की भक्ति को गौरवान्वित कर दिया। चीन के पेकिङ् स्थित प्रासाद में इसकी एक प्रतिकृति है। रूस में बुर्यात् गणतंत्र के नगर उलानुदे में चन्दनजोवो की प्राचीन मूर्त्ति है। इसके आधार पर बनी गान्दन् की चन्दनजोवो मूर्त्ति दर्शक को आनन्दविभोर कर देती है। हमने भी यहीं भगवान् बुद्ध की करुणाभरी मुखाकृति और सत्य के तेज की प्रथम बार अनुभूति की।

चन्दनजोवो के चारों ओर अनेक अवतारों की मूर्त्तियां हैं। हमें यह जानकर आश्चर्य हुआ कि प्रथम युद्ध से पूर्व 1911 तक पोलेण्ड में ऐसी मूर्त्तियां बनती थीं। इन मूर्त्तियों के सम्मुख मध्य में नवनीत का बना मेरुमण्डल है। मोंगोल देश बहुत ठण्डा है। अतः सत्तू और मक्खन से बना यह स्तूप, वज्र, मूर्त्तियों तथा स्वर्ग के दृश्यों से सुसज्जित और शोभायमान है। छत पर पद्मनाभियों में लिखे संस्कृत बीजमंत्र हैं। एक मूर्त्ति के सम्मुख मोतियों से लाल वस्त्र पर कढ़ा हुआ ओं मणिपद्मे हूं है।

बाईं ओर का भवन **पुस्तकालय** है। इसका नाम पुस्तकनिधि.देवालय है। सर्वथा सामने मूर्त्तियां हैं। पाठक पहले भगवान् को प्रणाम कर घृत.दीपक और धूप जलाता है। प्रत्येक मुख्य विहार में पुस्तकालय का होना अनिवार्य है। पुस्तकें ज्ञान और भगवत् प्राप्ति का साधन हैं। अतः इस सरस्वती के मन्दिर में पुस्तकों को सुन्दर और विशेष परिमाणों के निधायों (अल्मारियों) में रखा जाता है। इन निधायों पर भोट और मोंगोल में पुस्तकों के विषय का निर्देश रहता है। इनमें से दो विभाग इस प्रकार हैं– प्रज्ञापारमिता विभाग, मध्यमक दर्शन विभाग। विनय विभाग में संघ की जीवनचर्या का संकलन है। अभिधर्मकोष के विभाग के साथ ही प्रतिदिन के पूजापाठ में काम आने वाली धारणियां और उन पर विविध समयों में किए गए स्पष्टीकरण आदि सामग्री पाठक धारणी विभाग में देख सकता है। ज्योतिष विभाग में ज्योतिष की पुस्तकें हैं। किन्तु सुम्बुम् अर्थात् एक आचार्य के विविध विषयों पर लिखे ग्रन्थों का संग्रह एक ही स्थान पर रखने की परम्परा है। उसे विषयानुसार विभक्त नहीं किया जाता। इन सब सुम्बुमों का प्रत्येक विहार में विस्तृत सूचीपत्र होता है। प्रत्येक विहार में विद्वान् लामा संस्कृत ग्रन्थों के अनुवाद ही नहीं, उन पर टीकाएं भी लिखते रहते हैं। गान्दन् विहार में प्राचीन समय में बहुत बड़ा मुद्रणालय था। अतः इस विहार का सूचीपत्र अद्भुत है। जयपण्डित सदुक्तिवज्र, अभयेश्वर, श्रीज्ञान, ललितवज्र, धर्मध्वज, आर्यरत्न आदि विद्वानों

एवं अवतारों के सुम्बुम् विशेष उल्लेखनीय हैं। इन पुस्तकों के अतिरिक्त हस्तलिखित सम्पूर्ण कंजूर तंजूर हैं जिसके 300 से ऊपर मोटे-मोटे भाग हैं। भद्रकल्पिकसूत्र, बोधिमार्गशास्ता, जीवनी, मंजुश्रीनामसंगीति आदि प्रथित ग्रन्थों के सुन्दर सुस्पष्ट विशेष संस्करण हैं।

इसी भवन में 17वीं शताब्दी की चीनी पोर्सलेन् की बनी अमूल्य **दुर्लभ मूर्तियां** हैं। चीनी सम्राट् काङ्शी ने तारानाथ के प्रथमावतार को भेंट करने के लिए ये विशेष रूप से बनवाईं थीं। यहीं पर राख की विभूति के समान ही 2 प्रकार के चूर्ण मिलते हैं। एक का नाम पद्मकः है, और दूसरे का नाम अर्च्छ। ये सुगन्धित द्रव्य हैं। पुस्तकालय के मध्यस्थ पटल (मेज़) पर जो आवरण बिछा हुआ है उस पर नवरत्न बने हैं। लामाओं ने इन नवरत्नों के नाम इस प्रकार बताए— मध्य में स्वस्तिक, और चारों ओर अष्टमंगल अर्थात् श्रीवत्स, मीन, शंख, धर्मचक्र, विश्ववज्र, पद्म, कलश, छत्रांग। इसी बीच पुस्तकालय में उपमुख्य लामा आए। इनका संस्कृत नाम कर्मसिद्धि है। इस विहार में दो संस्कृतज्ञ लामा हैं जो आजकल संस्कृत के सारस्वत व्याकरण का अध्ययन कर रहे हैं।

आज तथागत **भगवान् बुद्ध के देश से भारतीय** आए हैं। आसपास की जनता में उल्लास उमड़ा पड़ रहा है। मन्दिर में सब लोग इकट्ठे हो रहे हैं। सहसा आकाश में श्वेत हंस उड़ते दिखाई दिए। कितना बड़ा शुभशकुन है। लामाओं ने उत्साह से हमें ये शुभप्रतीक दिखाए। भारत के प्रति इस स्नेह को अपनी आखों से देखकर अपने सुन्दर भूतकाल का चित्र हमारी आखों के सामने आ गया। धर्मप्रियता और शान्ति के लिए किए प्राचीन काल के ये भारत के स्तुत्य प्रयास हैं।

तत्पश्चात् हम **स्वागतकोष्ठ** में आए। वहां पर भारतीय बतासे, मिठाई, मालपुए, खीर खाई। वहीं लामा गोम्बोदो ने बताया कि प्रथमावतार ज्ञानवज्र के समय में आए अश्मांगुलि भारतीय आचार्य ने उन्हें ये ''बातास'' आदि भारतीय वस्तुएं बनानी सिखाई हैं। मोंगोल देश में विहारों का शाकाहारी भोजन और वह भी सर्वथा भारतीय एक दूसरे के प्रति सद्भावना और प्रेरणा का प्रतीक है। मोंगोल देश में **मोटी-मोटी** विशेष प्रकार की रोटियां बनती हैं। इन रोटियों को ये **उपाध्यायचक्र** कहते हैं। भारत की सैंकड़ों पुस्तकें भोट और मोंगोल भाषा में सुरक्षित हैं। इन सुरक्षित निधियों के लिए हम इन लोगों के कृतज्ञ हैं। भारतवर्ष का उस समय का इतिहास इनके यहां उपलब्ध है। इसका अनुवाद होना नितान्त आवश्यक है।

गान्दन् विहार में बहुत रोचक घटना घटी। भगवान् को दण्डवत् प्रणाम करने के लिए लकड़ी के बने विशेष तिरछे फट्टे होते हैं। हिममय प्रदेश होने के कारण ये बहुत ही आवश्यक हैं।

मुख्य मन्दिर के सम्मुख हमें दण्डवत् प्रणाम करते देख जनता में उत्साह छा गया। हमने 3,3 बार दण्डवत् प्रणाम किया। किन्तु कुछ क्षण पश्चात् स्त्रियों में वाद-विवाद होते देखा। कारण पता चला कि वाद-विवाद इसलिए हो रहा है कि इन दो भारतीयों के पश्चात् कौन पहले प्रमाण कर भगवान् के देश की पुण्यभूमि के स्पर्श से, पवित्र फट्टों की पूतता से, अपने को सौभाग्यान्वित करे। 83 वर्ष की वृद्धा की आखों से प्रेमाश्रु झर रहे थे। उसने हमें अपने हृदय से लगा लिया। हम तीनों (मैं, डॉ॰ लोकेशचन्द्र और डॉ॰ शारदा रानी) को छोटी-छोटी मालाएं दीं। ये उसकी भारत को भेंट हैं। उसके अनुसार बहुत छोटी हैं पर हमारे लिए ये मालाएं अमूल्य हैं। इन मालाओं के मोती मोती में भगवन्नाम और श्रद्धा भरी है।

बुद्धजयन्ती के अवसर पर **मोंगोल देश से दो प्रतिनिधि** आए थे। इनमें से लोब्साङ्वान्दन् मोंगोल भाषा के प्राध्यापक और विद्वान् हैं तथा लामा गोम्बोदो गान्दन् विहार के प्रतिष्ठित दीक्षा देने वाले हैं। दीक्षा देने के लिए विहार में ऊंचा दीक्षा-मंच बना है। अस्तु। जब लामा गोम्बोदो भारतवर्ष आए थे तो आपने गंगा के पवित्र जल की रोर्चाक कथा सुनाई। शताब्दियों पहले भारतीय आचार्य मोंगोल देश में गंगाजल लाए। इसकी चाय बनी। तब से प्रतिदिन चाय का कुछ पानी, जिसमें गंगाजल मिला है, रख लिया जाता है। और अगले दिन की चाय में डाल दिया जाता है। वर्षों से गंगा जल की आंशिकता से चाय पवित्र होती आ रही है। आज लामा गोम्बोदो भारत आए हैं। उनके स्वप्न की पूर्ति हुई है। यदि गंगाजल का स्पर्श हो सके तो कितने बड़े सौभाग्य की बात होगी। उनकी श्रद्धा और प्रेम देखकर पिता जी (डॉ रघुवीर) उन्हें वहित्र (मोटर) से हृषीकेश ले गए। हिमालय से आ रही परम पावन गंगा की शुद्ध धारा से जल लेकर रात्रि के 11 बजे सब दिल्ली लौट आए। लामा गोम्बोदो यह जल मोंगोल देश ले गए। प्रत्येक लामा ने उत्सुकता, प्रेम और अगाध हर्ष से इस जल का स्वागत किया। अब प्रत्येक लामा के पास गंगाजल है।

मोंगोल देश में इस शताब्दी के पूर्वार्द्ध में 750 के लगभग विहार थे। वैभवमय विहारों के प्रदेश उलान्बातर् में इस समय गान्दन् ही जीवित समृद्ध विहार है। कुछ विहार अद्‌भुतागार बना दिए गए हैं। उनमें पूजा-पाठ नहीं होता। लामिन् सुमे में सुरक्षित तारा की मूर्त्तियों को देखकर विश्वास नहीं होता कि ये भारत निर्मित नहीं हैं। भारतीय आकार, वेशभूषा और भारतीय सौन्दर्य की ये अमूल्य अमर निधियां हैं।

उलान्बातर से लगभग 500 मील की दूरी पर मोंगोल देश का बृहत्तम विहार **एर्देनीज़ू** है। इसकी विशालता का अनुमान पाठक इसी बात से लगा सकते हैं कि इसमें 500 मन्दिर थे। इसके

मुख्य मन्दिर की भगवान् तथागत की मूर्त्ति लगभग 120 फुट ऊंची कही जाती है। इसका मुद्रणालय और पुस्तकालय मोंगोल देश का गौरव था। इसके प्राकार की भित्ति में 108 बड़े-बड़े चैत्य हैं। यहां 7-8 भवन अभी भी सुरक्षित हैं जो अपने विगत की कहानी कहने को मानो खड़े हैं। यहां के एक भवन में एक ओर भगवान् का विकट, विकराल स्वरूप दुष्टों के दलन के लिए है, तो दूसरी ओर भगवान् बुद्ध की सौम्यमयी, प्रभामण्डल से युक्त मुखमुद्रा भक्त के हृदय को सच्चिदानन्द के अपार असीम आनन्द से आप्लवित कर रही है।

1305 में नोमुन्गेरेल् द्वारा लिखित **मोंगोल व्याकरण** पाणिनि के व्याकरण पर आधारित है। **पंचतन्त्र** की रोचक कथाएं भी भारत से मोंगोल में गई हैं। वेताल-पंचविंशति का मोंगोल में अनुवाद है। विक्रमादित्य की कथाएं आप मोंगोल में पढ़ सकते हैं। कवि-शिरोमणि कालिदास की लोकप्रिय कृति 'मेघदूत' का मोंगोल अनुवाद भी उल्लेखनीय है। इत्यादि। ये सब अमूल्य निधियां सरस्वती विहार में सुरक्षित हैं और कुछ प्रकाशन भी हुआ है। केवल बौद्ध साहित्य ही नहीं भारत का लोक साहित्य, ज्योतिष, वैद्यक आदि का भी मोंगोल में पर्याप्त प्रचार रहा है।

कला और संस्कृति दोनों में ही मोंगोल देश का बहुत सहयोग है। भारतीय दर्शन और विचारधारा पर अपने विशिष्ट विभिन्न दृष्टिकोणों से लिखा गया साहित्य यहां लाखों की संख्या में विद्यमान है। शिव तथा महाकाल के अनेक रूपों को देखकर ऐसा प्रतीत होता है कि हमारे साहित्य में शिव के विविध रूप यहां आकर रूपवान् और साकार हो उठे हैं।

भारत और मोंगोल देश की मैत्री की सुदृढ़ नींव है। दोनों देशों के मित्रतापूर्ण सम्बन्धों में दिनोंदिन उन्नति हो। मोंगोल देश के प्रधानमंत्री का भारत आगमन इस दिशा में महत्त्वपूर्ण पग है। हम उनका हृदय से स्वागत करते हैं और कामना करते हैं कि हमारे देशों की मैत्री पूर्ववत् बनी रहे।

इण्डोनीसिया और भारत के सांस्कृतिक सम्बन्ध

द्वीपान्तर और भारत में शताब्दियों से सम्पर्क रहा है। धर्म और संस्कृति का सौख्यमय, आदरपूर्ण, भातृत्व साहित्य में प्रचुर मात्रा में विस्फुटित हुआ है। उच्च विचारों की अभिव्यक्ति, धर्म, नित्यप्रति के विविध अनुष्ठान, पूजा सभी कुछ जावा में संस्कृत से ओतप्रोत हैं। राजेन्द्र मूलवर्मा द्वारा किये जाने वाले राजसूय यज्ञ के लिए निर्मित यूप पर 5वीं शताब्दी के पूर्वार्ध में लिखा गया यह शिलालेख द्वीपान्तर में संस्कृत के स्थान का गौरवमय निदर्शन है–

श्रीमतः श्रीनरेन्द्रस्य कुण्डुंगस्य महात्मनः।
पुत्रोऽश्ववर्मा विख्यातः वंशकर्ता यथांशुमान्।।
तस्य पुत्रा महात्मानः त्र्यस्त्रय इवाग्नयः।
तेषां त्रयाणां प्रवरः तपोबलदमान्वितः।।
श्री मूलवर्मा राजेन्द्रः यष्टा बहुसुवर्णकम्।
तस्य यज्ञस्य यूपोऽयं द्विजेन्द्रैस्संप्रकल्पितः।।

682 शक संवत् अर्थात् 760 ई. में लिखित एक अन्य शिलालेख द्वीपान्तर में ऋत्विग् और वेदविज्ञों के कुशल हाथों से बनी मूर्त्ति की प्रतिष्ठापना में आज भी मानों पूजा और प्राण भर रहा है।

प्रसिद्ध चीनी यात्री **इत्सिङ् द्वीपान्तर के श्रीविजय राज्य** में (671ई॰) छः मास तक संस्कृत व्याकरण का अध्ययन करने के पश्चात् दस वर्ष तक विश्वविख्यात नालन्दा विश्वविद्यालय में अध्ययन करते रहे। वहां से स्वदेश लौटते समय जावा में सात वर्ष तक बौद्ध दर्शन के मूल ग्रन्थों का चीनी में अनुवाद किया। यहीं पर भारतीय बौद्ध धर्म तथा अपनी यात्रा का वर्णन लिखा। इसके अनुसार एक अन्य चीनी यात्री हुई-निङ् ने विद्वान् पण्डित गुरु ज्ञानभद्र से जावा में 3 वर्ष तक शिक्षा पाई। बौद्ध धर्म में मूलसर्वास्तिवाद के अध्ययन-अध्यापन का जावा मुख्य केन्द्र रह चुका है।

भाषा के लिए **व्याकरण** आवश्यक है। व्याकरण साहित्य के षडंगों में से है। जावा में भी संस्कृत भाषा को सीखने के लिए अनेक व्याकरण सम्बन्धी पुस्तकें लिखी गईं। **'स्वरव्यंजन'** शीर्षक के व्याकरण के अन्तर्गत स्वरों का एकमात्र, द्विमात्र अर्थात् ह्रस्व, दीर्घ और प्लुत का वर्गीकरण, मूर्धन्य, तालव्य, दन्त्य, अल्पप्राण, घोष आदि का वर्णन करते हुए स्वर-सन्धि, व्यंजन-सन्धि और विसर्ग-सन्धियों को उदाहरणों द्वारा स्पष्ट किया गया है। कवि भाषा में भी इन सन्धियों का यत्र-तत्र प्रयोग दिखाई देता है। ''कारकसंग्रह'' नामक ग्रन्थ का प्रारम्भ पाठकों के लिये रुचिकर बनाने हेतु ''यत् कृतं कर्म तत्प्रोक्तं, सः कर्ता यः करोति वा''।। एक अन्य ग्रन्थ **''कृतभाषा''** (कृत संस्कृत भाषा का अपभ्रंश) में सूचियां दी हुई हैं। पशुओं के नाम, देवों के विभिन्न नाम (उदाहरणार्थ इन्द्र के 59 नाम, अग्नि के 31 नाम, चन्द्रमा के 48 नाम), तत्पश्चात् पण्डितों के 59 नाम आदि आदि। अन्त में धातुओं के रूप चलाए गए हैं। तिष्ठति तिष्ठतः तिष्ठन्ति।। **''छन्दःकरण''** नामक हस्तलेख भारतीय कोश-परम्परा का अनुसरण करता है। विभिन्न समानार्थ शब्दों का कोश है। संस्कृत श्लोकों की कवि में व्याख्या अथवा स्पष्टीकारण किया गया है। इसका आरम्भ देव शब्द के पर्यायों से होता है। देवता के लिए ''सुधाशिन्'' का प्रयोग उल्लेखनीय है। ततः शिव अर्थात् भटार गुरु के विविध नामों

की गणना कर भटार ब्रह्मा के नाम दिये गए हैं। तत्पश्चात् सामान्य विषय यथा पशु, पक्षी, शरीरांग, गृह आदि शब्दों के विविध पर्याय हैं।

वृत्तसंचय छन्दों पर प्रसिद्ध ग्रन्थ है। संस्कृत के प्रसिद्ध छन्दों में कविभाषा के अनेक काव्यों के सुमधुर ललित पदों की रचना की गई है। द्वीपान्तर के लोकप्रिय काव्य **अर्जुन-विवाह** में शार्दूलविक्रीडित, वसन्ततिलका, शिखरिणी, स्रग्धरा आदि छन्दों का निर्बाध सुचारु प्रयोग है। छन्दःशास्त्र पर ''वृत्तसंचय'' के अतिरिक्त ''वृत्तायन'', ''वृषभगतिविलसित'', ''मणिगुणनिकर'' आदि अनेक ग्रन्थ हैं जिनका अभी तक समुचित सम्पादन नहीं हुआ है।

द्वीपान्तर में नित्यप्रति के जीवन में प्रयुक्त स्तव विष्णु, शिव, सूर्य, श्रीदेवी, सरस्वती, वायु, यम, उमा, गंगा आदि की स्तुतियों से अनुप्राणित हैं। **''पंचदशरसस्तुति''** 15 वज्र देवताओं को सम्बोधित बौद्ध तान्त्रिक मन्त्र हैं। ''बुद्ध-वेद'' शीर्षक का ग्रन्थ नेपाल के अतिप्रसिद्ध पंच-बुद्ध-स्तव और महाभयस्तव से मिलता-जुलता है। ''मध्यपूजा'' प्रतिदिन के पूजास्तव का नाम है।। ओं क्षमस्व से प्रारम्भ होने वाली यह पूजा बाली द्वीप के पण्डितों में बहुत प्रिय और प्रचलित है–

ओं क्षमस्व मां महादेव सर्वप्राणिहितंकर।
मां मोचय सर्वपापेभ्यः, पालयस्व सदाशिव।।
पापोऽहं पापकर्माहं पापात्मा पापसम्भवः।
त्राहि मां सर्वपापेभ्यः केनचिद् मम रक्षतु।।
क्षन्तव्याः कायिका दोषाः क्षन्तव्या वाचिका मम।
क्षन्तव्या मानसा दोषा तत्प्रमादं क्षमस्व माम्।।
हीनाक्षरं हीनपादं हीनमन्त्रं तथैव च।
हीनभक्तिं हीनविधिं सदाशिव नमोऽस्तु ते।।
ऊँ मन्त्रहीनं क्रियाहीनं भक्तिहीनं महेश्वर।
यत्पूजितं मया देव परिपूर्णं तदस्तु मे।।

मन्त्रों में बीजों का बहुत प्रयोग है। **नवशक्तिपूजा** 'र' बीज पर आधृत है। कूटमन्त्र, गर्भमन्त्र, अष्टग्रह, सप्तोंकार आदि शीर्षकों से ही पाठक उनमें बीजों के प्रयोग का अनुमान लगा सकते हैं। केवल पूजास्तव और तान्त्रिक मंत्र ही नहीं, **गायत्रीन्यास** के मन्त्र भी पाठकों के लिए रुचिकर होंगे–

तत्सवितुर् ब्रह्मात्मने हृदयाय नमः।
वरेण्यं विष्ण्वात्मने शिरसे स्वाहा।
भर्गो देवस्य रुद्रात्मने शिखायै वषट्।
धीमहि परमात्मने कवचाय हूं।
धियो यो नो ज्ञानात्मने नेत्रत्रयाय वौषट्।
प्रचोदयात् सत्यात्मनेऽस्त्राय फट्।।

रामायण, महाभारत, पुराण (यथा ब्रह्माण्डपुराण) द्वीपान्तर के जीवन के अंग हैं। उनके रात्रि भर होने वाले रामायण और महाभारत पर आधृत छायानाटक वायाङ् केवल मनोरंजन ही नहीं, शिक्षा और अध्यात्म के स्रोत भी हैं। रामायण और महाभारत का प्रत्येक पात्र किसी विशेष आदर्श का प्रतीक है। जीवन के अच्छे और बुरे उभय पक्ष, और अन्त में अच्छे पक्ष की विजय, सद् की असद् पर विजय, द्रष्टा के हृदय और मन को सत्कर्म की ओर प्रवृत्त करती है।

दर्शनशास्त्र विचार का सर्वोच्च अंग है। द्वीपान्तर में मुख्यतः बौद्ध और शैव, धर्म और दर्शन दोनों ही रूपों में प्रमुख रहे हैं। अनेक बौद्ध और शैव ग्रन्थों के कवि रूपान्तरों द्वारा इन धर्मों का प्रचार और पोषण शताब्दियों तक होता रहा है। बौद्ध विचारधारा का प्रमुख ग्रन्थ ''सं ह्यं कमहायानिकन्'' कहलाता है। शैव धर्म पर 11 अध्यायों में बृहद् ग्रन्थ ''भुवनकोष'' है। ''भुवनसंक्षेप'' में भुवन के ज्ञान का अर्थात् सृष्टि का संक्षिप्त ज्ञान है। ''तत्त्व सं ह्यं महाज्ञान'' शैव ज्ञान के तत्त्वों की विशद व्याख्या करने वाला ग्रन्थ है। इन में आरम्भ में संस्कृत श्लोक और तत्पश्चात् कवि भाषा में उसकी व्याख्या करते हुए दर्शन को जनजीवन तक पहुंचाने का प्रयत्न किया गया है।

भौव धर्म और दर्शन के अनेक हस्तलेख उपलब्ध हैं। अभी इनका संपादन शेष है। संपादित ग्रन्थ ''वृहस्पतितत्त्व'' शैव दर्शन का प्रतिनिधि ग्रन्थ है। वृहस्पतितत्त्व में भटार ईश्वर देवगुरु वृहस्पति को उपदेश के रूप में विभिन्न तत्त्वों, सृष्टिक्रम, मोक्ष के विभिन्न उपायों, योग, अष्टैश्वर्य आदि विषयों पर क्रमबद्ध चर्चा की गई है। इसके सात हस्तलेख हैं। एक आचार्य रघुवीर जी की संस्था सरस्वती विहार में है। उपसंहार के अनुसार 1875 शक वर्ष में कृष्ण पक्ष की तृतीया को इसका लिखना समाप्त हुआ। 15 इंच लम्बे ताडपत्र पर बाली लिपि में लिखा गया 44 पन्नों का ग्रन्थ है। प्रत्येक पृष्ठ पर 4 पंक्तियां हैं। दूसरा हस्तलेख 1670 शक वर्ष, आषाढ मास, नवमी कृष्णपक्ष को बाली द्वीप स्थित कविसाम्ल ग्राम में लिखा गया है। तीसरा 70 पन्नों का सुस्पष्ट 1766 शकवर्ष का हस्तलेख है। यह हॉलैण्ड के लाइडन् विश्वविद्यालय में सुरक्षित है। चौथा और पांचवा इंडोनेसिया के कीर्त्या विश्वविद्यालय से है, इसमें उपसंहार नहीं है। छठा हस्तलेख लाइडन्

विश्वविद्यालय से है। इसकी तिथि चन्द्रसंकाल में दी हुई, 1755 शक है। इसका उपसंहार संस्कृत श्लोक और उसकी विस्तृत कवि टीका से किया गया है। इसका अंत सहसा हो जाता है। सातवां हस्तलेख सुंदररूपेण लिखित 101 पृष्ठों का है। यह तीसरे हस्तलेख की प्रति है। इनमें अनेक स्थानों पर पाठभेद हैं।

अन्य दार्शनिक ग्रन्थों के समान ही प्रारम्भ में संस्कृत श्लोक और तत्पश्चात् कवि टीका में लंबा स्पष्टीकारण है। कहीं टीका केवल श्लोक का अर्थ मात्र देती है– यथा 7 से लेकर 10 श्लोक तक और 53 से 59 तक षडंगयोग के श्लोक। टीका प्रायः विस्तृत है केवल अर्थ की दृष्टि से ही नहीं, विषय की दृष्टि से भी। श्लोक 33 विशेष उल्लेखनीय है। श्लोक में केवल अष्ट सिद्धियां गिनाई गई हैं। परन्तु टीका एक कण्डिका में उनका वर्णन कर मुख्यतः सृष्टि की उत्पत्ति और क्रम का वर्णन करती है। श्लोक 47 में पंचपदों (जाग्रत्, स्वप्न, सुषुप्त, तुर्य, तुर्यातीत) का वर्णन है। टीका में इनकी विस्तृत दार्शनिक विवेचना भी है। 80वें श्लोक में शिव द्वारा की गई वृहस्पति की प्रशंसा है– जबकि कवि टीका में प्रशंसा का निर्देश किए बिना ही वृहस्पति के चेतनाचेन-सम्बन्धी संदेहों का शिव द्वारा निराकरण है।

ग्रन्थ के अधिक प्रयोग होने से श्लोकों की संस्कृत विकृत हो चुकी है। परन्तु फिर भी संस्कृत के विशाल दार्शनिक साहित्य से कुछ उदाहरण इकट्ठे कर उन्हें यथाशक्ति मैंने शुद्ध करने का प्रयत्न किया है। कई बार टीका सहायक होती है और कई बार नहीं। ग्रन्थ की शैली में कहीं कहीं संस्कृत टीकाओं की शैली की झलक दिखाई देती है। वृहस्पति का प्रश्न करना और शिव का उत्तर देना यह संस्कृत परम्परानुगत ही है। प्रायः यह शैव आगमों की परम्परा है जहां पार्वती प्रश्न करती हैं और भटार शिव ज्ञानमय उपदेश देते हैं। अथवा गण और ऋषि आदि प्रश्न करते हैं। द्वीपान्तर के अन्य शैव तांत्रिक ग्रन्थ **गणपतितत्त्व** की भी यही शैली है। यहां प्रश्नकर्ता गणपति हैं। ओं प्रणवज्ञान ही महाज्ञान है। इसी में उत्पत्ति, स्थिति और प्रलीन हैं। जन्म और भुवन का रहस्य मूलतः एकाक्षर ओंकार में सन्निहित है। ओंकार से उद्भूत स्वर व्यंजनों में मानव के शरीर अंगों का रहस्य छिपा है। 'नमः शिवाय' का पंचाक्षर मंत्र जप्य मंत्र है।

वृहस्पतितत्त्व के प्रारम्भ में तीन भिन्न शैव मतों का उल्लेख है– शैव, पाशुपत और अलेपक। वृहस्पतितत्त्व में शैव मत का प्रतिपादन किया गया है। चौथे हस्तलेख में वृहस्पतितत्त्व का दूसरा नाम शिवतत्त्व भी दिया गया है। शैव और पाशुपत सर्वदर्शनसंग्रह में उद्धृत हैं पर अलेपक शब्द किसी संस्कृत के कोश में भी नहीं मिला। अलेपक का अर्थ है निर्लेप। काश्मीर शैव दर्शन के

प्रसिद्ध ग्रन्थ तंत्रालोक के 13वें पटल में 305वें श्लोक में भैरवों के अन्तर्गत ''वैमल'' शैव है। समानार्थता के आधार पर सम्भवतः यह कहना अनुपयुक्त न हो कि हमारे ''अलेपक'' का तात्पर्य ''वैमलों'' से हो सकता है।

ग्रन्थ के दर्शन का आरम्भ इस प्रकार है– भिन्न प्रकार के शास्त्र हैं। उनमें भिन्न प्रकार के मोक्षमार्गों का उल्लेख है। इसका क्या कारण है। इसका कारण मनुष्य की विभिन्न योनियां हैं। पुनर्जन्म का कारण वासनाएं हैं, जो अच्छे बुरे कर्मों को करने के लिए प्रेरित करती हैं। इन कर्म-वासनाओं से रंजित आत्मा विभिन्न योनियों के चक्कर में फंसी रहती है। पिछले जन्म में किए गए कर्म वासनाओं के कारण हैं और वासना कर्म का। ये कर्म मनुष्य सतत करता चला जाता है। यदि उसके इस संसार में किए गए कर्म अच्छे हैं तो वह स्वर्ग में जन्म लेकर सुख भोगता है, और यदि उसके कर्म बुरे हैं तो वह नरक के दुःखों का भागी बनता है। संस्कृत में यह समान्य विचार है–

कर्मभूमिरयं ब्रह्मन् फलभूमिरतः परा।
इह यत्क्रियते कर्म तत्परत्रोपभुज्यते।।

कुकर्मी कर्मफल समाप्त होने पर पशु बन जाता है, और सत्कर्मी कर्मफल समाप्त होने पर राजा अथवा अत्यंत धनी। उसे उच्चतम ज्ञान का आभास होता है। वह 'वस्तु' को देखता है। उसमें संवेग उत्पन्न होता है। वह ईश्वर भक्ति चाहता है। भगवान् में उसकी भक्ति होने के कारण और उस पर भगवत् कृपा होने के कारण वह जन्मावस्थाओं, पुनर्जन्म और सुख-दुःख को देखता है। वह शान्ति चाहता है और उपदेश पाने के लिए विद्वान् ज्ञानी के पास जाता है। परन्तु विशेष ज्ञान बहुत गुह्य है और विशेष है। अतः उसकी विभिन्न प्रकार से व्याख्याएं की गई हैं। यही शास्त्रों की विविधता का कारण है।

सभी शास्त्र शिव द्वारा उत्कृष्ट रूपेण उपदिष्ट हैं। केवल भ्रान्त ज्ञान के कारण ही मनुष्य उसमें भेद किया करते हैं। वृहस्पति का भ्रान्त ज्ञान क्या है? पूछने पर संस्कृत साहित्य में अन्धगजन्याय नाम से प्रथित हाथी और अंधों की कथा के दृष्टान्त से शिवजी भ्रांत ज्ञान का स्पष्टीकरण करते हैं। जिस प्रकार अंधे हाथी के वास्तविक आकार का अपने अल्प ज्ञान के अनुसार वर्णन करते हैं और उसे ही सत्य समझने की भूल करते हैं उसी प्रकार व्यामोह में पड़ा मानव भी वास्तविक तत्त्वों को नहीं समझ पाता है। हाथी के पांव, पूंछ, पेट, कान आदि अंग शास्त्र हैं। यद्यपि इन सब में विशेष (हाथी का अंगी) लक्षण विद्यमान है पर ये बहुत हैं। यही भ्रांत ज्ञान का कारण है। वास्तविक ज्ञान (विशेष ज्ञान) को पाने के लिए विभिन्न मतों और शास्त्रों का परिशीलन अत्यंत

आवश्यक है। हाथी और अंधों की कथा भारतीय दर्शनशास्त्रों में, जैनदर्शन और बौद्ध दर्शन में मिलती है। पालि की उदान की कथा से वृहस्पति की कथा का पर्याप्त सामंजस्य है। यह रोचक दृष्टान्त भोट (तिब्बत), चीन और जापान में भी उपलब्ध है।

इस छोटी सी भूमिका में ज्ञान के कारण का उल्लेख कर छठे श्लोक से शैवदर्शन का प्रारम्भ होता है। सर्वतत्त्वों में दो सूक्ष्म परम तत्त्व हैं– चेतन और अचेतन।

द्विविधं तत्त्वं परमं चेतनमचेतनं च।
व्याप्नोति सर्वतत्त्वेषु सूक्ष्ममुन्नेयं यत्नतः।।6।।

चेतन के तीन प्रकार– शिव-तत्त्व, सदाशिव-तत्त्व और परमशिवतत्त्व। अचेतन तत्त्व मायातत्त्व है। इन दोनों के संयोग से सर्वतत्त्वों की उत्पत्ति का क्रम है। शिवतत्त्व, सदाशिवतत्त्व और परमशिवतत्त्व के सर्वज्ञत्व, विभुत्व, उत्पादक, नाशक, पालक आदि गुणों और विशेषणों का उल्लेख करते हुए परमेश्वर शिव से जगत् की ओतप्रोतता का वर्णन है। जिस प्रकार एक सूत्र में मणियां पिरोई हुई हैं उसी प्रकार विश्व की विभिन्न वस्तुएं ईश्वर में प्रोत हैं। शिव मन्त्रात्मा है। दूरश्रवण, दूरसर्वज्ञ और दूरदर्शन उसके गुण हैं। अणिमा, लघिमा आदि अष्टैश्वर्य हैं। इस सदाशिवतत्त्व के नीचे मायाशिरस्तत्त्व है जिसका स्थान अष्ट-विद्यासन अर्थात् अनन्त, सूक्ष्म, शिवतम, एकरुद्र, एकनेत्र, त्रिमूर्त्ति, श्रीकण्ठ और शिखंडी है। संस्कृत में ये अष्ट-विद्यासन अष्ट-विद्येश्वर कहलाते हैं। मायाशिरस्तत्त्व के नीचे मायातत्त्व है। यह जड, अचेतन और शून्य है। शिवतत्त्व से ओतप्रोत होने पर यह चेतन (अर्थात् सक्रिय) हो जाता है और शिवतत्त्व इसके संयोग से सर्वज्ञत्व सर्वकर्तृत्वमय आदि स्वतः के गुणों को भूल जाता है। इस अवस्था में शिवतत्त्व आत्मा कहलाता है। आत्मातत्त्व असंख्य हैं (क्योंकि आत्माएं अनेक हैं)। मायातत्त्व की उपमा मधुमक्खियों के छत्ते से दी गई है। आत्मा मधुमक्खियों के बच्चे हैं जो "अधोमुख" हैं। इसलिए वे उन तत्त्वों को नहीं देख पाते जो उनके ऊपर हैं। शिव की शक्ति से मायातत्त्व सक्रिय हो उठता है और प्रधानतत्त्व उत्पन्न होता। अचेतन प्रधानतत्त्व के प्रभाव से आत्मतत्त्व भी अचेतन हो जाता है। ईश्वर की क्रियाशक्ति से प्रेरित प्रधानतत्त्व त्रिगुणतत्त्व को उत्पन्न करता है। सत्व रजः तमः त्रिगुण हैं।

वृहस्पतितत्त्व में **त्रिगुणों का विशिष्ट वर्गीकरण** मिलता है। इनकी सांख्य के समान ही सामान्य और प्रचलित व्याख्या करने के पश्चात् सात्त्विक चित्त, अत्यन्त सात्त्विक चित्त (उसके लक्षण और फल) तत्पश्चात् सात्त्विक और राजस, एवं सात्त्विक राजस और तामस चित्त का वर्गीकरण है।

रजः में राजस और अत्यन्त राजस चित्त और तम में तामस और अत्यनत तामस चित्त हैं। सत्त्व का शुद्ध और मिश्र वर्गीकरण वेदान्तकारिकावलि 10.1-2 से स्पष्ट हो जाता है–

शुद्धसत्त्वं मिश्रसत्त्वमिति सत्त्वं द्विधा मतम्।।1।।
रजस्तमोभ्यामस्पृष्टमद्रव्यं पूर्वमुच्यते।।
रजस्तमोविमिश्रं तु मिश्रसत्त्वं प्रकीर्त्तितम्।।2।।

अत्यन्त सात्त्विक चित्त से मोक्ष अवश्यंभावी है। श्रीमद् भगवद्गीता 14.14 का यह श्लोक पुष्टि के लिये पर्याप्त है–

यदा सत्त्वे प्रवृद्धे तु प्रलयं याति देहभृत्।
तदोत्तमविदां लोकानमलान् प्रतिपद्यते।।

इन तीन गुणों से बुद्धि उत्पन्न होती है। बुद्धि के चार धर्म हैं– धर्म, ज्ञान, वैराग्य एवं ऐश्वर्य, और इनके चार विपरीत धर्म हैं अर्थात् अधर्म, अज्ञान, अवैराग्य और अनैश्वर्य। वृहस्पतितत्त्व में श्लोक 25 से 32 तक इनकी व्याख्या और चर्चा की गई है। धर्म की व्याख्या काश्मीर के शैवग्रन्थ स्वच्छन्दतन्त्र और सांख्यकारिका पर माठराचार्य की टीका से बहुत भिन्न हैं। ज्ञान से तात्पर्य सांख्य के प्रसिद्ध तीन प्रमाणों (प्रत्यक्ष, अनुमान और आगम) से है– ''प्रत्यक्षमनुमानं च कृतान्ताद्वचनागमः। प्रमाणं त्रिविधं प्रोक्तं तत्सम्यग्ज्ञानमुत्तमम्।।'' (वृ॰ 26) वैराग्य की व्याख्या योगसूत्र 1.15 के बहुत समीप है– ''दृष्टानुश्राविते भोगे सुखे देहे विरागितां'' (वृ॰ 27)। योगसूत्र में ''दृष्टानुश्रविक-विषय-वितृष्णस्य वशीकारसंज्ञा वैराग्यम्''। ऐश्वर्य की व्याख्या स्वच्छन्दतन्त्र के बहुत समीप है। सांख्य सर्वथा भिन्न है। माठराचार्य की वृत्ति के अनुसार ऐश्वर्य का अर्थ अष्टसिद्धियां हैं जबकि हमारा तात्पर्य भोग, उपभोग और परिभोग से वैरस्य है।

बुद्धि के इन गुणों (धर्मों) के फलों के लिए संस्कृत में समान स्थल मृगेन्द्रतन्त्र 1.10.29 पर नारायणकण्ठ की टीका में उपलब्ध है। इनके अतिरिक्त पंच-विपर्यय, नव-तुष्टियां और अष्ट-सिद्धियां भी बुद्धि की वृत्तियां हैं। पंच-विपर्यय स्वच्छन्दतन्त्र में वृहस्पतितत्त्व के समान है–

तमो मोहो महामोहस्तामिस्रोऽन्यो विपर्ययः।
अन्धतामिस्रमित्याहुरेवं पंच-विपर्ययाः।।

सांख्य में इन्हें पंचपर्वैषा अविद्या कहा गया है। इसके पश्चात् अष्ट-तुष्टियों का वर्णन है। सांख्य के अनुसार 9 तुष्टियां हैं। परन्तु वृहस्पतितत्त्व के अनुसार ये आठ हैं– अर्जन, रक्षण, क्षय,

संग, हिंसा, भाग्य, काल और आत्मा। सांख्य में संगतुष्टि के स्थान पर तृप्तितुष्टि तथा आत्मा के स्थान में प्रकृति और उपादान तुष्टियां हैं। अष्टसिद्धियां सर्वथा वही हैं जो सांख्य में हैं। केवल सिद्धियों का बाह्य सिद्धियों और आध्यात्मिक सिद्धियों में वर्गीकरण सांख्य के लिए नवीन है। वाचस्पति माठराचार्य आदि की सांख्य पर प्रथित टीकाओं में यह नहीं मिलता। संभवतः इस वर्गीकरण का कारण तुष्टियों का वर्गीकरण है। अर्थात् तुष्टियों के बाह्य और आध्यात्मिक के वर्गीकरण के समान ही अष्टसिद्धियों का भी वर्गीकरण करना द्वीपान्तरवासियों ने अधिक उपयुक्त समझा।

बुद्धितत्त्व की विविध वृत्तियों का सविस्तार उल्लेख करने के पश्चात् पुनः सृष्टिक्रम की ओर आते हैं। बुद्धितत्त्व से **अहंकार** की उत्पत्ति हुई। यह तीन प्रकार का है– सात्त्विक, राजस, तामस। वैकृत, तैजस और भूतादि इन्हीं के दूसरे नाम हैं। वैकृत अहंकार से दशेन्द्रियां उत्पन्न होती हैं। भूतादि अहंकार से पंचतन्मात्राएं। तैजस अर्थात् राजस अहंकार इन दोनों को सक्रिय बनाने में सहायता करता है। इसी प्रसंग में वृहस्पतितत्त्व सर्वथा सांख्यमत का प्रतिपादन करता है। विभिन्न भारतीय मतों में भी यहां सबकी सहमति है। पंचतन्मात्राओं से पंचमहाभूत निकलते हैं। इनकी व्याख्या करते करते वृहस्पतितत्त्व इनसे मनुष्य के **शरीर की रचना** पर आ जाता है। षट्कोष के मध्य में पद्मनाडी के स्थान पर शुक्ल और श्वनित (शोणित) मिलने से प्राणियों की उत्पत्ति होती है। 'षट्कोष वपुः' का वृहस्पति के अनुकूल स्थल शिवगीता (लिंगमहापुराण में उद्धृत) और मुद्गलोपनिषद् में मिलता है। सामान्य रूप से उपनिषदों में पंचकोष आते हैं जो इन षट्कोषों से सर्वथा भिन्न हैं। डच विद्वान् डॉक्टर ख़ोरिस् ने अपनी पुस्तक Balinese Theology में पंचकोष को ही षट्कोष मान लिया है। इस भूल का कारण यह हो सकता है कि षट्कोष की अपेक्षा पंचकोष अधिक प्रचलित है। किन्तु षट्कोष सर्वथा शारीरिक अर्थ में लिए जाते हैं, जबकि पंचकोषों की व्याख्या आध्यात्मिक शरीर से सम्बद्ध है– यथा अन्नरसमय कोष, प्राणमय कोष, मनोमय कोष, विज्ञानमय कोष, आनन्दमय कोष। शिवगीता में षट्कोष इस प्रकार हैं–

> पितृभ्यामशितादन्नात् षट्कोषं जायते वपुः।
> स्नायवोऽस्थीनि मज्जा च जायते पितृतस्तथा।
> त्वङ्मांसं शोणितमिति मातृतश्च भवन्ति षट्।

दशेन्द्रियों की व्याख्या करते समय भटार शिव इन्द्रियों के आधारभूत स्थानों के भेद को स्पष्ट करते हैं। कान आधार (=गोलक) हैं, कर्णेन्द्रिय उससे भिन्न है। कान होने पर भी कारणवश

व्यक्ति नहीं सुन सकता। आधार तो है अर्थात् कर्ण हैं पर कर्णेन्द्रिय नहीं। आधार और आधेय के इस भेद को इतने स्पष्ट रूप में कहने की भारतीय साहित्य में सम्भवतः कभी आवश्यकता नहीं समझी गई। केवल 'शब्दतन्मात्रे शक्तमिन्द्रियं श्रोत्रमुच्यते' (वेदान्तकारिकावलि) कह कर भेद करना न करना पाठक पर छोड़ दिया गया। आधार के लिए कवि में गोलक शब्द नवीन है। इसे हम संस्कृत शब्द 'गोलक' जिस का सामान्य अर्थ आंख की पुलती है का अर्थविस्तार मान सकते हैं। वेदान्तकारिकावलि के प्रकृति-निरूपण अध्याय में गोलक शब्द का प्रयोग इस प्रकार है– 'चक्षुःश्रवसा तु नेत्रगोलकवृत्तिः'। जिस प्रकार संस्कृत का पिण्ड शब्द जिस का मूल अर्थ गोल था शरीर का अर्थवाची हो गया, उसी प्रकार से गोल शब्द को शरीर के अर्थ का द्योतक मान कर उसे ह्रस्वार्थ °क लगा कर गोलक का अर्थ शरीर के अंग माना जा सकता है। गोलक का यह रोचक अर्थविस्तार हमारे प्रसंग के सर्वथा अनुकूल है।। इन इन्द्रियों से संयुक्त मानव भोग की इच्छा करता है। उसकी आत्मा (=पुरुष) इस संसारचक्र में फंसी रहती है। शरीर शकटोपम हो जाता है। आत्मा वृषभवत् है। ऊपर ईश्वर चालक है। यह जगत् चक्रवत् घूमता रहता है। वृहस्पतितत्त्व के 34वें श्लोक की इस उपमा में ग्रन्थ की दृष्टान्तों और उपमाओं द्वारा गुह्य आध्यात्मिक स्थलों को सरल सुबोध रूप से पाठक व श्रोता को बुद्धिगम्य करा देने की प्रवृत्ति की झलक दिखाई देती है। वृहस्पतितत्त्व का प्रत्येक कठिन और दार्शनिक स्थल इस प्रकार के दृष्टान्तों से परिपूर्ण है। यह वृहस्पतितत्त्व की महत्त्वपूर्ण विशेषता है।

गणपतितत्त्व में भटार शिव गणपति को केवल तथ्य का निरूपण करते जाते हैं। दृष्टान्तों अथवा उपमाओं द्वारा समझाने का प्रयास नहीं है। वृहस्पति° सम्भवतः प्रचलित और लोकप्रिय दर्शनग्रन्थ रहा है। इसी के आधार पर इण्डोनीसिया की आधुनिक भाषा बहासा इण्डोनीसिया में लिखा गया ''अजि सांख्य'' इसकी लोकप्रियता का प्रमाण माना जा सकता है। उपमा से विभूषित दार्शनिक तथ्य की अभिव्यक्ति श्लोक के पदों में इस प्रकार प्रस्फुटित हुई है–

शकटोपमं प्रधानं पुरुषो वृषभोपमः।
ईशसारथिसंयुक्तं जगत् भ्रमितचक्रवत्।।

इतना ही नहीं अन्तःकरण और इन्द्रियों का भी इस मानव-मोक्ष के प्रतिरोध में बहुत बड़ा हाथ है–

प्रधानं प्रासादेत्युक्तं त्र्यन्तो मन्त्री प्रकीर्तितः।
शुद्रमिन्द्रमाहुर्विषया भोगवत्सुखम्।।

सहज प्रश्न उठता है कि शरीर में **आत्मा को जकड़ने वाली शृंखलाएं** कौन सी हैं जिनसे बन्धनमुक्त होकर मोक्ष की प्राप्ति हो सके? पुनश्च इन शृंखलाओं से मुक्त होने के मार्ग कौन से हैं? वृहस्पति की इस गहन समस्या को भटार शनैः शनैः क्रमशः सुलझाते जाते हैं। दश मुख्य नाडियां शरीर और आत्मा को (परस्पर) बांध देती हैं। ये इडा, पिंगला, सुषुम्ना, गान्धारी, हस्तिजिह्वा, पूषा, यशा, अलम्बुषा, कुहू, और शंखिनी– ये प्राणवहा नाडियां हैं। ये प्राण, अपान, समान, उदान, व्यान, नाग, कूर्म, कृकर, देवदत्त, धनंजय नामक दश प्राणों को वहन करती हैं। इनके दृढ बन्धन में विशान्त हुई आत्मा दूसरे लोक में जाना चाहती है। वहां जाने में 5 पद हैं। पांचवा पद मोक्ष है जहां उसे पहले 4 पदों को पार कर पहुंचना है। पद के स्थान में संस्कृत साहित्य में सामान्यतम प्रयोग अवस्था है। किन्तु कश्मीर के शैवग्रन्थ तन्त्रालोक (10.228-229) में इन्हें वृहस्पति के समान ही पंचपद कहा गया है। ये पंचपद इस प्रकार हैं– जाग्रपद, स्वप्नपद, सुषुप्तपद, तुर्यपद और तुर्यातीतपद। जाग्रपद जाग्रत्पद है। तुर्यान्तपद का अभिप्राय तुर्यातीतावस्था से है, जिसे श्लोक में निर्वाण कहा गया है। जाग्रपद, स्वप्न और सुषुप्तपद 'आत्मसंसार' हैं। इन्हीं में मनुष्य घूमता रहता है। तुर्यपद आत्मसिद्धि है और तुर्यान्तपद जीवनमुक्ति है।

भटार इन **पंचपदों की दार्शनिक व्याख्या** करते हैं। वृहस्पति के मन में अनेक प्रश्न उठते हैं। यथा मोक्ष का कारण अचेतन है क्योंकि चेतन (मोक्ष) अचेतन से निकलता है। चेतन का अर्थ है– सुखदुःखमय संसार की अनुभूति करना। अतः चेतन को विशेष कहना कहां तक उचित है। अचेतन वास्तव में विशेष कहलाना चाहिए क्योंकि वह संसार का, सुख दुःख का अनुभव नहीं करता। इस तर्कयुक्त प्रश्न का भटार ने जो उत्तर दिया उसका सारांश इस प्रकार है– चेतन अचेतन को ढूँढता है। अचेतन उस मिट्टी के समान है जिससे घर बनता है। घर को बनाने वाला भटार चेतन है। अचेतन वह है जिसे वह रूप देता है। पात्रादि का बनना उसकी अर्थात् चेतन की इच्छा पर निर्भर है। इसी कुम्हार के समान भगवान् हैं जो अचेतन को अपनी इच्छानुकूल रूप देते हैं। अचेतन का स्वभाव चेतनहीन है। इसलिए उसे परमार्थ अथवा विशेष कहना उपयुक्त नहीं। पर अभी वृहस्पति का प्रश्न शेष है– अचेतन तो आकाररहित है फिर उसको रूप कैसे दिया जा सकता है। अतः असद् जो अचेतन है वही विशेष होना चाहिए। भटार इसका समाधान इस प्रकार करते हैं– यदि असद् विशेष है तो इस सद् संसार की उत्पत्ति उससे कैसे कही जा सकती है। ऐतरेय-ब्राह्मण का प्रसिद्ध वाक्य है 'कथं असदः सज्जायेत'। तथा च सद्, असद् और पुनः सद् बन सकता है। विशेष इसी प्रकार का गुह्य है। "परमार्थ" का स्वरूप इस प्रकार है–

सद्भावेन परित्यक्तमसद्भावविवर्जितम्।
सदसद्भावरहितं निष्कलान्तमलक्षणम् ।।

विशेष की इस **सदसद् सत्ता** का दृष्टान्त इस प्रकार है– जिस प्रकार दूध में मक्खन, दारू में अग्नि, मेघों में जल, आकाश में वायु अदृश्य है, उसी प्रकार मन, रज और तम मनुष्य में। वे सत् होते हुए भी असत् हैं क्यों कि वे इस बाह्य जगत् में अदृश्य हैं–

यद् घृतं पयसि, हरिश्च यद्दारुषु क्षितः, जलं नभःस्थितं, सर्वगोऽनिलः।
रजस्तमोऽदृश्यं मनो नरे, सन्न सत्तथा बाह्ये जगति तन्नोपलभ्यते ।।

चेतन, अचेतन, मायातत्त्व और पुरुष के स्वभावों और उनके परस्पर सम्बन्धों का विवेचन करने के पश्चात् शरीर और आत्मा के बन्धनस्वरूप प्राणों से मुक्ति पाने के इच्छुक तथा मोक्ष जिज्ञासु के लिए तीन मार्गों का निरूपण किया गया है– **ज्ञानाभ्युद्रेक, इन्द्रियों से अयोग का मार्ग तथा तृष्णादोषक्षय।** ज्ञानी का ज्ञान तीन प्रकार से बढ़ता है– गुरुतः, शास्त्रतः, स्वतः। योगीश्वर प्रयोगसन्धि के परम रहस्य को षडंग योग द्वारा जान लेता है। इन मोक्ष–मार्गों से पूर्व वृहस्पति के मन में शंका है कि जीवन सुख दुःख भोग करता है, संसार है, बन्धन है। मृत्यु मोक्ष है। क्योंकि मर कर मनुष्य को किसी प्रकार के शारीरिक अथवा मानसिक दुःख का अनुभव नहीं होता। वृहस्पति के इस संदेह का मूल जो कुछ दिखाई देता है उसी को सत्य समझ लेने के कारण है। मनुष्य स्वभाव से अल्पज्ञ और अल्पायुष है। उसकी दृष्टि बहुत दूर तक नहीं जाती। प्रतिदिन उदित होने वाला सूर्य उसे वही एक दिखाई पड़ता है पर वास्तव में ऐसा नहीं है (सूर्य द्वादश हैं)।

मृत्यु के समय शरीर पंचमहाभूतों के स्थूल शरीर से अवश्य मुक्त हो जाता है परन्तु वह पंचतन्मात्राओं के सूक्ष्म शरीर में परिवर्तित हो जाता है। परिणामतः उसका पुनर्जन्म होता है। और वह अपने शुभाशुभ कर्मों का फल भोगता है। यदि उसने पूर्वजन्म में बुरे कर्म किए तो वह नरकलोक में जाता है और पूर्वजन्म में किए सत्कर्म उसे स्वर्ग में ले जाते हैं। यदि वह इस मनुष्य जन्म में योग करेगा तो मृत्यु के पश्चात् जब वह पुनर्जन्म लेगा तो योगीश्वरत्व को पा सकेगा। योगीश्वरत्व का अर्थ है– भिक्षुओं में विशिष्ट स्थान। वह तीन प्रकार का योगी हो सकता है– कर्मयोगी, ज्ञानयोगी और योगी। कर्मयोगी का अर्थ है– जप, पूजा-पाठ, व्रत आदि कर्म करना। ज्ञानयोगी का अर्थ हैं– गुरुतः, शास्त्रतः , स्वतः के उपायों द्वारा भगवद् ज्ञान बढ़ाने में रत रहना। योगी का अर्थ है षडंगयोग द्वारा आत्मसिद्धि (जीवन्मुक्ति पाना)। इसके पश्चात् षडंगयोग का विस्तृत वर्णन है–

प्रत्याहारस्तथा ध्यानं प्राणायामश्च धारणम्।
तर्कश्चैव समाधिश्च षडंगो योग उच्यते।।

संस्कृत साहित्य में पतंजलि के योगदर्शन के समय से **अष्टांग योग** का प्रचलन रहा है। यम और नियम योग का भाग रहे हैं। तेजोबिन्दूपनिषद् में पंचदशांग योग मिलता है। इसमें यम और नियम दो योगनाम हैं। अष्टांगयोग से यम और नियम निकाल देने पर षडंगयोग रह जाता है। संस्कृत में ध्यानबिन्दूपनिषद, योगचूडामण्युपनिषद् और गोरखपन्थियों का गोरक्षनाथ-विरचित योगमार्तण्ड इस बात की पुष्टि करते हैं। इसमें तर्क-योग के स्थान पर आसन-योग का निरूपण है। केवल अमृतनादोपनिषद् ही एक ऐसा उपनिषद् मिला जिसके योग के षडंग वृहस्पति^{0} के समान ही हैं। काश्मीर शैवग्रन्थों में तर्क को योगांग माना गया है। तन्त्रालोक 1-13, मृगेन्द्रतन्त्र योगपाद 1-18 में इसे उत्कृष्ट योगांग कहा है। काश्मीर शैवग्रन्थ मालिनीविजय भी 'तर्को योगांगमुत्तमम्' द्वारा तर्क के योगत्व की पुष्टि करता है। इनके अतिरिक्त स्वायम्भुव-पुराण में इसकी महिमा का वर्णन इस प्रकार है–

> अनेन लक्षयेद्योगी योगसिद्धिप्रवर्तकम्।
> निरोधकं च यद्वस्तु बहुधा संव्यवस्थितम्।।

द्वीपान्तर में षडंगयोग ही प्रचलित है। बौद्ध ग्रन्थ 'सं ह्यं कमहायानिकन्' में भी षडंगयोग है। वहां भी श्लोक वैसे ही हैं जैसे वृहस्पति^{0} के हैं। 'गणपतितत्त्व'' में भी इधर-उधर किंचित् परिवर्तनों के साथ ये ही श्लोक हैं। टीकाओं में थोड़ा बहुत भेद है पर वह नगण्य है। कविभाषा के अगस्त्यपर्व में भी 5 योगों का इस प्रकार उल्लेख है– इनुपाय त य रिं ध्यान, धारण, तर्क, प्रत्याहार, समाधि योग। निस्सन्देह यहां षडंगयोग से अभिप्राय है। प्राणायाम को जोड़ देने से यह षडंगयोग बन जाएगा। वृहस्पतितत्त्व में यम और नियम ''दशशील'' के अन्तर्गत हैं। यम और नियम के लिए ''दशशील'' शब्द का प्रयोग कहीं नहीं मिला। केवल काश्मीर शैव ग्रन्थ स्वच्छन्दतन्त्र में दशशील के लिए दशविध धर्म का प्रयोग हुआ है। तिब्बत अर्थात् भोट देश में भी षडंगयोग मिलता है। तंजूर के तन्त्रभाग में इस पर अनेक ग्रन्थ और टीकाएं हैं। उनमें से उदाहरणार्थ कुछ के शीर्षक यहां दिए जाते हैं। श्रीकालचक्रोपदेशयोगषडंगतन्त्रपंजिका, षडंगयोगोपदेश, षडंगयोगालोकक्रम, षडंगयोगटीका आदि आदि। केवल कंजूर और तंजूर में ही नहीं उससे बाहर भी षडंगयोग पर अनेक ग्रन्थ हैं यथा षडंगयोगवज्रगाथा और उस पर टीका, कालचक्रोत्पन्न षडंगयोग आदि जिनके संस्कृत शब्दों में शीर्षक हैं। कहा जा सकता है कि कश्मीर में प्रचलित षडंगयोग हिमालय पार कर भोट (तिब्बत) पहुंचा और दूसरी ओर समुद्र की यात्रा कर द्वीपान्तर। केवल षडंगयोग ही नहीं, कई अन्य स्थल भी काश्मीर शैव के अधिक समीप हैं यथा वृहस्पतितत्त्व का श्लोक 7 से 10 तक का सदृशस्थल कश्मीर

के नेत्रतन्त्र के दूसरे पटल के 20 से 29 श्लोक तक है। विचार की परम्परा ही नहीं वरन वृहस्पति[0] का 7वें श्लोक का पूर्वार्ध नेत्रतन्त्र 2-20 का उत्तरार्ध है– **''अप्रमेयमनिर्देश्यमनौपम्यमनामयम्''**। दश नाडियों की गणना करते समय एक नाडी का नाम ''यशा'' है। सामान्यरूप से यशस्विनी प्रचलित है। स्वच्छन्दतन्त्र 7.15-16 में 'यशा' पाठान्तर है। श्लोक 29 से 32 तक धर्म, ज्ञान, वैराग्य, और ऐश्वर्यं के फल इस प्रकार हैं– स्वर्गं धर्मेण गमनं, ज्ञानेन मोक्षपदं समासाद्य, वैराग्यात्प्रकृतौ लीनः ऐश्वर्येणाप्रतिहतः। मृगेन्द्रतन्त्र 1.10-29 पर श्री नारायणकण्ठ की टीका में भी इस को इन शब्दों में रखा गया है– धर्मात्स्वर्गः, ज्ञानान्मुक्तिः, वैराग्यात्प्रकृतिलयः, ऐश्वर्यादविघातः। इसी प्रकार ईश्वर के रूप श्रीकण्ठ से मनुष्यों को ज्ञान की प्राप्ति क्रमशः हुई, यह विचारधारा भी स्वच्छन्दतन्त्र में कुछ अधिक विस्तार से की गई है। कश्मीर के प्रसिद्ध दार्शनिक अभिनवगुप्त भी इसकी पुष्टि इस प्रकार करते हैं कि मानव को आध्यात्मिक ज्ञान की प्राप्ति श्रीकण्ठ से हुई जो एक बार कैलासपर्वत पर घूमते-घूमते शैवागमों के लोप से अज्ञानान्धकार में डूबे मानव की आध्यात्मिक शून्यता की दशा देखकर द्रवित हो उठे थे। समाधियोग का वर्णन करते समय "चतुर्कल्पना" शब्द आता है। इन चतुर्कल्पनाओं का मृगेन्द्रतन्त्र १.२-१३ पर टीका करते हुए श्री नारायणकण्ठ ने इस प्रकार स्पष्टीकरण किया है– प्रमेय, प्रमिति, प्रमाण और प्रमातृ। इस प्रकार से अनेक स्थलों पर काश्मीर शैव ग्रन्थों की सहायता मिलती है।

योग, यम और नियमों की व्याख्या करने के पश्चात् जाग्रपद और तुर्यपद के मिलने से सप्तांग, सप्ताग्नि और सप्तामृत उत्पन्न होते हैं। सप्तांग, सप्ताग्नि और सप्तामृत क्रमशः इस प्रकार हैं–

> धरणी च भवेत्तोयं तेजस्तथा च मारुतः।
> आकाशो बुद्धिर् मनः सप्तांगं तु शृणूच्यते।।62।।
> घ्राता च रसयिता च द्रष्टा स्प्रष्टा तु श्रोता च।।
> मन्ता बोद्धा तथा शृणु, इति सप्ताग्निः प्रोच्यते।। ६३।।
> शब्दः स्पर्शश्च रूपश्च रसो गन्धश्च कथ्यते।
> संकल्पो बोद्धव्यं तथा सप्तामृतं निगद्यते।।64।।

ये तीनों परस्पर सम्बद्ध हैं–

सप्तांग	**सप्ताग्नि**	**सप्तामृत**
धरणी	घ्राता	गन्ध
तोय	रसयिता	रस
तेज	द्रष्टा	रूप
मारुत	स्प्रष्टा	स्पर्श
आकाश	श्रोता	शब्द
बुद्धि	बोद्धा	बोद्धव्य
मन	मन्ता	संकल्प

यहां सप्तामृत सात वस्तुएं हैं। सप्तांग उनके आधार हैं और सप्ताग्नि उनका अनुभव करने वाले। काश्मीर-माला में प्रकाशित लौगाक्षिगृह्यसूत्र 46 (भाग 2 पृ॰150) पर देवपाल के भाष्य में वैश्वानर अग्नि की सप्तजिह्वाएं गिनाई गई हैं। हमारे ग्रन्थ में सप्ताग्नियों का उल्लेख है अर्थात् भोक्ता है, जब कि लौगाक्षि⁰ में भोक्ता के साधनों (करण) का वर्णन है–

चक्षुर्नासा च जिह्वा च त्वक् श्रोत्रं चैव पंचमम्।
मनो बुद्धिश्च सप्तैता जिह्वा वैश्वानरार्चिषः।।

इसके पश्चात् सप्त समिधाओं का वर्णन है। ये सप्त समिधाएं सप्तजिह्वाओं के लिए हैं।

घ्रेयं पेयं च दृश्यं च स्पृश्यं श्रोतव्यमेव च।
मन्तव्यमथ बोद्धव्यं ताः सप्तसमिधो मताः।।

इन सप्तसमिधाओं की वृहस्पति⁰ के सप्तांगों से तुलना की जा सकती है। जिस प्रकार सप्तांग और सप्ताग्नि का उपभुक्त वस्तु और उपभोक्ता का सम्बन्ध है, वही सम्बन्ध सप्तसमिधाओं और सप्तजिह्वाओं का है। सप्तसमिधाएं इन्धन हैं जिसका सप्तजिह्वाएं उपभोग करती हैं अर्थात् सप्तजिह्वाएं उपभोक्ता हैं। प्रश्नोपनिषद् 4.8 और 4.9 में भी इसी प्रकार का स्थल है। परन्तु वहां संख्या का प्रतिबन्ध नहीं है। सामान्यरूप में स्थिति का निरूपण है। उनका विशेष वर्गीकरण अथवा नामकरण नहीं किया गया है। संस्कृत में सप्तांग शब्द अनेक उपनिषदों में मिलता है– यथा नृसिंहोत्तरोपनिषद्, रामोत्तरोपनिषद्, रदोत्तोतरोपनिषद्, आदि। परन्तु यहाँ सप्तांग नहीं गिनाए गए हैं। अड्यार में प्रकाशित वैष्णवोपनिषद्-संग्रह के नृसिंहतापिन्युपनिषद् पृ॰ 206 के प्रणवपाद निरूपण की टीका में सप्तांग में पंचज्ञानकर्मेंद्रिय, प्राण और अन्तःकरण हैं। सप्ताग्नि और सप्तामृत शब्द संस्कृत के कोषों में नहीं हैं। उपनिषदों के कोष में भी नहीं मिला। कवि भाषा के कोष में सप्ताग्नि सप्तभुवन नामक कवि ग्रन्थ से उद्धृत है, परन्तु वहां भी इन्हें गिनाया नहीं गया। केवल कश्मीर के

लौगाक्षिगृह्यसूत्र का स्थल ही अभी तक उपलब्ध समीपतम स्थल है। इस प्रकार वृहस्पतितत्त्व में काश्मीर शैव ग्रन्थों की यत्र तत्र झलक दिखाई पड़ती है। सांख्य और योग काश्मीर शैव में भी सम्मिलित हैं। परन्तु काश्मीर शैव की विशेषता उसके 'त्रिक' में है। वृहस्पतितत्त्व सामान्य रूप से मुख्य तत्त्वों की व्याख्या करता चला गया है। किसी विशेष शैव सिद्धांत का निरूपण करना उसका उद्देश्य नहीं था। यत्र-तत्र दर्शन-संबंधी शंकाओं पर विचार करते करते ज्ञान द्वारा शिवपद की प्राप्ति अथवा योग द्वारा योगीश्वरत्व एवं जीवन्मुक्ति पाना उसका ध्येय एवं लक्ष्य है। योग द्वारा प्राप्त होने वाले अष्टैश्वर्यों का आठ श्लोकों में सविस्तार वर्णन है। इनका इतना विस्तृत वर्णन काश्मीर शैव में अप्राप्य है। स्वछन्दतन्त्र पर टीका करते हुए क्षेमराज ने संक्षेप से इन अष्टैश्वर्यों का अर्थ किया है। पुराणों तथा सांख्य में भी इनका इतना लम्बा निरूपण करने की आवश्यकता नहीं समझी गई।

जब चीनी यात्री इत्सिंग जावा में अध्ययन कर सकते हैं, भोट देश के विद्वानों को पढ़ने के लिए द्वीपान्तर में जाना भोट के इतिहासों में वर्णित है तो आश्चर्य नहीं यदि काश्मीर शैव का द्वीपान्तर के शैव पर कुछ प्रभाव पड़ा हो।

योग से उत्पन्न होने वाले **'उपसर्ग'** पतंजलि के योगसूत्रों तक ही सीमित नहीं हैं। चीन में भी योगोत्पन्न उपसर्गों पर एक पूरी पुस्तक है। किङ्-शिङ् द्वारा लिखित इस पुस्तक का नाम है– छे छान् निङ्पी याओ। वृहस्पतितत्त्व उपसर्गों का तीन विभागों में वर्गीकरण करता है। सत्त्व के कारण, रज के कारण और तम के कारण उत्पन्न उपसर्ग। योगसूत्र में केवल उपसर्ग गिना दिए गए हैं– व्याधि-स्त्यान-संशय-प्रमाद-आलस्य-अविरति-भ्रान्ति-दर्शनालब्धभूमिकत्वानवस्थितत्वानि चित्तविक्षेपास्ते अन्तरायाः। लिंगपुराण के नवम अध्याय में दस उपसर्गों का सविस्तार वर्णन है–

आलस्यं प्रथमं पश्चाद् व्याधिपीडा जायते।
प्रमादः संशयस्थाने चित्तस्येहानवस्थितिः।।
अश्रद्धादर्शनं भ्रांतिर्दुःखं च त्रिविधं ततः।
दौर्मनस्यमयोग्येषु विषयेषु च योगता।।
दशधाभिप्रजायन्ते मुनेर्यागान्तरायकाः।
उपसर्गाः प्रवर्तन्ते तेऽसिद्धिसूचकाः।।

ये उपसर्ग वृहस्पतित्त्व के उपसर्गों से पर्याप्त भिन्न हैं। इन उपसर्गों से छुटकारा पाने के उपाय बताकर ग्रन्थ समाप्त हो जाता है। ज्ञान अथवा योग द्वारा अष्टैश्वर्य और मोक्ष, जीवन्मुक्ति अथवा आत्मसिद्धि के रहस्य को पाना ही उसका लक्ष्य है। चेतन और अचेतन के सम्मिश्रण से

आत्मा अचेतन अहं मायामय शरीर में फंसी रहती है। कर्मों का बन्धन उसे पुनर्जन्म के चक्कर में घुमाता रहता है। योग द्वारा अपनी इन्द्रियों को वश में करके ईश्वर का ध्यान लगाकर भगवत्कृपा और भगवद्भक्ति द्वारा मानव सत्यतत्त्व को पहचान कर जीवन में ही मुक्ति पा लेता है। उसे शरीर के ज्ञान का अनुभव नहीं होता। और मृत्यु के पश्चात् भी उसे शरीर का (अर्थात् पुनर्जन्म) का अनुभव नहीं करना पड़ता। वृहस्पति[0] अन्त में मोक्षप्राप्ति में ज्ञान का और उसके पश्चात् योगसाधना के महत्त्व का प्रतिपादन करता है।

वृहस्पतितत्त्व द्वीपान्तर के शैवधर्म के तत्त्वों का निरूपण करने के साथ साथ सामान्य दार्शनिक प्रश्नों का समाधान रोचक विधि से दृष्टान्त और उपमाओं द्वारा करता चला जाता है। विचार की दृष्टि से भी सुसम्बद्ध और संगठित है। यह विचार को सहज रूप में प्रकट करने की कविभाषा की क्षमता का सुन्दर निदर्शन है।।

इंडोनीसिया के छायानाटक वायाङ्

मानव की कोमल और सुमधुर भावनाएं जहां धर्म और कला को अनुप्राणित करती हैं वहीं उसके आदर्श, उच्च विचार और संस्कृति अपनी अभिव्यक्ति पाते हैं। हृदय और मस्तिष्क का सम्मिश्रण धर्म से ओतप्रोत कला में सर्वत्र दृश्य है। द्वीपान्तर (इण्डोनीसिया) में भी संस्कृति की अभिव्यक्ति केवल साहित्य में ही नहीं, वहां की गौरवमयी आध्यात्मिक, सार्थक, विशिष्ट कला में भी हुई है। जावा की कला का श्रेष्ठतम प्रतीक, शिल्पकला का भण्डार बोरोबुडूर तद्देशीय कलाकारों की कला-कुशलता का भव्य निदर्शन है। भगवान् बुद्ध के पवित्र जीवन-दृश्यों और उपदेशों से उत्कीर्ण शिलाएं मुखर हो उठी हैं। कठोर अश्ममय पर्वतशिला को मूर्त्तिकार की कला ने स्मितमुखी बना दिया है। मूर्त्तिकार की कला शिला में आश्रय पाकर अमर हो गई है। पर्वत के नवरूपावतार में चित्रों का भी योगदान है और चित्रों के अमरत्व में शिला का अमरत्व है। अब पत्थर जड़ नहीं रहा, चेतन बन गया है। पारलौकिक प्रकाश की रश्मिमाला का उद्भासन-पिण्ड बन गया है। अनन्त, अमितायु, शान्ति और पारमिता प्रज्ञा का सन्देशवाहन बन चुका है।

द्वीपान्तर का वाद्यवृन्द **गामेलन्** कहलाता है। 24 कलाकारों द्वारा बजाया जाने वाला यह विभिन्न वाद्यों का कर्णप्रिय समूहगान है। इन वाद्यों में एक वाद्य का नाम रावणहस्त है। नृत्य का जावा के मनोरंजन में विशेष स्थान है। १२ वर्षीय भोली और संसार के छलकपट से अनभिज्ञ

शुद्धहृदया बालाएँ मन्दिर में भगवान् के सम्मुख लय और ताल पर गम्भीर अभिनय करती हैं। कला यहां श्रृंगार नहीं, अध्यात्म है।

द्वीपान्तर के छाया-नाटक बहुत रोचक हैं। जावा, बाली, लोम्बोक्, मलय आदि द्वीपों के मनोरंजन का यह भव्य प्रतीक वायाङ् कहलाता है। ये नाटक सात प्रकार के हैं। इनका तीन शीर्षकों के अन्तर्गत वर्गीकरण कर सकते हैं– (1) मनुष्यों द्वारा खेले जाने वाले नाटक। ये मुख्यतः दो प्रकार के हैं– मुख पहन कर, और राजा अथवा महान् जनों के सम्मुख बिना मुखाकृतियां लगाए। (2) मुखाकृतियां लगाकर खेले जाने वाले नाटक तोपेङ् तथा दूसरा वायाङ् वोङ् (वोङ् मनुष्य) कहलाता है। वायाङ् वोङ् का अर्थ है– मनुष्यों द्वारा अभिनीत नाटक। इनका प्रचलन 11वीं शताब्दी के उत्तरार्ध से हुआ है। (3) अब हम तीसरे प्रकार के वायाङ् पर आते हैं। ये छायानाटक हैं। वायाङ् शब्द का अर्थ है वह छायानाटक जिसमें महिष अर्थात् भैंसे के चमड़े से बनी सुवर्णाभ तथा रंग-बिरंगी पुत्तलिकाएं अभिनय करती हैं। इसी कारण यह "वायाङ् कुलित्" भी कहलाता है । कुलित् का अर्थ चर्म है। इन छायानाटकों की कथावस्तु का स्रोत आदिकाव्य रामायण, अथवा राजनीति, लोकधर्म, सदसद् का निरूपण करने वाला महाभारत हैं। मनुष्यों द्वारा अभिनीत वायाङ् वोङ् भी इन्हीं काव्यों में से उद्धृत कथाओं पर आधारित होते हैं।

इन छाया-नाटकों का द्रष्टा इनके द्वारा केवल मनोरंजन ही नहीं करता वह इनके नैतिक अर्थ को भी जानता है। दक्षिण ओर के अभिनेता सद् का पक्ष लेने वाले हैं। वे प्रारम्भ में वाम भाग के असद् कुटिल अधर्मी पात्रों द्वारा अभिभूत होते हैं। अन्त में सत्यमेव जयते के अनुकूल सत्पक्ष विजयी होता हैं। अधर्म पर धर्म की विजय, असद् से सद् की श्रेष्ठता, कुप्रवृत्तियों पर मानवीय सुप्रवृत्तियों की विजय का ये छायानाटक प्रतीक अभिनय है।

इतना ही नहीं, मानव जीवन की विभिन्न अवस्थाएं और तत्कालीन प्रवृत्तियां भी इन नाटकों में प्रतिबिम्बित हैं। तीन अंकों में खेले जाने वाले वायाङ् के प्रथम भाग में यौवन और उत्तेजना का निदर्शन है। दूसरा भाग विचार की ओर अग्रसर मानव की यौवनपरा अवस्था की अभिव्यक्ति करता है, तीसरा और अंतिम भाग वृद्धावस्था अर्थात् ज्ञान एवं विवेक का प्रतिबिम्ब है।

कथावस्तु जीवन की विभिन्न अवस्थाओं का चित्रण करती है और रंगभूमि जीवन की रंगभूमि बन जाती है। रंगभूमि की श्री में वृद्धि करने वाले कदलीवृक्ष पृथ्वी के तल हैं जहां पर पात्र, जिनकी जीवन-डोर डालाङ् के हाथों में थमी है, दूसरे की अंगुलियों की शक्ति पर अपना उचित अनुचित

निर्धारित कार्य करते चले जाते हैं। डालाङ् के हाथों में अपनी जीवन-डोर देकर ही ये चर्म-निर्मित पात्र जीवन पाते हैं। इनका जीवन उसी पर आश्रित है। दूसरी ओर डालाङ् का अस्तित्व इन निर्जीव कठपुतलिओं पर निर्भर है जिनके माध्यम से वह अपनी क्षमता और शक्ति का परिचय प्राप्त करता है। इसी प्रकार मानव भगवान् पर आश्रित है और भगवान् मानव द्वारा ही अपनी अभिव्यक्ति पाते हैं। ईश्वर और सृष्टि अन्योन्याश्रित हैं। एक दूसरे की पूर्ति करने वाले ये दोनों तत्त्व दर्शन की भाषा में चेतन और अचेतन के द्विविध परमतत्त्वों के नाम से विख्यात हैं –

द्विविधं तत्त्वं परमं चेतनमचेतनं च।।
व्याप्नोति सर्वतत्त्वेषु सूक्ष्ममुन्नेयं यत्नतः।। (वृ. 6)

वायाङ् नाटक देखना पुण्य माना जाता है। रात्रिभर खेले जाने वाले वायाङ् में द्रष्टा यदि बीच बीच में सो भी ले तब भी वह भूतप्रेत के प्रभाव से उस रात्रि को मुक्त माना जाता है। इस प्रकार वायाङ् केवल मनोरंजन न होकर जीवन के आध्यात्मिक आदर्श को दृश्य रूप में प्रकट करने के साथ साथ सामाजिक उत्सव का भी स्थान ले लेता है। जन्मोत्सव, पाणिग्रहण-संस्कार और विशेष पूज्यजनों के सम्मान में इस नाटक का रात्रिभर अभिनय होता है। यह केवल वायाङ् नहीं "वायाङ् पूर्व" कहलाता है। इसमें चमड़े की बनी कठपुत्तलियों के रूप में पात्र और कथावस्तु रामायण और महाभारत से ली जाती हैं। वायाङ् पूर्व अधिक प्रचलित एवं लोकप्रिय है।

वायाङ् के विविध प्रकार हैं। वायाङ् पूर्व वायाङ् का सर्वप्रथित रूप है। वायाङ् गेडोग् में चर्मपुत्तलियां जावा के हिन्दू राजाओं के समय के ऐतिहासिक दृश्य का अभिनय करने वाले नाटक हैं परन्तु यह कभी कभी ही खेला जाता है। वायाङ् क्लिटिक् वे छायानाटक हैं जिनमें सुचारु रूपेण रंगी हुई सुन्दर काष्ठपुत्तलिकाएं रहती हैं किन्तु इन की भुजाएं चर्मनिर्मित होती हैं । मजपहित् राज्य की प्रसिद्ध कथा दमर् वुलन् इसकी कथावस्तु रहती है। यह वायाङ् गेडोग् की अपेक्षा अधिक प्रचलित है परन्तु वायाङ् पूर्व के समान लोकप्रिय नहीं है।

वस्त्र की बनी हृष्टपुष्ट गोलमटोल पुत्तलियों से खेला जाने वाला छायानाटक "वायाङ् गोलॅक्" कहलाता है । यद्यपि जावा के पश्चिमी भागों में इसका अधिक प्रचलन है तथापि इसका उद्भव मध्य जावा में इस्लाम के आगमन से सम्बद्ध है।

"वायाङ् बॅबॅर्" का अभिनय उपरिलिखित सभी वायाङ् से भिन्न है । एक लम्बे पृष्ठ अथवा वस्त्र पर चित्र बना कर लम्बे गोल दण्ड पर लपेट दिया जाता है। अभिनय के समय इस दण्ड से उस दण्ड पर कपड़ा लपेटा जाता है। मध्यस्थ वस्त्र का पट अपेक्षित दृश्य का चित्रांकन होता है।

कथा में इस दृश्य के पूरे हो जाने पर वह दूसरे गोल दण्ड पर लपेट दिया जाता है। दर्शकों के सम्मुख दूसरा दृश्य आ जाता है। इसका कथानक वायाङ् गडोग् के सदृश रहता है। इस प्रकार के वायाङ् बॅबॅर् का अब प्रचलन नहीं रहा। इससे स्पष्ट हो जाता है कि वायाङ् में कथानक का प्रथम महत्त्व है, प्रदर्शन का ढंग गौण है। स्वयं शब्द "वायाङ्" छाया अथवा छायानाटक की भावना को प्रकट नहीं करता। वायाङ् का अर्थ है नाटक के पात्रस्वरूप चपटी अथवा गोल पुत्तलियां।

वायाङ् के उद्भव के विषय में विद्वानों में मतैक्य नहीं है। वायाङ् की प्राचीनता अथवा इतिहास का ज्ञान कवि ग्रन्थों तथा शिलालेखों से प्राप्त तत्सम्बन्धी सामग्री पर निर्भर है। कवि भाषा के अर्जुन-विवाह नामक ग्रन्थ के 59 पद, वृत्तसंचय के 93वें पद, भारतयुद्ध के 664वें पद, तन्तु पङलरन्, रामायण, ब्रह्माण्ड-पुराण, सुमनसान्तक, रामविजय आदि ग्रन्थों में अनेक स्थलों पर वायाङ् का उल्लेख है। बाली में 1058 ईस्वी का उल्लेख प्राचीनतम है। किन्तु कुछ वर्ष पूर्व ही द्वीपान्तर में उपलब्ध राजा बलितुङ् के 898 के शिलालेख में वायाङ् का उल्लेख अब तक प्राप्त अथवा अन्वेषित प्रमाणों में प्राचीनतम कहा जा सकता है। इस शिलालेख की खोज से पूर्व तक यह मत था कि ११वीं शताब्दी के पूर्वार्ध में केदिरी की राज्यसभा में वायाङ् खेला जाता था जिसमें चर्मनिर्मित पुत्तलियों द्वारा वस्त्रपट पर छायाचित्र होते हैं। तत्कालीन कवियों के इसके सम्बन्ध में यत्र तत्र निर्देशों से इसकी जनप्रियता स्पष्ट है। 12वीं शताब्दी में वाद्यों की सुमधुर ध्वनि से मिलकर ये और भी अधिक मनोरंजक बन गए। द्वीपान्तर पर कार्य करने वाले डच विद्वान् Brandes के अनुसार यह 700 शकवर्ष जितना प्राचीन है। कुछ विद्वानों का मत है कि वायाङ् के छायानाटकों का मूल भारत से गया है। अन्य विद्वान् जो इसे द्वीपान्तर में उद्भूत विशेषता मानते हैं, ये प्रमाण देते हैं–

(1) वायाङ् में प्रयुक्त सब शब्द द्वीपान्तर की भाषाओं के अपने शब्द हैं।

(2) हिन्दुओं के यहाँ कभी छायानाटक नहीं रहे।

(3) वायाङ् मूलतः देवालयों में भगवान् के सम्मुख उच्च भावनाओं को अभिव्यक्त करने वाले नाटक हैं जो आज शनैः शनैः लोक-मनोरंजन का साधन बनने पर भी धार्मिक प्रभाव से ओतप्रोत हैं।

वायाङ् सम्बंधी सब शब्द तद्देशीय होने पर भी यह प्रमाणित नहीं करते कि वायाङ् का जन्मस्थान द्वीपान्तर ही है। द्वीपान्तरवासी आज भी अन्य देशों से आयात वस्तुओं को अपनी भाषा के नाम देना अधिक उचित समझते हैं। उनकी यह सामान्य प्रवृत्ति भी वायाङ् के सब द्वीपान्तरीय शब्दों की युक्ति का समाधान हो सकती है।

भारत में छायानाटकों के प्रचलन के विषय में ये उदाहरण उल्लेखनीय हैं– संस्कृत में लिखे गए महानाटक का मूल उद्देश्य छायानाटक से ही है। जर्मन विद्वान् प्रो. विंटर्निट्स ने अपनी पुस्तक 'गशिख्ते डेर इंडिशन लिटेराटूर' के तीसरे भाग में पृ॰ 242-45 में जावा के वायाङ् तथा महानाटक के निकट सम्बन्ध का दिग्दर्शन कराया है। महानाटक की निश्चित तिथि नहीं बताई जा सकती, पर क्योंकि आनन्दवर्धन ने इसका उल्लेख किया है अतः इस का 850 ई॰ से पूर्व का होना निश्चित है। 13वीं शताब्दी के सुभट विरचित दूतांगद में स्पष्ट शब्दों में उसके छायानाटक होने का उल्लेख है। 15वीं शताब्दी के बहुत से छायानाटक मिलते हैं। यथा– पाण्डवाभ्युदय, रामाभ्युदय, व्यासश्रीदेव का सुभद्रापरिणय इत्यादि। विद्वान् प्रो. पिशल के अनुसार महाभारत और बृहत्संहिता में भी इसका निर्देश है। एक अन्य योरोपीय विद्वान् प्रो॰ स्टेन कोनो ने अपनी पुस्तक "डास् इंडिशे ड्रामा" में छायानाटकों का समय इससे भी पूर्व माना है। भारतीय कला के प्रसिद्ध लेखक डा॰ कुमारस्वामी ने 12वीं शताब्दी में दक्षिण भारत तथा श्रीलंका में चर्मनिर्मित पुत्तलियों द्वारा छायानाटकों का वर्णन किया है। केरल में आज भी प्रचलित पावक्कट्टु नाम से प्रसिद्ध छायानाटकों में चमड़े अथवा हल्की लकड़ी की बनी पुत्तलियों के अभिनेता और अभिनेत्रियां वाद्य और संगीत के साथ मन्दिरों और वर्ष के भिन्न पर्वसमयों पर अभिनीत नाटक जनता के मनोरंजन और शिक्षा के सुन्दर साधन हैं।

वायाङ् की धर्मपरता उसके भारतीय होने का प्रमाण है। भारत में नाटक और कला का उद्भव धर्म से हुआ। इतना ही नहीं द्वीपान्तर में केवल जावा और बाली पूर्णतया भारतीय हैं। जावा में हिन्दू धर्म से पूर्व वायाङ् के अस्तित्व का कोई प्रमाण नहीं मिलता। वायाङ् पूर्व की कथावस्तु के मूलस्रोत रामायण और महाभारत रहे हैं। यह भी भारतीय परम्परा के अनुकूल ही है। भारत के छायानाटक भी इन्हीं दो काव्यों से मुख्यतया अनुप्राणित हैं। इस प्रकार जावा के वायाङ् का मूल भारत माना जा सकता है।

वायाङ् के नाट्याभिनय के लिये प्रथम वस्तु श्वेत वस्त्रपट है। इस तने हुए वस्त्रपट पर पीछे की ओर से सुन्दर रंगों से रंगी पुत्तलियों की रंगीन छायाएं पट पर डाली जाती हैं। रात्रि के समय दीपक के प्रकाश में रंग और भी उभरते हैं। पट के सम्मुख श्रोतागण एवं दर्शक बैठते हैं। सूत्रधार पट के पीछे दीपक के नीचे बैठकर पुत्तलियों के अभिनय का नियन्त्रण करता है। सूत्रधार शब्द की उपयुक्तता इन्हीं छायानाटकों से मानी जा सकती है। चर्मपुत्तलियों से बंधे सूत्रों को धारण करने वाला और समयानुसार उनका योग्य नियंत्रक सूत्रधार जावा में डालाङ् कहलाता है। इन महिषचर्म-निर्मित पात्रों का वाणीविलास डालाङ् द्वारा होता है। डालाङ् कथा और प्रसंग को स्पष्ट

करता जाता है। इन चर्मपुत्तलियों के इतने सुन्दर और सहज अभिनय का कारण उनके शरीरांगों के ढीले ढाले रहने में निहित है। इनकी भुजाओं, और आवश्यकतानुसार अन्य अंगों के पीछे पतली पतली लकड़ियां लगी रहती हैं। इन्हीं लकड़ियों की सहायता से डालाङ् इनकी गतिविधि का सजीव कर्तृत्व और नियंत्रण करने में इतना सफल होता है। डालाङ् ही सम्पूर्ण नाटक में अपने शब्दों द्वारा रोचकता, सजीवता और प्राण डाल देता है। प्रत्येक गति और अभिनय किसी विशेष अर्थ के द्योतक हैं जिनका डालाङ् यत्र-तत्र, सर्वत्र स्पष्टीकरण करता जाता है। वायाङ् के साथ साथ चलने वाला वाद्यसंगीत गामेलन् भी कथा के अनुकूल लय का सहगामी बन वातावरण को कर्णमधुर बना देता है। युद्ध के दृश्य में युद्ध की भयंकर मारकूट और भयानक ध्वनि के लिये धातु की थालियों का भयावह शब्द रोमांच उत्पन्न करता है।

वायाङ् में नाटक का आरम्भ करने से पूर्व मंगलार्थ पूजा और धूप जलाई जाती है जिससे वह स्थान भूतों आदि के प्रभाव से मुक्त एवं शुद्ध हो जाए। डालाङ् के सम्मुख दो कदलीवृक्ष रहते हैं जिनमें वह पुत्तलियों की पतली पतली लकड़ियाँ गाड़ कर रखता है। (भारत में भी कदलीवृक्ष पवित्र माने जाते हैं। विवाह-वेदी-मण्डप के लिये कदली-स्तम्भों का प्रयोग होता है)।

वायाङ् में पुरुष द्रष्टा कठपुत्तलियों के वास्तविक अभिनय और पट पर पड़ रही उनकी छायाओं को देखते हैं। यही कारण है कि वायाङ् का पट बराण्डे और महाकोष्ठों के बीच रखा जाता है। स्त्रियाँ तथा शूद्र केवल पट पर पड़ रही छायाओं को उल्टी ओर से देखते हैं जिससे कभी कभी कथानक अस्पष्ट हो जाता है। परम्परानुसार दक्षिण पार्श्व सद् का द्योतक है और वाम पार्श्व असद् का। एतदनुकूल धर्मपक्ष के पात्र दक्षिण पार्श्व में रहते हैं और अधर्म पक्ष के पात्र यथा कौरव अथवा रावण वामपार्श्वावलम्बी होते हैं। पट के वाम पार्श्व में बैठे दर्शकों के लिये इनका व्यतिक्रम हो जाता है। गोधूलि के पश्चात् जब भगवान् सूर्य अस्ताचल की ओर चले जाते हैं, वायाङ् आरम्भ होता है। प्रारम्भ में कुछ समय के लिये गामेलन् का वाद्यसंगीत वातावरण को गम्भीर, सरस और अनुकूल बना देता है। अभिनय से पूर्व डालाङ् परम्परा-प्राप्त राजप्रासाद एवं राजकुमारों का विस्तृत वर्णन करता है। रात्रि के लगभग 9 बजे वास्तविक कथा एवं नाटक का श्रीगणेश होता है। प्रायः छाया-नाटकों को तीन अंकों में विभाजित किया जा सकता है। रात्रि नौ बजे से लेकर अर्धरात्रि तक चलने वाला प्रथमांक भूमिका-स्वरूप है। अर्धरात्रि से तीन बजे तक चलने वाला द्वितीय मध्य भाग सदसद् का संघर्षकाल है। और 3 बजे से प्रातः 6 बजे तक अभिनीत अन्तिम अंक उपसंहार अथवा सत्यमेव जयते को प्रतिबिम्बित करता है।

वायाङ् पूर्व में प्रयुक्त विविध प्रकार की आदर्शोन्मुख घटनाओं और कथा का हम निम्न स्थूल वर्गीकरण कर सकते हैं –

(1) देवी देवताओं, गन्धर्व, किन्नरों आदि की कथाएं।

(2) रामायण से उद्धृत अथवा रामायण की सामग्री पर आधारित कथाएं।

(3) महाभारत अर्थात् अष्टादशपर्व की कथाएं। महाभारत की कथाएं अधिक लोकप्रिय और नाटकोपयुक्त हैं। महाभारत द्वीपान्तरवासियों का प्रथित एवं लोकप्रिय काव्य है। प्रत्येक व्यक्ति महाभारत की कथाओं की पृष्ठभूमि को अच्छी प्रकार से जानता है। सत् पात्रों की कठिनाइयों और अधर्मी पात्रों की कट्टरता दृढ़ता और अन्त में पराजय को भी अच्छी प्रकार से समझता है। अतः प्रत्येक पात्र का प्रत्येक सार्थक अभिनय उसमें रस उत्पन्न करने में सक्षम है। प्रत्येक पात्र की वेशभूषा, उसका रंग, उसके अलंकार, उसकी विशेष भूमिका, उसके भीतर के गुणों का प्रतीक है। पात्रों की स्थिति भी उनके आचरणानुकूल रहती है। महाभारत की कथाओं की द्वीपान्तरवासी किस प्रकार व्याख्या करते हैं इस पर स्थूल दृष्टिपात करते हुए पात्रों की विशेषताओं का संक्षिप्त उल्लेख अनुचित न होगा।

वायाङ् का रंगस्थल विख्यात राजधानी हस्तिनापुर है। इसका द्वीपान्तर का उच्चारण ''अस्तिनापुर'' अथवा ''हस्तिना'' है। बहुत समय पूर्व अस्तिनापुर के राजप्रासाद में दो राजकुंवरों ने जन्म लिया। विधि की विडम्बना और दुर्भाग्यवश राजपद का अधिकारी ज्येष्ठ पुत्र धृतराष्ट्र (देस्तरत) जन्मान्ध हुए। अन्धत्व के कारण ज्येष्ठ पुत्र राज्य करने में असमर्थ थे। अतः छोटा भाई पाण्डु राजा बना। धृतराष्ट्र ने सौ पुत्रों को जन्म दिया। इसमें सुयोधन सबसे बड़ा था। वायाङ् के वामपक्ष का यह सब से प्रमुख अभिनेता है। ये सौ पुत्र कौरव (कुरव) कहलाए। राजा पाण्डु के पांच पुत्र हुए। ये गुणी और श्रेष्ठस्वभाव के थे। वायाङ् के ये मुख्य अभिनेता हैं क्योंकि ये आदर्श और सद् का प्रतिनिधित्व करते हैं। पाण्डु की मृत्यूपरान्त वास्तविक राजपदाधिकारी सिंहासनारुढ हुआ, पर जिनके पिता ने वस्तुतः राज्य किया था वो भी स्वयं को आधे राज्य के अधिकारी समझते थे। बस यहीं से कथा के बीज का आरोपण हो जाता है। अब संघर्ष और साहस, धैर्य, बुद्धि और पराक्रम का समय है। यह संघर्ष भाई-भाई में युद्ध का स्वरूप बन जाता है। जावा में खेले जाने वाले वायाङ् में युद्ध का दृश्य नहीं दिखाया जाता क्योंकि भाईयों का अपने ही चचेरे भाईयों से युद्ध धर्मयुद्ध होते हुए भी कुछ अधिक अपेक्षित नहीं हैं। इसके विपरीत योग्य समय की प्रतीक्षा में पाण्डव इन्द्रप्रस्थ में द्वारवती (अर्थात् द्वारका) में भटार कृष्ण से मित्रता-पूर्वक मन्त्रणा करते हुए दिखाये जाते हैं। कृष्ण की इच्छा

होते हुए भी मित्रतापूर्वक समाधान नहीं हो पाता। ''भारतयुद्ध'' अवश्यम्भावी है। ''भारतयुद्ध'' में पाण्डवों को अनेक आपत्तियों और कठिनाइयों का सामना करना पड़ता है पर उनकी विजय से अन्त होता है।

वायाङ् में राजा वृकोदर की प्रचलित मनोरंजनकारी कथा संक्षेप में दी जाती है।

राजा वृकोदर की कथा

प्रत्येक वायाङ् का प्रारम्भ राजसभा के दृश्य से होता है जिसमें राजा अपने प्रमुख मन्त्रियों से मन्त्रणा करते हुए दिखाए जाते हैं। राजा कृष्ण द्वारवती के राजप्रासाद में विद्यमान हैं। हस्तिनापुर से हस्तिनापुर के दो राजदूत नकुल और सहदेव उन्हें बुलाने आए हैं, क्योंकि वहाँ पाण्डवों पर कठिनाई आन पड़ी है। इतना ही नहीं वृकोदर किसी को बिना कुछ बताए लुप्त हो गये हैं। अधिक खोजने पर भी उनका कुछ पता नहीं लग सका है। अतः पाण्डव व्याकुल एवं चिन्तित हैं। भटार कृष्ण, नकुल और सहदेव हस्तिनापुर के लिए प्रस्थान करते हैं। (अब दृश्य परिवर्तन हो जाता है)

हस्तिनापुर की राजसभा में राजा सुयोधन विराजमान हैं। दुर्गुणों से अभिभूत कुरुपति का चरित्र उसकी आकृति में झलक रहा है। उसकी नाक और गोल गोल आंखें उसकी रुक्षता को व्यक्त कर रही हैं। ठोडी और गले पर उगे हुए बाल मुख और हृदय की सौम्यता एवं कुलीनता की विरोधी प्रवृत्तियों के परिचायक हैं। उसकी वेशभूषा स्वतन्त्र शासक राजा की वेशभूषा है। उसने अभी अभी राजसभा में प्रवेश किया है। पण्डित द्रोण, अधिपति कर्ण और कुटिल शकुनि सभासदों में आसीन हैं। प्रायेण सुयोधन का पक्ष लेने वाले द्रोण ब्राह्मण हैं तथा कौरवों और पाण्डवों के गुरु हैं। अधिपति कर्ण यद्यपि राजा पाण्डु के पुत्र हैं तथापि एकधा अर्जुन से हार कर अपमानित होने पर सुयोधन का पक्ष वरण कर चुके हैं और हस्तिनापुर की राजसभा में प्रतिष्ठित हैं। शकुनि हस्तिनापुर का कुटिल प्रधानमन्त्री है। कौरवों द्वारा किए गए हीन और अधर्म कार्यों में उसका बहुत हाथ रहा है। बहुत सम्भव है यदि राजा सुयोधन को इस प्रधानमंत्री की कुमंत्रणा का सहारा न होता तो वह इतने अपयश का भागी न बनता। उसकी बुराई आश्रय के अभाव में आधी रह जाती। इसके विपरीत कह सकते हैं कि यदि शकुनि को इस राजा की इतनी बड़ी शक्ति का सहारा न होता तो उसकी कुटिलता चरमसीमा पर न पहुंच पाती। शकुनि की गर्वभरी गोल-गोल मोटी आंखें उसके चरित्र और स्वभाव के अनुकूल हैं। मोटी सी नाक तथा ठोडी और गले पर उगे हुए बाल उसके निम्न चरित्र की ओर संकेत करते हैं। उसके शरीर का ऊपरी भाग सामान्य रूप से अधिक अनावृत रहता है।

राजा के सम्मुख भी उसकी भंगिमा में आदर अथवा नम्रता लेशमात्र भी दिखाई नहीं देती। राजा सुयोधन उसके कहने पर चलता है। परिणामतः समस्त राजशक्ति एक प्रकार से उसके हाथ में है, जिसका वह दुरुपयोग करता है। "भारतयुद्ध" उसके दुरुपयोग का ही परिणाम है।

हां, तो राजा सुयोधन रात्रि को देखे अपने भयानक स्वप्न को राजसभा में सुना रहे थे कि इतने में ही हस्तिनापुर के आंगन में बहुत बड़ा घोष सुनाई पड़ा। सब लोग स्तम्भित व्याकुल और किंकर्तव्यमूढ हो उठे हैं। इसका कारण पता चला कि एक महाकाय विशाल हाथी पर अतुलित पराक्रमी योद्धा ने अपने असंख्य अनन्त पराक्रमी सैनिकों के साथ सहसा ही धावा बोल दिया है। अभी कौरव सम्भल भी नहीं पाए थे कि बन्दी बना लिए गए। अधिपति कर्ण को भी युद्ध छोड़ना पड़ा और वे बन्दी बना लिए गए। राजा सुयोधन अपनी पत्नियों सहित द्रुतगति से भाग जाना चाहते थे कि उनकी टांग में बाण लगा और वे अचेत हो गए। बिना चेतना में आए ही भृत्य उठा ले गए। और जब कुछ शान्ति हुई तो अनन्तावशेष नामक एक अपरिचित ने आकर घोषणा की कि सारे जंगल उसके अधीन रक्षा में हैं। वहां रहने वाले को कोई क्षति नहीं पहुंचाई जानी चाहिए।

इसके पश्चात् का दृश्य देवी हिडिम्बी के राजप्रासाद का है। देवी हिडिम्बी पुत्र घटोत्कच को भीम का पता लगाने के लिए सुसज्जित कर भेजती है। घटोत्कच वायुमार्ग से अपने पिता वृकोदर अर्थात् भीम की खोज में निकल पड़ते हैं।

इसी समय डालाङ् दर्शकों का ध्यान एक आश्रम की ओर आकर्षित करता है। यहां भगवान् व्यास ने संन्यास ले रखा है। रादेन् अभिमन्यु चार सहायकों के साथ सुशान्त आश्रम में प्रवेश करते हैं। पिता अर्जुन ने अभिमन्यु को सर्वज्ञ ऋषि के पास वृकोदर का पता लगाने के लिये भेजा है। ये ऋषि अभिमन्यु को बताते हैं कि वृकोदर के लुप्त हो जाने के विषय में चिन्ता करने की आवश्यकता नहीं है। अपने ध्येय अर्थात् कौरवों से आधा राज्य प्राप्त करने के हेतु कुछ समय के लिये लुप्त हुए हैं। जिससे भाई-भाई में घरेलू युद्ध न हो और न्यायपूर्वक राज्य का विभाजन भी हो जाए। अभी समय नहीं आया है इसलिये अपने उद्देश्य में सफलता नहीं मिली है। राजा भटार कृष्ण से विचार-विमर्श करना ही उचित है। अभिमन्यु अभिवादन कर अपने चार विदूषकों सहित लौट पड़ते हैं। हरे हरे चावलों के खेतों में कृषक इस उत्कृष्ट पात्र अभिमन्यु को श्रद्धापूर्वक नतमस्तक हो नमस्कार करते दिखाई देते हैं।

वायाङ् का प्रथम अंक समाप्त हो चुका है। रात्रि के 12 बज रहे हैं। कथा के प्रवाह में मोड़ आता है। संघर्ष का प्रारम्भ प्रायः अर्जुन अथवा उसके पुत्र अभिमन्यु के साहसपूर्ण कार्यों से होता है।

अभिमन्यु अथवा अर्जुन किसी अनपेक्षित दुविधा अथवा कठिनाई में फंस जाते हैं। सेमर आदि विदूषक अपने हास्याभिनयों से उन्हें प्रसन्न करने की चेष्टा करते हैं। कभी कभी योग्य मन्त्रणा देकर स्वामी को चिन्तामुक्त करने में प्रयासशील हैं। उस समय वातावरण भी गम्भीर और क्षुब्ध हो उठता है। यह अवस्था जावी में गरगर कहलाती है। हमारी कथा में अभिमन्यु अपने विदूषकों के साथ जंगल की सीमा पर पहुंच जाते हैं। यह वही जंगल है जिसमें अनन्तावशेष ने हस्तिनापुर की विजय के समय अपने अधीन राक्षसों का पहरा बिठा रखा है। अभिमन्यु को विश्वास नहीं होता, वे बिना अनुमति जंगल में प्रवेश करना चाहते हैं। इस पर रक्षक राक्षसों से युद्ध होता है। वे संख्या में बढ़ते ही चले जाते हैं। अभिमन्यु अकेला पड़ जाता है। इसी समय आकाशमार्ग से घटोत्कच उड़ते-उड़ते पहुंच जाते हैं। और इस असमपक्षी युद्ध को देख कर अपने चचेरे भाई अभिमन्यु की रक्षा हेतु शत्रु राक्षसों पर टूट पड़ते हैं। युद्ध समाप्त हो जाता है। किन्तु अभिमन्यु इस सहायता से अप्रसन्न हो उठते हैं। अपमान का अनुभव कर वह घटोत्कच पर बिना पूछे युद्ध में कूद पड़ने का आरोप लगाते हैं। वह उसकी सहायता के बिना भी युद्ध में विजयी हो सकता था। घटोत्कच अपनी भूल जान अभिमन्यु से क्षमायाचना करते हैं। परन्तु अभिमन्यु और अधिक क्रुद्ध हो द्वन्द्व-युद्ध का आह्वान करता है। घटोत्कच के निषेध करने पर वह उस पर वार करता है। यह देख विदूषक निश्चय नहीं कर पाते कि क्या करें और इस गृह-युद्ध का समाचार देने दौड़े-दौड़े हस्तिनापुर जाते हैं।

अब इन्द्रप्रस्थ का दृश्य दर्शकों के सम्मुख आता है। नकुल और सहदेव सहित श्रीकृष्ण का राजा युधिष्ठिर स्वागत करते हैं। अर्जुन भी वहीं उपस्थित है। तत्काल ही वृकोदर के लुप्त हो जाने के विषय में विचार-विनिमय प्रारम्भ हो जाता है। भटार कृष्ण वृकोदर के सम्बन्ध में किसी प्रकार की चिन्ता न करने की मन्त्रणा देते हैं। अब हस्तिनापुर की कठिनाईयों और समस्याओं पर विचार होने लगता है और भीम की बात वहीं की वहीं रह जाती है। यही निश्चय होता है कि स्वयं हस्तिनापुर जाकर वहां सब घटनाओं का भली भांति निरीक्षण किया जाए और तत्पश्चात् किसी परिणाम पर पहुंचना ही संगत और उचित है। इस निश्चय पर सब की सहमति होने के कारण सब हस्तिनापुर की ओर प्रस्थान करते हैं। मार्ग में वे उस जंगल में आते हैं जहां युद्ध से भागे सुयोधन और उसका परिवार एवं परिजन ठहरे हुए हैं। बुरी प्रकार से आहत सुयोधन श्रीकृष्ण से प्रार्थना करते हैं कि यदि उसे ठीक कर पुनः राज्यप्रतिष्ठित कर दें तो वह पाण्डवों को आधा राज्य दे देगा। और यदि वह अपनी प्रतिज्ञा को पूरा न करे तो उसके कुल का (भारतयुद्ध में) नाश हो जाए। इसी समय हल्का सा भूचाल और वायु का झोंका आता है और राजप्रतिज्ञा स्वीकृत हो जाती हैं। रादेन् अर्जुन अपनी

विशेष शक्ति के द्वारा सुयोधन को पुनः स्वस्थ कर देते हैं। सारे परिवार में प्रसन्नता छा जाती है । इसी समय अभिमन्यु के अनुगामी चारों विदूषक आकर अभिमन्यु और घटोत्कच के परस्पर युद्ध की सूचना देते हैं। सब लोग चल पड़ते हैं और शीघ्र ही दोनों योद्धाओं को ढूंढने में सफल हो जाते हैं। उन्हें सारी स्थिति भटार कृष्ण के सम्मुख रखनी पड़ती है। तब भटार कृष्ण उन्हें आदेश देते हैं कि हस्तिनापुर के शत्रु से जाकर युद्ध करो। बिना मांगे एक दूसरे की सहायता नहीं करना और जहां तक हो सके पृथक्-पृथक् जाकर ही युद्ध करो। सब हस्तिनापुर की ओर चल पड़ते हैं यहां दूसरा अंक समाप्त हो जाता है। अब रात्रि के तीन बज रहे हैं। उपसंहार अभी शेष है। सम्पूर्ण नाटक का प्रवाह असत् पर सत् की विजय की ओर है। सब घटनाएं क्रमशः अपने ध्येय पर शनैः शनैः पहुंच रही हैं।

दर्शक अब राक्षसों की नगरी गिलिङ्वेसी को देखते हैं जहां राजा तुगुवाशेष सम्माननीय अभ्यागतों का स्वागत कर रहा है। ये सब राजपुत्र अनन्तावशेष के हस्तिनापुर जीतकर उसे वहां का राज्य सौंपने की बातचीत कर रहे हैं। इसी विजय से गौरवान्वित होने के लिये राजा स्वयं सेना सहित पहुंच कर विजय प्राप्त करेंगे। इसी बीच पाण्डव और भटार कृष्ण हस्तिनापुर पहुंच जाते हैं। अर्जुन अदृश्य होकर अधिपति कर्ण और अन्य कौरवों को मुक्त कर उन्हें सुयोधन के पास ले जाने की प्रार्थना करते हैं। राजपुत्र अनन्तावशेष शत्रुओं की सेनाओं का आगमन सुनकर स्वयं को युद्ध के लिये अस्त्रशस्त्रों से सुसज्जित करता है। परन्तु अब तक रादेन् घटोत्कच आकाश में छा जाता है। महाकाय हाथी यह देख कर चिंघाड़ता है। जिसकी महाभीषण गर्जना को सुन कर घटोत्कच पृथ्वी पर गिर पड़ता है। हाथी उसे अपने पैरों से रौंदने का प्रयत्न करता है। परन्तु देवों के प्रभाव से घटोत्कच को कोई चोट नहीं लगती। वायु के हल्के शीतल झोंकों से वह पुनः शक्ति-सम्पन्न हो उठता है। अब पाण्डव युद्ध-क्षेत्र में पहुंच जाते हैं। रादेन् अभिमन्यु रादेन् अनन्तावशेष से भिड़े हैं पर विजय नहीं पा रहे हैं। घटोत्कच दूर से यह अभाग्य दृश्य देख रहा है। सहायता करने को उत्सुक है पर बिना अनुमति लिये साहस नहीं पड़ रहा है। तथापि वह कुछ समीप आ जाता है। अभिमन्यु उसकी सहायता की आवश्यकता और अनिवार्यता का अनुभव करता है। अपने पूर्वकृत्य के कारण लज्जित है पर अन्त में विवश हो कर सहायता मांग ही लेता है। रादेन् अनन्तावशेष और घटोत्कच में घमासान युद्ध होता है। राजा तुगुवाशेष अब तक स्वयं वहां पहुंच जाते हैं। और अपने पुत्र अनन्तावशेष की सहायता करना चाहते हैं। पर भगवान् कपिवर उन्हें रोक लेते हैं। और आत्मसमर्पण करने की अनुमति देते हैं। तुगुवाशेष नहीं मानते और घटोत्कच पर आक्रमण कर देते हैं। कपिवर

इस अवस्था में कोई अन्य उपाय न देख अदृश्य बन घटोत्कच के कान में राजा को तीन बार प्रणाम कर राजा तुगुवाशेष से युद्ध करने की मन्त्रणा देते हैं। यह मन्त्रणा कहां से आई यह बिना जाने ही घटोत्कच इसे देववाक्य समझ पालन करते हैं। कपिवर पिता और पुत्र का यह युद्ध देख कर प्रसन्न होते हैं। और कृष्ण भटार से रहस्य का उद्‌घाटन करते हैं कि तुगुवाशेष कोई और नहीं वृकोदर ही हैं जिन्होंने इस रूप में कौरवों से आधा राज्य लेने के लिये समस्त उपक्रम रचा है। बिना इसके भावी महायुद्ध नहीं रोका जा सकता था। भगवान् कृष्ण की दैविक शक्ति से हिडिम्बी वहां आ जाती है और अपने पुत्र को अपने पीछे आने को कहती है। राजा तुगुवाशेष उसे आता देख कर सहसा लुप्त हो जाते हैं। और अपना सत्य रूप धारण करने पर विवश हो पुनः वृकोदर बन जाते हैं। तत्क्षण सब राक्षस लुप्त हो वृकोदर के शरीर में समा जाते हैं।

सब पाण्डव इकट्‌ठे होते हैं और भटार कृष्ण वृकोदर को बताते हैं कि गृह युद्ध अवश्यम्भावी है। वह किसी प्रकार भी नहीं टाला जा सकता। अस्तु! इधर सुयोधन यह जानकर कि यह शत्रु नहीं पाण्डव वृकोदर था अपनी प्रतिज्ञा तोड़ देता है और कहता है कि इन परिस्थितियों में आधा राज्य देने की उसने प्रतिज्ञा नहीं की। इस पर वृकोदर के क्रोध की सीमा नहीं रहती। परिणामतः सुयोधन और वृकोदर में युद्ध छिड़ जाता है। यहीं 'भारतयुद्ध' का सूत्रपात हुआ। अधिपति कर्ण अर्जुन से युद्ध करने लगते हैं। अर्जुन वायवास्त्र से कर्ण को दूर फेंक देते हैं। वृकोदर के आक्रमण से कौरव सम्भ्रान्त और विचलित हो जाते हैं और सुयोधन इधर-उधर आश्रय खोजने लगता है। युद्ध में विजयी पाण्डव उत्सव मनाते हैं। सत्य और धर्म के सम्मुख असत्य और अधर्म पराजित हो दृश्य से दूर हो जाते हैं। सत्यमेव जयते के आदर्श तक पहुंचकर प्रातः 6:00 बजे के लगभग वायाङ् समाप्त हो जाता है।

महाभारत की इस कथा में द्वीपान्तरवासियों की नैतिकता और शांतिप्रियता की ओर संकेत करने वाली अनन्तावशेष की कथा भारत के लिए रोचक है। प्रत्येक देश केवल लेता ही नहीं उसमें कुछ और भी मिलाता चला जाता है। मानव प्रगतिशील है। साहित्य में, कला में परिवृद्धि करने, रोचकता और नवीनता लाने में वह सतत प्रयत्नशीन है और रहेगा।

पंच पाण्डव एवं कृष्ण

पंच पाण्डव वायाङ् के मुख्य पात्र हैं। दर्शकों की दृष्टि इनकी गतिविधि पर केंद्रित रहती है। अन्य पात्र सहायक अथवा पूरक हैं। भगवान् श्रीकृष्ण का विशेष स्थान है। उनसा योगीश्वर मंत्री एवं मित्र अन्यत्र दुर्लभ है।

इन पंच पांडवों में कुन्तदेव जेष्ठ हैं। ये धर्मपुत्र भी कहे जाते हैं। अपनी सत्यनिष्ठा और गम्भीरता एवं विचार सौष्ठव के लिए विख्यात हैं। इनका स्वभाव सरल और सौख्यपूर्ण है। इनके वस्त्र और परिधान साधरण हैं। भुजाओं पर अलंकारों की चमचमाहट नहीं है। गला भी आभूषणों के बंधन से मुक्त है। माथे की सीध में नाक की सिधाई उनके गौरव और उच्चता का प्रतीक है। सिर के घुंघराले बाल उनकी विचारमयी प्रकृति के द्योतक हैं। कुन्तदेव सामान्य जन से अतीत हैं। असीम और अगाध श्रद्धा से जनता उनके दर्शन कर सौभाग्यान्वित है।

भीम और अर्जुन का अपना-अपना विशिष्ट चरित्र है। भीम जो वृकोदर (कवि वेरकुदर) नाम से अधिक प्रचलित है शरीर से हृष्ट-पुष्ट है। उनकी नाक की बनावट से पता चलता है कि उनमें आभ्यन्तर गुणों का परिपाक और उत्कर्ष नहीं है। उनके शरीर से सहज ही उनकी शक्ति का उद्भास होता है। वायु का पुत्र होने के कारण वे आंधी के समान हैं जिस के मार्ग में बाधाएं और कठिनाइयां ठहर नहीं सकतीं। परंतु भीम सत् पक्ष का पात्र है। वह अपनी अनंत आत्मशक्ति का प्रयोग सदा असद् और अधर्म के विरुद्ध करता है। एक बार राक्षस हिडिम्ब को जीत कर उसकी बहिन हिडिम्बी से विवाह कर लिया। हिडिम्बी का राजप्रासाद अगम्य पर्वत शिखर पर था जहां केवल उड़कर ही पहुंचना सम्भव था। भीम को इससे घटोत्कच नामक पुत्र हुआ। इसमें माता से जहां शक्ति और उड़ने की क्षमता आई वहां पिता भीम के अच्छे गुणों ने सत्पक्ष का बना दिया। अपने पिता भीम के समान ही घटोत्कच भी बहुत प्रिय पात्र हैं। सदा सहायता करने को तत्पर घटोत्कच पितावत् क्षण भर को भी अन्याय नहीं सह सकता। भटार वायु के समान ही भीम अपने लम्बे नख से जो कि आत्मसंयम और विचारपरता का प्रतीक है झट पहचान लिये जाते हैं। इस अंगुष्ठ-नख का प्रयोग भीम कदाचित् ही करते हैं। यथा समुद्र की गहराई में जीवन देने वाले पानी की खोज करते हुए जलसर्प के आक्रमण से रक्षा हेतु इसका प्रयोग किया था। इस अवसर पर भीम को भगवान् देवरुचि के दर्शन हुए। इस अनुग्रह की स्मृतिस्वरूप भीम श्वेत, लाल, पीले, काले चोकोरों वाला अधोवस्त्र धारण किये रहते हैं। १७वीं और १८वीं शताब्दी की परम्परानुसार लाल, पीला और काला रंग उसकी दुर्बलता और वासनाओं के प्रतीक हैं जिन पर इसे विजय पानी है।

श्वेत रंग पवित्रता और श्रेष्ठता का सूचक है जिसमें अन्य सब रंग मिल जाते हैं। भटार भीम का हृष्टपुष्ट शरीर अलंकारों की शोभा से सुशोभित एवं विभूषित है।

भटार अर्जुन की वेषभूषा और मुखाकृति सर्वथा भिन्न है। 'रादेन् पामादे' अर्थात् मंझले पाण्डव अर्जुन सज्जनता की मूर्त्ति हैं। सुरुचि और सौम्यता उनके विशेष गुण हैं। उनका रूप सौंदर्य का आदर्श है। उनके विशाल नयन उनके उत्तम कुल के द्योतक हैं। हल्के से झुके हुए सिर से उनकी उच्चता प्रकट होती है। आभूषणों से शरीर-शोभा में वृद्धि हो रही है। परन्तु अर्जुन भुजाओं में कोई आभूषण नहीं पहनते, केवल दोनों हाथों में एक एक अंगूठी शोभायमान है। उनका अमित सौंदर्य ही स्वयं आभूषण है। द्वीपान्तर में अर्जुन की अनेक प्रेमकथाएं प्रचलित हैं। अर्जुन के अनेक पुत्र हैं। बच्चों को कहानियां सुनाई जाती हैं कि उनके दादा एक तपस्वी से मिले थे, रादेन पामादे अर्थात् अर्जुन, नगर का वीर योद्धा जिसका पिता था। अर्जुन के अनेक पुत्रों में से लोकप्रिय पुत्र अभिमन्यु है। रूपाकृति में पितातुल्य वीर धनुर्योद्धा अभिमन्यु जब कभी साहसभरी वीर-यात्राओं पर जाते हैं तो चार सहायक साथ चलते हैं। बहुत बड़े पेट वाला छोटा सा दुबला 'सेमर', और कुछ लम्बा 'गारेङ्', तथा बहुत लम्बा, लम्बी-लम्बी दुबली भुजाओं वाला लम्बी नाक और लम्बी चोटी तथा मूछों वाला 'पेत्रुक्' और सेमर् से मिलता-जुलता पर बिना टोपी के 'बागोङ्' संस्कृत नाटकों के विदूषकों के समान ही हंसी और विविध विचित्र अभिनयों और बातों द्वारा अपने स्वामी का मनोरंजन करने वाले पात्र हैं। दुविधा के समय योग्य मन्त्रणा देने से भी ये नहीं चूकते। अपनी विचित्र वेषभूषा और रूपाकृति में इन चारों विदूषकों का अग्रणी सेमर् ऋषि के समान ही सद् मार्ग का प्रदर्शक है। जुड़वा भाई नकुल और सहदेव चौथे तथा पांचवें पाण्डव हैं। रूपाकृति का सादृश्य होने के कारण इन्हें पृथक्-पृथक् पहचानना वायाङ् दर्शकों के लिए सरल नहीं होता। प्रायः आवश्यक और महत्त्वपूर्ण संदेशों का वहन ये दोनों पाण्डव कुशलतापूर्वक करते दिखाई देते हैं।

भटार कृष्ण अपनी विशेष साजसज्जा से एक साथ सहसा दर्शक को आकर्षित कर लेते हैं। राजमुकुटधारी श्रीकृष्ण के पीछे पंख लगे रहते हैं। पंख उनके देवत्व का सूचक हैं। उनकी सीधी नाक जहां उनकी श्रेष्ठता का प्रतीक है, उनकी ऊंची ग्रीवा आत्मगौरव और आत्मविश्वास की परिचायक है। कठिनाइयों में पाण्डवों के सर्व प्रमुख मित्र एवं मंत्री यही हैं। ये प्रमुख पात्र जावा-वासियों के लिए जीवित जागृत पात्र हैं।

चर्म-पुत्तलियों का निर्माण

महाभारत और रामायण की कथाओं और पात्रों से अनुप्राणित वायाङ् का बाह्याडंबर वेषभूषा, वर्ण और अलंकार अपनी नवीनता और कलापूर्णता से सहसा दर्शक को आकर्षित कर लेते हैं। चर्मनिर्मित पुत्तलियों का निर्माण द्वीपान्तर की विशेष कला है। 1920 में कुशल और अनुभवी कलाकार सुकिर् ने चर्म को रूप रंग दे कर सप्राण और सार्थक बनाने की कला पर जावी भाषा में पुस्तक लिखी। भावी वायाङ् के निर्माताओं के लिए आधारभूत यह ''बालाई पुस्तक'' जावा की कला समझने के लिए नितांत आवश्यक है। इसमें चित्रों द्वारा प्रत्येक बात का स्पष्टीकरण किया गया है जिससे इसका मूल्य द्विगुणित हो जाता है। इस पुस्तक का प्रकाशन 'कमिशन फॉर फोक लिटरेचर', जकार्ता ने 244 संख्या के अंतर्गत 1920 में किया।

पुत्तली के योग्य महिष चर्म लेकर उसे स्वच्छ और चिकना कर अपेक्षित पात्र की उस पर बाह्यरूपरेखा का अंकन कर लिया जाता है। रूपाकृति का स्थूल बाह्यांकन समाप्त होने पर कलाकार के निपुण सधे हुए हाथ छैनी द्वारा इसे काट लेते हैं। चर्म आकारवान् बनकर विशेष नामरूपधारी हो जाता है। शनैः शनैः इसके भीतर की सूक्ष्म रेखाएं खींच ली जाती हैं। यह अवस्था ''गेबिङन्'' कहलाती है। इसमें भी पहले बाहर की मुख्य-मुख्य रेखाएं काटी जाती हैं। तत्पश्चात् क्रमशः सूक्ष्मतम अपेक्षित जाली और आकार काट लिए जाते हैं। इस कार्य में प्रयुक्त चर्म काटने के 12 अस्त्र विभिन्न प्रकार के होते हैं, विभिन्न अंगों की सजावट में जिनका विविधता से प्रयोग होता है। एक से यदि सीधी रेखा कुशलतापूर्वक खींची जा सकती है तो दूसरा फूलों की गोलाई और छटाई में प्राण भर देता है। पत्तों का बाह्याकार काटने के लिए पृथक् यन्त्र है जिसका काम सूक्ष्मतम होता है। कर्णाभूषण और मुकुट की सजावट के लिए विशेष कौशल चाहिए। अतः उसके लिए अनेक प्रकार की छैनियां हैं। बालों का घुंघरालापन केवल गोलाई ही नहीं है और सिर के घुंघराले बालों तथा दाढ़ी और मूछों के बालों में भी अंतर है। इस अंतर को चमड़े में दिखाने के लिए कलाकार विविध यन्त्रों का प्रयोग करता है। चर्म की कटाई पूरी हो जाने पर पुत्तलियां पेछहन् कहलाती हैं। मुख की कटाई अभी शेष है। मुख की भावभंगिमा ही चर्मपत्तली की सजीवता की द्योतक हैं। अब कलाकार बहुत सावधान है। एक छोटी सी रेखामात्र बना और बिगाड़ सकती है। पुतली की अच्छी बनावट का प्रथम द्योतक उसका मुख है। परम्परा-प्राप्त विशेषताओं को सुरक्षित रख, उनका पालन करके ही कलाकार कुशल कलाकार कहला सकता है। उदाहरणार्थ आंखें ले सकते हैं। ये मुख्यतया दो प्रकार की होती हैं। जब कि आंख की पुतली गोल तथा छोटी है अर्थात् पात्र देख रहा है, तो

इसका नाम मंटेलेङ् है। दूसरे में आंख के तीन-चौथाई गोलरेखा होती है। यह तीन-चौथाई गोल सर्वथा नासिका-पुल की सीध में होना चाहिये और पुतली एक विशेष दांत के सर्वथा ऊपर। दूसरी अर्धनिमीलित आखें हैं। ध्यानावस्थित और नासिकाग्र-दृष्टि के चित्रण में बहुत अधिक सावधानी और नियम-पालन की आवश्यकता है। सं ह्यं नारद और पण्डित द्रोण की आंखों की गम्भीर निमीलित मुद्रा 'केलिपन्' कहलाती है। इस प्रकार की आखें श्रेष्ठता, उच्चता एवं कुलीनता को अभिव्यक्त करती हैं। मुख पर सिर का झुका होना निर्भर है। प्रायः कन्धे सिधाई में रहने चाहियें। कानों के आभूषण भी विशेष पात्रों के लिये विशेष हैं। भुजाओं के आभूषण एवं झुकाव मुख्यतः तीन प्रकार के हैं। राक्षसराज के भुजा-भूषण में मुकुट का सा आकार है जबकि सामान्यतया ये शंखाकार होते हैं। अंगुलियों की मुद्राएं और नख भी ध्यान देने की वस्तु है। भीम और भटार वायु का लम्बा, द्वितीया की चन्द्रकला सदृश कुटिल अंगुष्ठनख है। हनुमान भी वायुपुत्र है। उसका अंगूठा भी लम्बे सुन्दर कलात्मक नखवाला है। राजा द्वारा धारण किये जाने वाला मुकुट उनकी प्रभा का द्योतक है। दूसरे प्रकार के मुकुट, राजकुमारों के मुकुट 'तोपिङ् केतु' कहलाते हैं। कर्ण और मत्स्यपति का सिर इसी प्रकार के मुकुटों से सुशोभित रहता है। राजा, राजपुत्र और मन्त्रियों की विविधि शिरोभूषाएं हैं। बालों की लम्बाई और उनके प्रकार (घुंघराले अथवा सीधे बालों) के कारण भी उनकी शिरोभूषा में इधर उधर परिवर्तन हो जाते हैं। यदि शिरोभूषा नीचे कम लटकने वाली अर्थात् 'लुङसॅन्' है तो उसमें बालों का जूड़ा नहीं दिखाई देगा। अधोवस्त्र और साज-सज्जा लगभग एक समान होती है। विशेष परिर्वतन इच्छानुकूल अथवा आवश्यकतानुकूल रंगों आदि के द्वारा कर दिये जाते हैं। यथा भीम के अधोवस्त्र में श्वेत, लाल, पीले और काले रंग के चौकोर रंग दिये जाते हैं। अधोवस्त्र भारतीय धोती का प्रकार है। आगे चुन्नटें लटकती रहती हैं। इन चुन्नटों में कलाकार अपनी कला दिखाता है। ये सर्वथा सीधी नहीं होतीं। इनमें गोल-गोल चुंगटें पड़ी रहती हैं। इस धोती में घुटनों से नीचे तक पैर नहीं ढके जाते। प्रायः शरीर के साथ लगा कलात्मक पाजामा सा पहनाया जाता है। योद्धा, राजाओं एवं मन्त्रियों के बाईं ओर कृपाण अथवा तलवार लटकती रहती है। ये भी पात्रों के अनुसार विशेष एवं पृथक्-पृथक् होती है। प्रत्येक पात्र आंचल धारण किये रहता है। भीम का आंचल साधारण है। इन कलात्मक आंचलों के बहुत से प्रकार हैं। केवल युधिष्ठिर की धोती और आंचल का किनारा सर्वथा साधारण है। स्त्रियों का अधोवस्त्र भी धोती से बहुत कुछ मिलता जुलता है पर वह पुरुषों की अपेक्षा अधिक कलापूर्ण एवं नीचा होता है। नारी की वेषभूषा अधिक कोमलता को उपजाती है। योद्धाओं के उड़ते हुए वस्त्रों में शक्ति और साहस की झलक मिलती है।

पूरी चर्मपुत्तली रंग लेने के पश्चात्, कलाकार अन्त में कर्ण और कर्णाभूषण बनाता है। तत्पश्चात् नासिकाग्र, फिर नासिका छिद्र, क्रमशः मुख, मूंछें, दाड़ी और दांत। आंखें अभी भी शेष हैं। आंखों में ही जीवन है। पुतली का यह क्रमबद्ध निर्माण हमारे जीवन के चेतनाक्रम को अभिव्यक्त करता है। यह इसका शारीरिक अनुभव है। क्रमशः उसे तीन प्रकार से ज्ञान की प्राप्ति होती है– पहले कान से, नासिका से और पर्याप्त समय के पश्चात् मुख से। दृष्टि द्वारा पहचानना अन्तिम वस्तु है क्योंकि यही सबसे बड़ा प्रमाण है। प्रत्यक्ष का दर्शनशास्त्र में महत्त्वपूर्ण एवं सर्वप्रथम स्थान है।

वायाङ् में पांच प्रमुख रंग हैं– श्वेत, काला, पीला, नीला और लाल। इन्हीं के मिश्रण से सब रंग बना लिए जाते हैं। ये मिश्रण निश्चित हैं। यथा– श्वेत में किंचित् लाल मिलाने से पाटल अर्थात् गुलाबी रंग बन जाता है। श्वेत में थोड़ा अधिक लाल मिलाने से हल्का लाल रंग बन जाता है। श्वेत में थोड़ा सा नीला लाल मिलाने से आकाश सा रंग बन जाता है। श्वेत में थोड़ा सा अधिक नीला लाल मिलाने से हल्का नीला रंग बन जाता है। श्वेत में थोड़ा सा काला एवं लाल रंग मिलाने से सलेटी रंग बन जाता है। इसी प्रकार पीला और हल्का नीला मिलाने से हल्का हरा रंग, पीला और लाल मिलाने से संतरे का रंग, लाल और नीला मिलाकर जामनी, लाल और काला मिलाकर भूरा रंग बना लिया जाता है। मिश्रण से 16 रंग और बन जाते हैं। रंग हल्के से गाड़ा होता चला जाता है। यह मिश्रण द्वारा सहज संभव ही है। स्वादानुसार शक्कर मिलाने के समान ही जितना चाहिए हो उतना रंग मिलाकर मनोवांछित रंग बनाया जा सकता है। रंगने से पूर्व आकारवान् चमड़े को पत्थर से घिस कर एकतल कर लिया जाता है। उसके सब तटों का खुरदरापन दूर हो जाता है। चमड़े पर किसी प्रकार का तेलचि**ह्न** शेष नहीं रहना चाहिये। अन्यथा उस स्थान पर रंग ठीक नहीं चढ़ेगा।

चमड़े को अच्छी प्रकार से घिस लेने के पश्चात्, सारी की सारी पुत्तलिका पर श्वेत लेप कर दिया जाता है। इसका बहुत पतला स्तर होता है। क्योंकि यह वास्तव में रंग नहीं है, अच्छा रंग चढ़ाने के लिए पृष्ठभूमि है। इसी के ऊपर दूसरे रंग का हल्का और गहरापन यथेष्ठ मात्रा में चढ़ाया जा सकता है। श्वेत लेप के सूख जाने पर तत्काल बनाए काले लेप से रंगा जाता है। सिर, बाल, आंखों के उपान्त, अंचलवस्त्र की बाह्यरेखाएं और कभी कभी मुख का रंग यदि वह काला हो तो वह भी रंग दिया जाता है। काला रंग करते समय रंगने वालों को ध्यान रहना चाहिये कि चमड़े के कटे हुए तटों के भी अन्दर तक काला रंग लिया जाए जिससे काले रंग में एकरूपता आ सके।

अन्यथा अभिनय के समय जब प्रकाश में उनकी छाप पट पर पड़ेगी तो मध्य में श्वेत रंग की आभा से काले रंग में सौन्दर्य और गहरापन नहीं आ सकेगा। काले रंग के पश्चात् अपेक्षित स्थलों पर सोने का पतला पत्रा चढ़ाया जाता है। जैसे मुकुट के आभूषणों में, अधोवस्त्र के तटों पर, अंचल में, आदि आदि। सोने का पत्रा चढ़ाने का कार्य बहुत सावधानी से किया जाता है। पहले गोंद लगाया जाता है और जहां कहीं भी गोंद लगा होता है यह पत्रा चिपक जाता है। एक बार चिपक जाने पर उसे निकालना प्रायः असम्भव होता है। यदि गोंद बहुत गीला हो तो सिलवटें पड़ जाती हैं जिसमें चमक और चर्म पर बने फूलबूटे विकृत हो जाते हैं। अतः गोंद लगाना एक प्रकार से चित्र में रंग भरना ही है। सूक्ष्म रेखाओं में इसका सहज अनुमान लगाया जा सकता है। इतना ही नहीं यदि यह गोंद सूख जाए तो सुवर्णपत्रा नहीं चिपकेगा। अतः समय का ध्यान रखना अनिवार्य है। ये सुवर्णपत्रे नगर में बने बनाए मिलते हैं। इनके नीचे एक पृष्ठ लगा रहता है। उस पृष्ठ को निकालने के लिए सुवर्णपत्रा पानी में भिगो दिया जाता है, और निश्चित अवधि के पश्चात् सूक्ष्म सुवर्णपत्रे को बिना छुए कलाकार सावधानी से पृष्ठ को पृथक् कर देता है। सुवर्णपत्रे को जहां कहीं भी हाथ लग जाएगा वहीं वह हाथ से चिपक जाएगा। पानी में भिगा कर रखने से सुवर्णपत्र के उड़ने और नष्ट होने का भय नहीं रहता।

काला और सुनहरी रंग कर देने के उपरान्त लाल रंग किया जाता है। एक साथ गहरा लाल रंग नहीं कर दिया जाता। श्वेत रेखा से आरम्भ कर क्रमशः रंग, पाटल, लाल, अधिक लाल और गहरा लाल हो जाता है। पूरा रंग मिलाकर शुद्ध लाल और भी गहरा कर लिया जाता है। रंग में सौंदर्य और आकर्षण लाने के लिए आवश्यक है कि श्वेत से प्रारम्भ किया जाए जिससे रंग थोपा हुआ नहीं परन्तु क्रमशः उद्भासित लगे। यदि किसी स्थान पर दो रंग दो भागों में करने हैं तो बीच में श्वेत हल्की सी रेखा रहेगी और उसके दोनों ओर क्रमशः रंग उभरते चले जाएंगे।

लाल के पश्चात् उचित स्थानों पर पीला रंग किया जाना चाहिये। हरे रंग की प्रारम्भिक अवस्था में भी हल्का हरा देने के लिये पीले रंग की आभा चाहिये। केवल हरे के लिए ही नहीं, संतरे रंग के लिए भी पीले की आवश्यकता होती है। पीले के पश्चात् हरा रंग किया जाता है। इसका क्रम इस प्रकार है, पहले पीला, उस पर हल्का हरा, फिर गहरा, और फिर क्रमशः अधिक गहरा रंग। अब नीले और संतरे रंगों की बारी है। पहली बार में सब हलके रंग किये जाते हैं और फिर दूसरी बार में उनके गहरे रंगों को और भी गहरा कर दिया जाता है। दूसरी बार की रंगाई में सर्वप्रथम हरा रंग क्रमशः अधिक गहरा कर दिया जाता है। इसके पश्चात् लाल आदि।

रंगों में परस्पर भी सामंजस्य चाहिये। यदि किसी का शरीरवर्ण कृष्ण है तो दान्त और भवें स्वर्णमण्डित तथा माथे के घुंघराले बाल लाल होने चाहियें। किन्तु यदि पुतली ''दगेलन्'' वर्ग की है और पात्र मदुरा के प्रधानमन्त्री प्रभव सदृश उच्च पदाधिकारी है तो शरीरवर्ण कृष्ण होते हुए भी भवों, माथे पर लटकने वाले घुंघराले बालों और मूंछों का रंग लाल होगा। दगेलन् चर्मपुत्तलियों का मध्यम परिमाण है। ये पुत्तलिकाएं प्रायः तीन परिमाणों में बनाई जाती हैं। छोटा परिमाण राजकुमारों, क्षत्रियों, उच्चवंशियों और स्त्रियों का होता है। मध्यम परिमाण प्रायः प्रधानमन्त्रियों का और विशाल परिमाण में भूत और दुगङन् होते हैं। दुगङन् महाशक्तिशाली चौड़े पैर पर खड़े होने वाले पात्रों के दांत, भवें, दाढ़ी तथा मस्तक के बाल काले बनाने चाहियें। प्रभामण्डल का सुवर्णमण्डित होना आवश्यक है। उसकी बाह्यरेखा नीले अथवा नारंगी रंग की तथा उसमें बने फूलबूटे लाल और हरे रंग के होने पर प्रभामण्डल का उभार माना जाता है।

वायाङ् में मुखवर्ण का विशेष स्थान है। यह उनका चरित्रांकन करने में सहायक है। कई पात्रों के अनेक रंग होते हैं जो विभिन्न कालोत्थित विशेष भावों की प्रबलता के परिचायक हैं। परन्तु कई पात्रों का रंग सब अवस्थाओं में स्थिर रहता है। भटार कृष्ण का वर्ण सदा काला ही होगा। दूसरे वर्ण की कभी कोई कल्पना भी नहीं कर सकता। इसका कारण उनकी गम्भीरता और स्थिरता कहा जा सकता है। इसके विपरीत अर्जुन भावों के अभिनय में विभिन्न रंगों में दर्शक के सम्मुख आते हैं। इस लोकप्रिय पात्र अर्जुन का रंग कभी सुवर्णमण्डित तथा कभी काला रहता है। यह पात्र के अस्थिर भावों का द्योतक है। सूत्रधार डालाङ् भावानुकूल रंग चुनता है। साहसी कार्यों में संलग्न अर्जुन सुवर्णवर्णी, तथा आत्मसंयम और विचारशील कृष्णवर्ण है।

इन चर्मपुत्तलियों को सुरक्षित रखने के लिए इन्हें काठ के डिब्बे में मयूरपंखों के बीच उसी परिमाण की पात्री में रखना ही एकमात्र उचित उपाय है। क्योंकि उन्हें इस प्रकार पात्री में रखने से वे मुड़ती नहीं और परिणामतः टूटती नहीं। मयूरपंख उनकी कीड़ों से रक्षा करते हैं।

प्रायः लाल मुख वाले पात्र क्रोधी, असंयमी और निम्न वासनाओं से प्रेरित होते हैं। यथा भूतादि। कृष्णवर्ण शान्त विचारशील आत्मसंयमी और जितेन्द्रिय चरित्र को अभिव्यक्त करता है। इस पात्र का आदर्श मानव की निम्न वासनाओं को पारकर आगे बढ़ते जाना है। किन्तु कौरव सुयोधन का, जो कि असत् पक्ष में प्रमुख पात्र है और लोकप्रिय पाण्डवों का शत्रु है, सदा नहीं तो प्रायेण मुखवर्ण लाल होना चाहिये था पर इसके विपरीत रंग प्रायः काला दिखाया जाता है। सम्भवतः यह द्वीपान्तरवासियों की उसके प्रति सहानुभूति है। वे उसे कभी दुर्योधन भी नहीं कहते। क्योंकि वह

वास्तव में बुरा नहीं था। बुरी मन्त्रणा के कारण कुकृत्य करता था। दशमुख अर्थात् रावण का मुखवर्ण लाल उसके चरित्र से संगत ही है। नीच पर अतुलित शक्तिशाली दशमुख का जगत् में कोई प्रतिद्वन्द्वी नहीं है। रामभक्त तथा सदा सहायता करने को तत्पर श्वेतमुखवर्ण वाले हनुमान् के रंगमंच पर आते ही प्रत्येक दर्शक सुख, शान्ति और मुग्धता का अनुभव करता है। इसके सम्मुख दशमुख रावण की शक्ति का तेज भी फीका पड़ जाता है।

इस प्रकार दर्शक वायाङ् के प्रत्येक दृश्य के अभिनय का रसास्वादन करते करते जीवन और आदर्श की ओर बढ़ती हुई घटनाओं की गतिविधि का अवलोकन भी साथ साथ करता जाता है। ये आदर्शोन्मुख नाटक जहां कला के उत्कर्ष के प्रतीक हैं वहां जन-जीवन में प्रेरणा भरने वाले स्रोत भी हैं। मानव अपनी असत् प्रवृत्तियों पर विजय पाने के लिए युगों से परिश्रम कर रहा है। इस कठिन और तपःसाध्य कार्य में उसे अनेक बाधाओं का सामना करना पड़ता है। इन नाटकों में अपने आदर्श की पूर्ति देख गद्गद हो उठना उसके लिए सहज और स्वाभाविक है।

इण्डोनीसिया के साहित्य में प्रणव

बौद्ध तथा शैव धर्म के प्रचार और प्रसार के साथ ओम् भी सम्पूर्ण एशिया के साहित्य और कला[1] में समा गया। आनन्द, समृद्धि और ज्ञान तथा मोक्ष का सार है। ओम् मणि पद्मे हूं के प्रथित मन्त्र में ओम् विराट् सृष्टि का साक्षात् है (Om is the path and experience of universality)[2] । कालचक्र-तन्त्र के अनुसार ओम् के चन्द्र, बिन्दु और नाद– काय, वाक् और चित्त के प्रतीक हैं। कम्बुज शिलालेखों में ओम् का प्रवर मांगलिक प्रयोग है। कम्बुज कलाकारों को शिव की शिरोभूषा में ओम् को अंकित करने का सर्वप्रथम श्रेय है। थाई देश में इसका प्रवेश और प्रसार बौद्ध दर्शन के अन्तर्गत हुआ। इण्डोनीसिया का साहित्य भारतीय विचारों से अनुप्राणित और ओतप्रोत है। यहां ओम् और प्रणव पूजा में, मन्त्रों में, कला और दर्शन (बौद्ध एवं शैव) के रूप में शतियों तक पल्लवित होता रहा। जावा के प्राचीन कवि साहित्य में, इसके विशद स्वरूप की अभिव्यक्ति केवल दार्शनिक विचारों और कला के माध्यम से ही नहीं अपितु यन्त्रों के रूप में भी हुई है। यहां ओंकार, प्रणव, महाप्रणव, चतुर्प्रणव, अष्टप्रणव आदि के विविध रूपों में जिज्ञासु मुमुक्षु मानव की सुखदुःखमय संसार से मोक्ष दिलाने वाला रहस्यमय परमज्ञान है। योगीश्वर का यह परम सखा है। प्रस्तुत लेख में केवल

---

[1] एशिया में ओं के मांगलिक रूप पर देखिए J.J. Boeles, The Migration of the Magic symbol OM, *India Antiqua* 1947:40-56.
[2] आचार्य रघुवीर, Tibet: A Souvenir, 1960:iv.

द्वीपान्तर के शैव ग्रन्थों के आधार पर ओम् और प्रणव की विभिन्न स्थितियों और भेदों का उल्लेख करने का प्रयास है।

भारत में भी ओम् केवल मन्त्रों का भाग ही नहीं, यह पूर्ण दर्शन है। उपनिषदों में इसका विकास चरम सीमा पर पहुंचा। यजुर्वेद के मैत्रायण उपनिषद् 6.3 में दार्शनिकों ने ओम् की ब्रह्म के साररूप में व्याख्या कर उसकी स्थिति विशद कर दी है। ओम् तीन तत्त्वों (अ, उ, म्) में विभक्त होकर सब प्रकार के त्रिकों के लिए प्रतीक बना। ब्रह्मविद्योपनिषद् में ब्रह्मा और हरि का प्रभव प्रणव से है– प्रणवात् प्रभवो ब्रह्मा, प्रणवात् प्रभवो हरिः। ओम् में ब्रह्मा, विष्णु और रुद्र तीनों की संस्थिति हैं।[1] प्रणव और उसके अंगों की व्याख्या के लिए विशिष्ट उपनिषदों का प्रणयन हुआ, यथा नादबिन्दूपनिषद्, ध्यानबिन्दूपनिषद्, तेजोबिन्दूपनिषद्, अमृतबिन्दूनिषद्, योगशिखोपनिषद्।

द्वीपान्तर के दर्शनशास्त्र में ओम् का विशिष्ट स्थान है। ओं के लिए प्रयुक्त पर्याय एकाक्षर, ओंकार, त्र्यक्षर और प्रणव हैं। यह त्रिविध है। अकार, उकार तथा मकार इसके तीन भाग हैं। अर्धचन्द्र, बिन्दु और नाद के पश्चात् ओंकार सम्पूर्ण हो जाता है। प्रणव का ज्ञान मोक्ष है।[2] शुद्ध ओंकार निर्वाण से उद्भूत है।[3] ओं परमार्थ है। यह पुनर्जन्मों का नाशक है।[4] धर्मसाधक का परम सखा है।[5] इसकी नाव से तुलना की गई हैः

संसार-सागरे घोरे ओंकारो हि नौश्चोच्यते।

येनोत्तीर्णः पारावारो नावस्य किं प्रयोजनम्।। (तत्त्व सं ह्यं महाज्ञान, श्लोक 74)

भवसागर पार करने का यह सुगम उपाय है। घोर संसार-रूपी सर्प से भयभीत मानव के लिए ओंकार गरुड के समान है। तथा च यह शिवपद पाने में पुरुष की सहायता करता है। ओंकाराग्नि से मनुष्य अपने पापों को भस्म करने में समर्थ है– ओंकाराग्नि-प्रदग्धात्मा मनसः

---

[1] अकारे संस्थितो ब्रह्मा, उकारे विष्णुरास्थितः। मकारे संस्थितो रुद्रस् ततोऽस्योन्तः परात्परः।। (ब्रह्मविद्योपनिषद्)

[2] गणपतितत्त्व 51-53 श्लोकों पर कवि टीका पृ॰ 99-103

[3] वहीं 51-53 पर कवि कण्डिका 7 पृ॰ 100

[4] सं ह्यं महाज्ञान, श्लोक 65 पृ॰ 214

[5] तत्त्वं सं ह्यं महाज्ञान, श्लोक 63 की कवि टीका में

प्रविमुच्यते।[1] सं ह्यं महाज्ञान में दर्शन का विशिष्ट तान्त्रिक रूप मिलता है। विश्व और मानव तथा मोक्ष का स्पष्टीकरण विविध उपमाओं से किया गया है। यहां "नद्यां ज्वलति पावकः" (श्लोक 9) में "पावकः" का स्पष्टीकरण "ओंकारः पावकः स्मृतः" (श्लोक 11) से किया गया है। योगीश्वर ओंकार को हृदय में धारण कर धारणयोग की साधना करता है.:

ओंकारं हृदये स्थाप्य तत्त्वलीने शिवात्मकम्।
ओंकारः संधृतो यस्माद् धारणं वै निगद्यते।।[2]

ओंकार परमशून्य और सूक्ष्म है।[3] तथा च यह निर्वाण तक पहुंचाने वाला है– ओंकारः परमं सूक्ष्मं तत्त्वं निर्वाणप्रापकम्।[4]

आत्मा की चारों अवस्थाएं (जाग्रत्, स्वप्न, सुषुप्त, तूर्य) त्र्यक्षर ओम् में निहित हैं–

अकारो जाग्रदित्युक्तमुकारः स्वप्नमेव च।
मकारश्च सुषुप्तं भो ओंकारस्तूर्यमेव च।।[5]

महाविराट् परमेश्वर की सृष्टि में जो भुवनाण्ड के निर्णायक तत्त्व हैं उन्हीं से मनुष्य की सृष्टि हुई है। भुवनाण्ड का मूल तत्त्व ओंकार मनुष्य के शरीर में स्थित है–

स्थानान्यथ चत्वारि ओंकारस्य परिग्रहः।
नाभौ हृदये कण्ठे च मस्तके च विदो विदुः।।[6]

भुवनोत्पत्ति में सृष्टि के विकास क्रम में ओंकार प्रथम तत्त्व है।[7] निष्क्रिय आत्मा में चेतना की प्रतिष्ठा ओंकार को हृदय में धारण कर की जा सकती है।[8]

भुवनोत्पत्ति में ओंकार। द्वीपान्तर के शैव ग्रन्थों में ओंकार और प्रणव की विस्तृत चर्चा है। सर्वप्रथम हम भुवनरहस्य और सृष्टि के विकासक्रम में इसकी स्थिति का स्पष्टीकरण करेंगे। क्योंकि उत्पत्ति, स्थिति और प्रलीन का ज्ञान ही भुवनतत्त्व है जिसको जानकर शास्त्रवान् व्यक्ति तप, व्रत,

---

[1] वहीं श्लोक 65
[2] वृहस्पतितत्त्व, श्लोक 57
[3] तत्त्व सं ह्यं महाज्ञान, श्लोक 63 की कवि टीका में
[4] वही, श्लोक 66
[5] तत्त्व सं ह्यं महाज्ञान, श्लोक 70
[6] तत्त्व सं ह्यं महाज्ञान, श्लोक 71.
[7] गणपतितत्त्व 1
[8] सं ह्यं तत्त्वज्ञान 45

साधनों को करता हुआ मोक्ष प्राप्त कर सकता है।[1] देवताओं की उत्पत्ति का रहस्योद्घाटन[2] करते हुए शिव जी गणपति को उपदेश करते हैं– मुख्यतत्त्व ओंकार है। ओंकार से बिन्दु निकला। यह कुशाग्र पर पड़े ओसकण के समान है, जो सूर्य से प्रकाशित है, और धूप के समान पवित्र है। इसकी दीप्ति अतुलनीय रूप से चमक रही है (माभ्र)। बिन्दु से पंचदैवात्म– ब्रह्मा, विष्णु, रुद्र, शिव और सदाशिव बने। इन पंचदैवात्म से पंचतन्मात्र, क्रम से गन्ध, रस, रूप, स्पर्श और शब्द निकले। पंचतन्मात्र से महाभूत आकाश, वायु, तेज, आप, और पृथिवी हुए। पृथिवी का रूप "ओं" है। [इसलिए] जीवन का शास्त्र ओंकार है। गणपति की भुवनतत्त्व-जिज्ञासा का समाधान करते हुए शिव जी आगे स्पष्टीकरण करते हैं– मनुष्यों के उद्भव, देवों के उद्भव तथा भुवनोत्पत्ति में अन्तर नहीं है। मनुष्य भी बिन्दु से उद्भूत है और बिन्दु ओंकारोद्भूत प्रथम मूल है। बिन्दु से निकले पंचदैवात्म में से ब्रह्मा और विष्णु (जिन्होंने पृथ्वी और पानी बनाए हैं) शरीर बनाते हैं। तेज को बनाने वाले रुद्र दृष्टि बनाते हैं। स्पर्श को बनाने वाले शिव ने उश्वास बनाया है। आकाश को बनाने वाले सदाशिव स्वर बनाते हैं। यह जन्म लेने वाली आत्मा का स्वर है। इस प्रकार देव, मनुष्य और भुवन परस्पर सम्बद्ध हैं।[3]

ओं के संख्यावाची पर्याय। द्वीपान्तर में यह एकाक्षर, त्र्यक्षर, त्रिपद, सं ह्यं तिग[4] और सप्तोंकार है। पंचाक्षर, दशाक्षर और चतुर्दशाक्षर मन्त्रों की यह परिणति गणपतितत्त्व में एकाक्षर[5] ओं से तिक्ताक्षरों (स्वर+व्यंजन) के उद्भव का उल्लेख है। एकाक्षर का रूप शिवलिंग के समान है। भुवनसंक्षेप के अनुसार उत्तरोत्तर श्रेष्ठता में एकाक्षर सर्वश्रेष्ठ है, सर्वाक्षर से पंचाक्षर, पंचाक्षर से त्र्यक्षर, और त्र्यक्षर से एकाक्षर ओं श्रेष्ठ है। इसकी पुष्टि तत्त्व सं ह्यं महाज्ञान श्लोक 66 से हो जाती है–

> सर्वेषामक्षराणां च ओंकारश्च विशिष्यते।
> ओंकारः परमं सूक्ष्मं तत्त्वं निर्वाणप्रापकम्।।

---

[1] श्लोकान्तर, श्लोक 73 की कवि टीका

[2] गणपतितत्त्व श्लोक 1 पर विस्तृत कवि टीका

[3] इन तीनों के परस्पर सम्बन्ध की चर्चा अनेक कवि ग्रन्थों में मिलती है।

[4] =त्रिदेव

[5] Goris, Balinese Theology p. 55 पर अ उ म के प्रसंग में एकाक्षर का उल्लेख किया गया है।

कवि टीका– कदिव्यन् सं ह्यं ओंकार। सिर लूविः संकें मन्त्र कबेः। सिर सिनंगुः परमसूक्ष्म। मंकन इकं कमोक्षन् कपंगुः देनिर। सं ह्यं ओंकार पिनकमार्ग दे सं योगीश्वर।। अर्थात् ओंकार दिव्य है। सब मन्त्रों में श्रेष्ठ है। यह परमसूक्ष्म है। इसके द्वारा मोक्ष पाया जा सकता है। ओंकार योगीश्वर का मार्ग है।

तत्त्व सं ह्यं महाज्ञान श्लोक 25 में त्र्यक्षरों से ओंकार बनने का निर्देश है– त्र्यक्षरपदैर्युक्तमोंकारं समुदाहृतम्''[1] बालीद्वीप के मन्त्रों में त्र्यक्षर के लिए त्रिपद प्रयुक्त हुआ है– सम्बुत् त्रिपद, अं उं मं[2]।

द्वीपान्तर के शैव ग्रन्थों में त्र्यक्षरों की उत्पत्ति, स्थिति और प्रलीन की बहुत स्पष्ट व्याख्या है। उत्पत्ति-मन्त्र ही स्वर्ग-कारण है

मकाराज्जायतेऽकार, उकारोऽकारादितः।
उत्पत्त्यर्थमिदं मन्त्रं परमस्वर्गकारणम् ।।[3]

बालीद्वीप के पूजा ग्रन्थ वेदपरिक्रम (§ 129 पृ° 30) में उत्पत्ति का क्रम कुछ भिन्न है– 'उत्पत्ति देव रि' सङर' शीर्षक के अन्तर्गत मन्त्र है– ओं <u>मं</u> नमः। ओ <u>उं</u> नमः। ओं <u>अं</u> नमः।। स्थिति-मन्त्र परमस्वर्गमय है–

अकारश्च उकारश्च मकारश्च तथैव च।
स्थितिमन्त्रमिदं सर्वं परमस्वर्गमयं मतम्।।[4]

''अस्थित्याक्न'' शीर्षक में त्र्यक्षरों की ''स्थिति'' का क्रम यही है– ओं अं उं मं नमः (वेदपरिक्रम § 130 पृ. 30)

त्र्यक्षरों का प्रलीन क्रम उ अ म है।

---

[1] गणपतितत्तव के श्लोक 15 में भी यही पंक्ति है।

[2] S. Lévi, Sanskrit Texts from Bali, वेदपरिक्रम § 24 पृ॰ 10

[3] गणपतितत्त्व श्लोक 37 तथा कवि टीका......... उत्पत्ति सं ह्यं त्र्यक्षर। मं। अं। उं। न्य त क्रमन्य......। गणपतितत्त्व पृ॰ 67 पर त्र्यक्षरों की उत्पत्ति, स्थिति और प्रलीन सम्बन्धी सारणी दी हुई है।

[4] गणपतितत्त्व श्लोक 38

उकारे लीयतेऽकारो, ह्यकारे वा प्रलीयते।
मकारो, प्रलीनमेतत् परस्वर्ग उदीर्यते।।[1]

पंचब्रह्म, पंचाक्षर, और त्र्यक्षर। सदाशिव मन्त्रात्मा है अर्थात् उनका शरीर मन्त्रों से बना है– ईशानमूर्धाय, तत्पुरुषवक्त्राय, अघोरहृदयाय, वामदेवगुह्याय, सद्योजातमूर्तये। ओं।[2] पंचब्रह्म के बीज हैं– स ब त अ इ। पंचाक्षर ''नमः शिवाय'' मन्त्र है। उत्पत्ति, स्थिति और प्रलीनावस्था सहित इसकी व्याख्या है–

य व शि म न चोत्पत्तिः शि व म न य च स्थितिः।
न म शि व य लीनं तु पंचाक्षरमिति स्मृतम्।।[3]

यह क्रम विचित्र सा है। वेदपरिक्रम[4] के अनुसार पंचाक्षरों की स्थिति न म शि व य होगी। त्र्यक्षरों की स्थिति अ उ म है। तथा पंचब्रह्म की स्थिति स ब त अ इ स्पष्ट ही है। पंचब्रह्म और पंचाक्षरों का लय पहले त्र्यक्षरों में और त्र्यक्षरों का एकीभाव ओम् में होता है। ओंकार से प्रभूत पंचदैवात्म,[5] पंचब्रह्म और पंचाक्षरों के परस्पर सम्बन्ध का विश्लेषण करने के पश्चात् उनकी त्र्यक्षरों से एकात्मता का विवेचन इस प्रकार है।

पंचदेवता	उत्पत्ति	स्थिति	प्रलीन
शिव	इ } म	स	अ
आत्मा	ब	ब	त
प्रकृति	स	त	स } अ
रवि	त	अ	ब } अ
अग्नि	अ	इ } म	इ } म

[1] गणपतितत्त्व श्लोक 39
[2] वृहस्पतितत्त्व श्लोक 14 की कवि टीका से।
[3] गणपतितत्त्व श्लोक 33. श्लोक 33 से 36 तक पंचाक्षरों की तीनों अवस्थाओं और उनका त्र्यक्षरों से सम्बन्ध है। इस पर विस्तृत टिप्पणों के लिए गणपतितत्त्व पृ॰ 59-66 देखिए।
[4] वेदपरिक्रम § 11 पृ॰ 8, § 33 पृ॰ 11, § 139 पृ॰31
[5] गणपतितत्त्व श्लोक 28 से 32 और उन पर टिप्पण।

बाली की पूजा में जल का संस्कार करते हुए प्रणव स्थिति में और पंचब्रह्म उत्पत्ति में निरूपित है।[1] दशाक्षर और त्र्यक्षरों की उत्पत्ति (वेदपरिक्रम § 137 पृ° 31) के पश्चात् देवप्रतिष्ठास (वही § 138) के लिए इनके स्थिति मन्त्र का विधान है– स ब त अ इ न म शि व य अं उं मं (वेदपरिक्रम § 139 पृ 31)

पंचाक्षर, उनके देवता, और उनका प्रणव में लय भुवनसंक्षेप[2] के अनुसार इस प्रकार है।

स्तुति	पंचाक्षर	उत्पत्ति	स्थिति (देवता-साहित)	प्रलीन
शिवाय	न }	य } म	न ईश्वर } अ	शि } उ
	मः	अ न } अ	म ब्रह्मा	व
शिवतत्त्व	शि	म	शि महादेव } उ	म } अ
सदाशिवतत्त्व	वा	व } उ	वा विष्णु	न
परमशिवतत्त्व	य	शि	य शिव } म	अ } म

पंचब्रह्म, पंचाक्षर, त्र्यक्षर और प्रणव मिलकर चतुर्दशाक्षर बनते हैं।[3] कवि हस्तलेखों में इनके लिए चतुर्दशप्रणव[4] का प्रयोग विशेष उल्लेखनीय है। कारण यही है कि प्रत्येक अक्षर का प्रणव से सायुज्य है। सब स्थिति की अवस्था में निरूपित हैं–

पंचब्रह्म	पंचाक्षर	त्र्यक्षर	प्रणव
स सद्योजात	न }	अ }	
ब बामदेव	म		ओं
त तत्पुरुष	शि }	उ	
अ अघोर	वा		
इ ईशान	य	म	

[1] Sylvain Lévi § 93 पृ॰ 21
[2] गणपतितत्त्व पृ॰ 8 और 64
[3] गणपतितत्त्व 51-53 कवि कण्डिका 13 पृ॰ 103
[4] गणपतितत्त्व श्लोक 24

आज भी बालीद्वीप के पुजारी पूजा करते समय तुलसी से जल पर त्रिकोण बनाते हुए ओंकार रहस्य मन्त्र द्वारा चतुर्दशाक्षरों के उत्पत्ति और स्थिति मन्त्रों का उच्चारण कर 'देवप्रतिष्ठा' करते हैं।[1]

दर्शनशास्त्र में प्रयुक्त जाग्रदादि आत्मा की चार अवस्थाओं के बीजों के रूप में ओंकार एवं उसके त्र्यक्षरों का प्रयोग दर्शनीय है। ओंकार के शरीर में चार स्थान हैं–

स्थानान्यथ चत्वारि ओंकारस्य परिग्रहः।
नाभौ हृदये कण्ठे च मस्तके च विदो विदुः।।[2]

अ	जाग्र बीज[3]	नभि
उ	स्वप्न बीज	हृदय
म	सुषुप्त बीज	कण्ठ
ओं	तूर्य बीज	म्स्तक

चेतन के तीन प्रभेदों[4] की अभिव्यक्ति त्र्यक्षरों[5] से की गई है–

अ शिव है	शिवयोग,	शिव-मन्त्र और	शिवतत्त्व का प्रतीक है।
उ सदाशिव है	सदाशिवयोग,	सदाशिव-पूजा और	सदाशिवतत्त्व का प्रतीक है।
म परमशिव है	परमशिवयोग,	परमशिव-जप और	परमशिवतत्त्व का प्रतीक है।

सप्तोंकार अ, उ, म, ओं, नाद, बिन्दु और अर्धचन्द्र हैं।[6] सकल निष्कल-शिव-स्तव में शिव के लिए ''सप्तोंकार'' का प्रयोग हुआ है–

सकलं निष्कलं शिवं ओंकारं तत्त्वं शिवात्मकम्।
पंचाक्षरं सप्तोंकारं सर्वदेवात्मनिर्वाणम्।।

---

1 वेदपरिक्रम § 78-89 पृ॰ 19.
2 तत्त्व सं ह्यं महाज्ञान श्लोक 70 पर कवि टीका
3 वही श्लोक 71
4 वृहस्पतितत्त्व श्लोक 6 की कवि टीका, तथा सं ह्यं तत्त्वज्ञान
5 गणपतितत्त्व 51–53 पर कवि टीका की कण्डिका 13 पृ॰ 102.
6 Goris, Balinese Theology, p. 109

ओंकार और शिव का घनिष्ठ सम्बन्ध है। पंचब्रह्म (=मन्त्रात्मा शिव), पंचाक्षर (नमः शिवाय) और ओम् के परस्पर सम्बन्ध का उल्लेख हम पहले ही कर चुके हैं। बिन्दु शिव हैं– "बिन्दुर्देवि शिवो।[1] द्वीपान्तर की पूजा में शिव की स्तुति में "ओं फट् बिन्दुदेवाय नमः"[2] उल्लेखनीय है। सगुण शिव नादमय[3] है–

सगुणस्य महेशस्य लीलया रूपधारिणः।
गोत्रं कुलं विजानीहि नादमेव हि केवलम्।।
शिवो नादमयः सत्यं .... ।

"सप्तोंकरात्मा के विसर्जन"[4] में सात देवता इस प्रकार हैं–

ओं ओं परमशिव-शून्यात्मने नमः।
ओं ओं सदाशिव-निष्कलात्मने नमः।
ओं ओं सदारुद्र-अन्त्यात्मने नमः।
ओं ओं महादेव-निरात्मने नमः।
ओं म़ं ईश्वर-परमात्मने नमः।
ओं उ़ं विष्णु-अन्तरात्मने नमः।
ओं अ़ं ब्रह्मात्मने नमः।। यह सप्तोंकार मन्त्र है।

भुवनकोश में भटारी भटार शिव से प्रश्न करती हैं– किमिदं प्रणवं तत्त्वं ब्रूहि, ब्रूहि च तत्त्वतः। देव उवाच–

अर्चनात् परमं मुद्रा, मुद्राणां मन्त्रमुत्तमम्।
मन्त्राणामुत्तमं कूटं, कूटानां प्रणवं परम्।।

विश्व प्रणव है। तथा च प्रणव की 'जाति' (=प्रकृति) ओंकार है– विश्व ङरन् सं ह्यं प्रणव। सं ह्यं जातिन्य ओंकार।[5] प्रणव की उत्पत्ति= स्थिति और प्रलीन अवस्थाओं[6] का वर्णन इस प्रकार है–

---

1 शिवमहापुराण 1.16.90
2 वेदपरिक्रम § 122 पृ॰ 29
3 शिवमहापुराण 2.48.27-28 पृ॰181
4 वेदपरिक्रम § 97 पृ॰ 22
5 गणपतितत्त्व श्लोक 25 पर कवि टीका
6 वही श्लोक 25–27

उत्पत्ति= निष्कल→नाद→ बिन्दु→ अर्धचन्द्र→विश्व (=प्रणव)। अर्धचन्द्र सहित विश्व और नादसहित बिन्दु मिलकर ओंकार की स्थिति अवस्था बनती है। विश्व चन्द्र में, चन्द्र बिन्दु में और बिन्दु नाद में, नाद निष्कल में लीन होता है। यह प्रलीनावस्था है। यह निष्कल शून्यान्तर में, और शून्यान्तर अत्यन्तशून्य में लौट जाता है। अत्यन्तशून्य परमशिवतत्त्व का लक्षण है। परमशिवतत्त्व चेतन की निष्कल में स्थिति है। भुवनकोश के अनुसार नाद, नादान्त और बिन्दु निष्कल का शरीर हैं– नादनादान्तबिन्दुश्च शरीरं निष्कलं स्मृतम्।

प्रणव के पंचपद। भुवनसंक्षेप के अनुसार प्रणव– नादान्त, नाद, बिन्दु, अर्धचन्द्र और ओंकार इन पंचपदों का समूह है। यह सर्वमन्त्रों में श्रेष्ठ है[1]

सर्वमोंकारतत्त्वं [हि] पंचदेव-सवर्णकम्।
सशब्दः ओंकारो ज्ञेयो देवः श्रृणोतीति मूकम्।।36।।

कवि टीका से स्पष्ट है कि पंचदेव नादान्त– ओंकार है। इनमें से नादान्त, नाद और बिन्दु ''सूक्ष्मत्रय'' और 'परमार्थ' हैं।[2]

भुवनकोश में प्रणव के पंचपदों का पंचब्रह्म से सम्बन्ध दिखाया गया है। सिद्धान्त का विश्लेषण इस प्रकार है–

परमशिव	नाद	ईशान
सदाशिव	बिन्दु	तत्पुरुष
सदारुद्र	अर्धचन्द्र	अघोर
प्रधान	विश्व	बामदेव
पुरुष	प्रणव	साध्य

हस्तलेख खण्डित होने से (विश्वप्रणव) अनिश्चित है। प्रधान बामदेव और पुरुष साध्य के लिए ''विश्व प्रणव'' की सम्भावना है क्योंकि प्रधान और पुरुष का विश्व से सीधा सम्बन्ध है। प्रणव से विश्वोत्पत्ति का विधान भुवनसंक्षेप, गणपतितत्त्व आदि ग्रन्थों में मिलता है।

प्रणव के भेद। प्रणव त्रिविध है। (1) भूर्भुवःस्वः प्रणव के तीन कायतः भेद हैं।[3] (2) यह ह्रस्व, दीर्घ और प्लुत है (स्वरतः इसके तीन प्रकार हैं)। (3) ह्रस्व एकबिन्दु, दीर्घ द्विबिन्दु और प्लुत

---

[1] इकं नाद नादान्त बिन्दु अर्धचन्द्र ओंकार पसमूहनिर ङ विशेष निं मन्त्र कबेः कमुं कुमार।। (भुवनसंक्षेप)

[2] भुवनसंक्षेप श्लोक 37 और कवि टीका से

[3] कवि ग्रन्थ भुवनकोश के अनुसार।

त्रिबिन्दु है। एक बिन्दु स्थिति, द्विबिन्दु उत्पत्ति और त्रिबिन्दु प्रलीन है। इनके देवता क्रमशः ब्रह्मा विष्णु और ईश्वर हैं। ब्रह्मा प्रकृति, विष्णु पुरुष, और ईश्वर पुत्र हैं (यह उत्पत्ति अवस्था है)। विष्णु प्रकृति (हस्तलेख में प्रकृति के स्थान पर उत्पत्ति शब्द है), ब्रह्मा पुत्र, और ईश्वर पुरुष है। पुरुष ब्रह्मा, विष्णु पुत्र और ईश्वर प्रधान है (यह स्थित्यवस्था है?)।

प्रणवभेदस्तुति में प्रणव का सप्तलोक, पंचमहाभूत तन्मात्रा, प्रकृति, पुरुष, पंचदेवताओं के साथ सम्बन्ध जोड़ा गया है। इसी में प्रणव के पांच बिन्दु भी आते हैं। प्रकरण सुबोध और स्पष्ट नहीं है। किन्तु दूसरे कवि ग्रन्थों से सहायता लेकर इसका स्पष्टीकरण इस प्रकार होगा—

सप्तलोक[1]

स्वर – आपः
भूर्लोक – तेज
भुवर् – वायु
तपस् – आकाश+मन
महर्[2] – तन्मात्र+अहंकार+बुद्धि
जनस् – अव्यक्त
सत्य – पुरुष

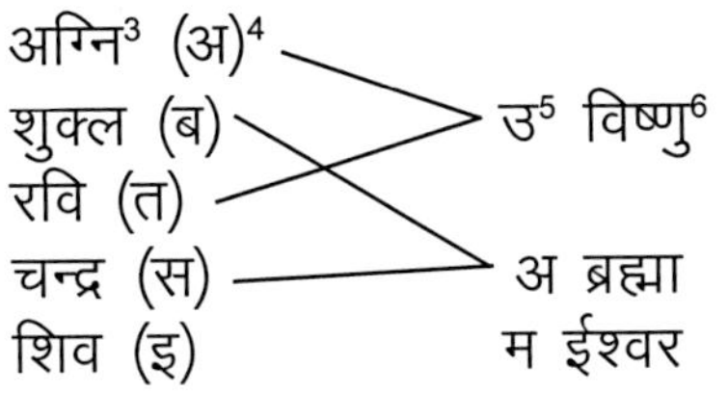

प्रणवभेदस्तुति में प्रणव के लिए पांच देव और पांच बिन्दु कहे गए हैं। श्लोक अस्पष्ट है–

ब्रह्मा च महादेवश्च विष्णुश्च सदा जनाः।
पंचैते देवा विज्ञेयाः प्रणवाः पंच-बिन्दवः।। श्लोक 6।।

प्रणवज्ञान। महाप्रणव भुवनात्मक है (गणपतितत्त्व 51-53)। यदि मनुष्य अपने शरीर को महाप्रणव में छोड़ने में समर्थ हो जाता है तो भुवनत्रय और शरीर में अन्तर नहीं रह जाता।

---

1 प्रणवभेदस्तुति (बालिद्वीपग्रन्थाः पृ॰ 46 पर): स्वरापो भूरिति ज्ञेयस्तेजो वायुर्भुवः स्मृतः। आकाशो मनश्च द्वयं सर्वलोकविसंज्ञकम्।।1।। चौथे पाद के सर्व के स्थान पर तपो° चाहिए। हस्तलेख में तपर्° है भी।

2 वही– तन्मात्राहंकारो बुद्धिर्महर्लोकः प्रकीर्तितः।
अव्यक्तपुरुषकस्तु जनः पश्चात्तु सत्यकम्।।2।।

3 वही– अग्निश्चैव त्रिभवनं रविश्चापि महस्तथा।
जपनस्तपश्च सत्यं तु चन्द्रशुक्लः शिवः स्मृतः।।3।।

4 गणपत्तितत्त्व श्लोक 29 और 30 तथा उन पर कवि टीका को मिलाने पर पंचब्रह्म अ त स ब इ के लिए क्रमशः अग्नि, रवि अथवा भानु, प्रकृति आत्मा और शिव का सम्बन्ध स्पष्ट हो जाता है। किन्तु प्रणवभेदस्तुति में प्रकृति और आत्मा के स्थान पर (क्रमशः) चन्द्र और शुक्ल आए हैं। प्रकृति (स) सद्योजात है। तुलना कीजिए जनस् – अव्यक्त – चन्द्र (स) (गणपतितत्त्व श्लोक 21 में प्रकृति के लिए चन्द्र आया है)।

5 गणपतितत्त्व के श्लोक 24 पर टिप्पण 7 में स्पष्ट कर दिया है कि स ब= अ, त अ=उ, और इ=म है। प्रणवभेदस्तुति श्लोक 4 और 5 बहुत अस्पष्ट हैं–

चन्द्रश्च त्वद्वयो योगी रव्यग्न्योरपि संयोग।
उकार परितोषदः अकार ऊर्ध्वनक्षत्रे।।4।।
ईशानस्तु हकारो भूत् ओर् मध्यमे द्वमेव च।
ऊकारो दम्यवद्योगमोंकारमिति तद्विदुः।।5।।

गणपतितत्त्व श्लोक 31 से स्पष्ट है कि चन्द्र और आत्मा का संयोग अकार, तथा रवि और अग्नि का संयोग उकार होगा। इस अर्थ की दृष्टि से चौथा श्लोक होना चाहिए–

चन्द्राश्चात्मद्वयोर्योगः रव्यग्न्योरपि संयोगः।
उकारः परितोषदः, अकारः ऊर्ध्वनक्षत्रे।।

लिपि की समानता के कारण 'योगी' और 'योग' में भूल होना बहुत सम्भव है। चौथा पद केवल संदिग्ध है। ऊर्ध्वनक्षत्र का अर्थ नहीं बनता। गणपतितत्त्व का 31वां श्लोक है–

चन्द्रात्मनोर्द्वयोर्योगो अकारस्त्तमुदाहृतः।
रव्यग्न्योरपि संयोग उकारः पण्डितैर्मतः।।31।।

गणपतितत्त्व श्लोक 32 से स्पष्ट है कि ईशान मकार बना। अ मध्य में, म ऊर्ध्व और उकार नीचे है।

6 प्रणवभेदस्तुति के श्लोक 7 से इसकी पुष्टि होती है। इनका योग ओंकार हुआ। अर्थानुसार 5वां श्लोक होगा–

ईशानस्तु मकारोऽभूद् अमध्यमोर्ध्वमेव च।
उकारोऽधश्च तद्योगमोंकारमिति तद्विदुः।।5।।

गणपति तत्त्व का 32वां श्लोक इसी प्रकार है।

प्रणवभेदस्तुति का श्लोक 7– मध्ये अकरणं ब्रह्मा अधो तु विष्णुसंज्ञकः। ऊर्ध्वबिन्दुर्मकाराऽभूदीश्वरश्चैतिसंज्ञकः।।

प्रणवज्ञान मोक्ष है। गणपतितत्त्व 51-53.1-2 के अनुसार यह इस प्रकार है– प्रणव श्रीदेवी है। उमापति (शिव), सरस्वती मिलकर शिव और प्रणवज्ञान ओम् हैं। ईश्वर ब्रह्मा और विष्णु मोक्ष (देने वाले) प्रणवज्ञान के ''व्यक्ति'' हैं। ओं एक ओर अतिशून्य, निष्कलशून्य, सकलनिष्कल और सकल इन चार तत्त्वों को अभिव्यक्त करता है और दूसरी ओर अत्यन्तशून्य, शून्यान्तर, शून्य तथा म अ उ इन चारों का एकीभाव है। ओं के क्रमशः चार स्थान हैं नाभि, वक्ष, कण्ठमूल और भौमशिव, (जो पहले चार से सम्बद्ध हैं)। प्रणवज्ञान शिवमार्ग से सम्बद्ध है शिवमार्ग निम्नलिखित है–

शिव	ऋनेत्र में है	सुवर्णवत् है	आंखें दृष्टि की आत्मा हैं
प्रणव?	नाक एवं जिह्वाग्र में है	नीला है	आंखें ज्ञान की आत्मा हैं
ज्ञान	हृदयतल में है	श्वेत निर्मल है तथा	विचार का देवता है

मृत्यु के समय शिव, प्रणव और ज्ञान को मिला दो। यह शिवमार्ग है। अब आत्मा शरीर से निकलना चाहता है। उसके लिए तीन मार्ग हैं– (1) नवछिद्रों का मार्ग कनिष्ठ है। उससे आत्मा नहीं निकलनी चाहिए। (2) शिवद्वार का मार्ग मध्य है। परन्तु (3) शिवात्मा का मार्ग उत्तम है। अर्थात् इस समय शरीर, स्त्री, बच्चों और सुख के विषय में न सोचकर परमरहस्य का स्मरण करो। उस समय न भुवन है, न आकाश, न शून्यनिर्वाण, न ज्ञान। केवल परमसुख उसका शरीर है। यह अन्तर-रहित है, मध्य-रहित है, रूप-रहित है। वर्णहीन है। आसनरहित है। उसे शब्द में सुख नहीं होता क्योंकि उसका शरीर शब्द नहीं है। इसी प्रकार विचार से सुख नहीं होता क्योंकि उसका शब्द नहीं है। वह केवल अचिन्त्य-सुख-शरीर (?) है। अचिन्त्यसुख से ज्ञानविशेष निकलता है। यह जगत्कारण है। जगत्कारण की इच्छा से (?) शरीर को मुक्ति दिलाने के लिए सकल निष्कल 'परस्पर'' कार्य करते हैं। परस् का अर्थ है सकल, और पर का अर्थ है निष्कल। जगत्कारण शून्य बनाता है। शून्य से निर्वाण और निर्वाण से ओंकारशुद्ध निकलता है। ओंकारशुद्ध से स्वर के घुमावफिराव से (अमुतॅर्) बिन्दुप्राण निकलते हैं। इसका वर्णन शुद्धस्फटिक है। बिदुप्राण और ओंकारशुद्ध के बीच नादप्राण है जिसका स्वरूप शुद्धज्ञान है। तथा जिसका रूप और दीप्ति आदित्य, चन्द्र और तारों के समूह के समान है। यह ''परस्'' हुआ। अब ''पर'' का अर्थ है मनुष्य जो कि बिन्दुप्राण से निकला है। नाद प्राण से अक्षर निकलते हैं। कवर्ग रक्त, और कवर्ग से निकलने वाला चवर्ग मांस, टवर्ग चर्म, तवर्ग नाडियां, पवर्ग अस्थियां, अन्तःस्थ मज्जा और उष्म मस्तिष्क बनाते हैं। इस प्रकार एकाक्षर ओं, जो शिवलिंग के समान है, से निकले व्यंजनों से मनुष्य के धड़ की उत्पत्ति होती है। एकस्वर से निकले स्वरों में, अ आ सिर, इ ई ललाट, उ ऊ मुख, ऋ ॠ नेत्र, लृ

नासिका, ए ऐ कर्ण, ओ कण्ठ, औ ग्रीवा बनाते हैं। तत्पश्चात् जगत् का आत्मा को (कण्डिका 10 पृ. 101) 'पर' में प्रतिष्ठा करता है। यहां पीतवर्ण ब्रह्मा मूलाधार में रक्त की रक्षा करते हैं, कृष्णवर्ण विष्णु नाभि में रहते हुए मांस की, रक्तवर्ण रुद्र हृदय में रहकर चर्म की, और श्वेतवर्ण ईश्वर कण्ठ में रहकर नाडियों की रक्षा करते हैं। शुद्धस्फटिकवर्ण सदाशिव जिह्वाग्र में रहते हुए हड्डियों और बालों की रक्षा करते हैं।

पंचाक्षर और त्र्यक्षर मन्त्रविशेष हैं। पंचाक्षर नमः शिवाय है। शिव शिवतत्त्व, वा सदाशिवतत्त्व, और य परमशिव रूप है। त्र्यक्षर अ उ म है। अ शिवमंत्र, उ सदाशिवपूजा, और म परमशिवजप है। इन दो मन्त्रों के जप से सर्वरोग, मल नाश हो जाते हैं। इन मन्त्रों में सर्वलिंग में प्रतिष्ठित होने पर मूलाक्षर अ रहता है, जो चेतन और अचेतन को बनाता है। शिव प्राण पर शासन करते हैं और शिवात्मा कहलाते हैं (51-53.16)। सदाशिव वायु को वश में करते हैं। वे शुद्धात्मा हैं। परमशिव जीवन को वश में करते हैं। वे जीवात्मा हे। मृत्यु के समय स्मरण रहे कि शिव सदाशिव में, और सदाशिव परमशिव में लौट जाते हैं। इसके लिए तुम्हारा साधन सूक्ष्मज्ञान है। यदि योगीश्वर का ध्यान उचित है, तो उसकी आंखों की नींद नष्ट हो जाएगी। साथ ही साथ विपरीत मन भी। परिणामतः शरीर ज्ञानविशेष को पाने के लिए शुद्ध हो जाएगा। यह ज्ञानविशेष प्रणवमय है। यदि व्यक्ति अपने शरीर को महाप्रणव में छोड़ने में समर्थ हो जाता है तो भुवनत्रय और शरीर में भेद नहीं रह जाएगा। इसका अर्थ है कि यह महाप्रणव भुवनात्मक है। भुवन से दूर आत्मा के मोक्ष पद पाने का स्थान है। यह निष्कल बिन्दु है। उसे मन्त्रों का उच्चारण करना चाहिए। चेतन और अचेतन के अन्तर को जान लेने पर वह बिना स्वप्न सो सकेगा। यह योगनिद्रा चेतन प्रकाशमय है। शुभाशुभ कर्म अचेतन का शरीर है और शून्यविश्रेयस् प्रकाशमय चेतन का स्वरूप है। यह ज्ञानविशेष मोक्ष पद को पाने का मार्ग तथा शिवपद तक जाता है। इस ज्ञान को प्रभव का अन्तोपदेश भी कहते हैं।

''पूजा'' शीर्षक ग्रन्थ में **चतुर्प्रणव**। मृत्यु के समय योगीश्वर किसी एक मार्ग का अनुसरण कर सकता है। मार्गों के कुछ नाम इस प्रकार हैं। मार्ग निष्कल और मार्ग शून्य आदि। मार्ग शून्य में चतुर्प्रणव शिवलिंग, पद्मनाल, सूर्यनाल, चतुर्ध्यान, गुह्यविजय पंचब्रह्म के यन्त्र बने हुए है। इन्हें ''रहस्य'' की संज्ञा दी गई है। तत्पश्चात् रवभिनेद का मन्त्र ओं ॐ अः है। नाभिस्थ अग्नि देवता के ध्यान से शरीर के सर्वपाप भस्म हो जाएंगे।। मृत्यु आने पर अग्नि देवता का शिवद्वार में स्मरण करो। यह मोक्ष देगा। इसके रहस्य की चित्राभिव्यक्ति इस प्रकार है।

अँ ओं शून्य ओं (ओ, चन्द्र, बिन्दु) तथा द्विरेख मण्डल में अः है। (यह र्‌वभिनेद का मन्त्र है)

उँ में शून्य, ओ, शून्य, त्रिशिख प्रभामण्डल वाला ओं (=ओं, अर्धचन्द्र, बिन्दु, नाद), त्रिशिख[0] मँ (म, अर्धचन्द्र, बिन्दु, नाद); और उसके नीचे बाईं ओर त्रिशिख ओँ और दाईं ओर अँ है।

मँ में गोलाकार के बीच शून्य और चारों दिशाओं में ओ वर्ण है।

इसके नीचे पंचशिख पत्राकार मण्डल में अँ (अ, अर्धचन्द्र, बिन्दु, नाद) और चतुष्कोण कोष्ठ में ओँ (ओ, अर्धचन्द्र, बिन्दु, नाद) और गोल मण्डल में अः है।

सब के नीचे ''इति सन्धि सं ह्यं पशुपति'' अर्थात् ''पशुपति भगवान् की सन्धि'' शीर्षक लिखा है।

प्रज्ञापारमिता का साहित्य

प्रज्ञापारमिता महत्त्वपूर्ण बौद्ध दर्शन है। पारमिता साधना की उच्चतम कोटि तक पहुंचना है। आचार्य असंग के अनुसार छः पारमिताएं (दान, शील, दया, ध्यान, प्रज्ञा और वीर्य) हैं।

प्रज्ञापारमिता से परमार्थ का बोध होता है। भगवान् बुद्ध ने सुभूति के प्रश्नों के उत्तर में प्रज्ञा के दार्शनिक स्वरूप को समझाया है। असंगलक्षणा प्रज्ञापारमिता शून्य है अतः सब धर्म भी शून्य हैं। यहां शून्य का अर्थ अभाव नहीं है। अहंकार और ममकार ही जन्म और मृत्यु के कारण हैं। तत्त्वों का जैसा अभिनिवेश होता है वैसा ही संक्लेश होता है। यह अभिनिवेश नहीं है तो अहंकार और ममकार नहीं है। यही शून्य है। बोधिसत्त्व को प्रज्ञापारमिता के अभ्यास से विपश्यना होती है। अर्थात् वह जान जाता है कि यह संसार अनित्य, दुःखमय और अनात्म है।

प्रज्ञापारमिता का भारतवर्ष और एशिया में विकास और उसपर रचित धार्मिक और दार्शनिक साहित्य विशालता और गंभीरता की दृष्टि से विशेषरूपेण उल्लेखनीय है। पाठक इसके विस्तार की कल्पना एक ओर शतसाहस्रिका प्रज्ञापारमिता में करता है तो दूसरी ओर एक बीज ''अ'' में पूरे दर्शन का समावेश पाता है। प्राचीनतम उपलब्ध ग्रन्थ अष्टसाहस्रिकाप्रज्ञा[0] है। इसमें 32 सर्ग हैं। इसके कुछ भाग 100 वर्ष ईसापूर्व में लिखे गये और शेष अगली दो शताब्दियों में समय-समय पर संवृद्ध हुए। कुछ विद्वानों के अनुसार इसका उद्‌भव आन्ध्र (दक्षिण भारत) के महासांघिकों में हुआ। अमरावती और धान्यकटक के समीप इनके दो बड़े बड़े विहार थे। इनके पास प्राकृत की

प्रज्ञापारमिता थी। इनकी धर्मधातु की व्याख्या भी प्रज्ञापारमिता की व्याख्या के समीप है। इतना ही नहीं दर्शन भी प्रज्ञा° वाला है। नागार्जुन आन्ध्रस्थित नागार्जुनकोण्डा स्थान इन्हीं से सम्बद्ध है। प्रज्ञापारमिता दर्शन के विकास और साहित्य में इनका विशिष्ट स्थान रहा है।

प्रसिद्धि है कि नागार्जुन ने नागलोक से प्रज्ञापारमिता को खोज निकाला। तारनाथ (जिन्होंने भोट भाषा में भारत में बौद्ध धर्म का इतिहास लिखा है) के अनुसार नागार्जुन शतसाहस्रिका प्रज्ञापारमिता के रचयिता थे। बुतोन् का यह स्थल भी पाठकों के लिये रुचिकर होगा कि प्रज्ञा° जिसमें 1,000,000,000 श्लोक थे गन्धर्वलोक में सुरक्षित है। 10,000,000 श्लोकों वाली प्रज्ञा° देवलोक में है, और संक्षिप्त शतसाहस्रिका (सम्पूर्ण) नागलोक में है। मंजुश्रीमूलतन्त्र में विविध महायान सूत्रों के पाठ करने के लिए चार स्थानों का उल्लेख है। इसके अनुसार प्रज्ञा° का पाठ दक्षिण में होता है। विद्वान् E. Lamotte ने अपने लेख Sur la formation du Mahāyāna में उत्तर-पश्चिम और खोतान को इसका स्रोतस्थान होने की सम्भावना की ओर संकेत किया है। तत्सम्बद्ध कुछ प्रमाण भी दिये हैं। यथा कुषाण के समय में उत्तर-पश्चिम में इसका बहुत प्रभाव था। मंजुश्रीमूलकल्प में वर्णन है—कनिष्क के राज्य में प्रज्ञा° उत्तर-पश्चिम में प्रतिष्ठित हुई। उस समय उत्तर-पश्चिम में इसका विशिष्ट स्थान था। इससे यह परिणाम आवश्यक नहीं कि वहीं इसका प्रादुर्भाव भी हुआ। विद्वान् E. Lamotte ने स्वयं ही लिखा है। (पृष्ठ 392).......that region may well be the fortress and hearth though not necessarily the cradle of the Mahāyānistic movement.

पहली शताब्दी में पहुंचते पहुंचते प्रज्ञापारमिता का रूप विशालतम हो गया था। प्रज्ञापारमिता शतसाहस्रिका पंचविंशतिसाहस्रिका और अष्टसाहस्रिका हो गई थी। ये तीनों मूलतः एक ही हैं। केवल पुनरावृत्ति के कारण विस्तार में न्यूनाधिक्य है। पंचविंशति पर सबसे अधिक टीकाएं हैं। गिल्गित से प्राप्त हस्तलेखों में इसके 1 से 187 पृष्ठ हैं। 18वीं शताब्दी का नेपाली हस्तलेख भी है। चीनी, भोट और मोंगोल अनुवाद भी हैं। नागार्जुन की इस पर टीका है— महाप्रज्ञापारमितोपदेश। आर्यपंचविंशति-साहस्रिका भगवती प्रज्ञापारमिता अभिसमयालंकारेण संशोधिता पर लगभग 40 उपटीकाएं हैं। अष्टसाहस्रिका मध्य एशिया में बहुत लोकप्रिय रही है। पंचशतिका प्रज्ञापारमिता, जिसे ''बोधिसत्व नागश्री के प्रश्न'' भी कहा गया है, में प्रज्ञापारमिता के सिद्धान्तों को भिक्षा, अन्न, भक्षण आदि पर लगाया गया है। एक अन्य प्रज्ञा° (राजा अपनी प्रजा की रक्षा कैसे करे) में इस

दर्शन का सामाजिक जीवन पर प्रभाव परिलक्षित है। राजा की प्रज्ञापारमिता में श्रद्धा उसके गुणों में विवृद्धि करती है। महान् और शक्तिशाली बोधिसत्त्व देश और प्रजा की सब प्रकार के कष्टनिवारण में राजा की सहायता करते हैं। सम्भवतः इस सूत्र का बहुत सा भाग चीन में लिखा गया है।

तीसरी और चौथी शताब्दियों में प्रज्ञापारमिता का रूप इतना विस्तृत हो गया और पुनरावृत्ति के कारण शून्यवाद के कठिन सिद्धान्त को समझने में विस्तार बाधक होने लगा, तब बौद्धों ने इस दर्शन को सूत्रबद्ध किया और उसके दार्शनिक पक्ष पर ग्रन्थ लिखे। चौथी शताब्दी उत्तरार्द्ध का हृदयसूत्र (25 अथवा 14 श्लोक) और वज्रच्छेदिका सूत्र (300 श्लोक) विशेष हैं। हृदयसूत्र मानव की आध्यात्मिकता का गम्भीर पवित्र निदर्शन है। शून्यता के प्रकाश में बौद्ध धर्म के चार सत्यों का निर्वचन है।

प्रज्ञापारमिता के दार्शनिक विवेचन के लिए चौथी शताब्दी का मैत्रेय का अभिसमयालंकार प्रथित है। इसमें 273 श्लोकों और 9 अध्यायों में पंचविंशतिसाहस्रिका के दर्शन का अद्‌भुत संक्षेप है। युक्तियां तर्कसिद्ध हैं। बुद्धत्व प्राप्ति के उत्तरोत्तर पदों का व्यावहारिक पथप्रदर्शन है। भारत और तिब्बत में इसका विशेष स्थान रहा है। योगाचार के आचार्यों ने प्रज्ञा° पर बहुत सी टीकाएं लिखीं यथा, असंग का वज्रच्छेदिकाशास्त्र, दिङ्नाग की पिण्डार्था टीका जिसमें 32 विविध विषयों पर उपदेश हैं और 16 प्रकार की शून्यताओं का वर्णन है।

सातवीं शताब्दी में तान्त्रिक विचारों का प्रभाव बढ़ने लगा। अध्यर्धशतिका प्रज्ञा° में वज्रयान दर्शन का पुट आया। प्रभावशाली बीजों में प्रज्ञादर्शन के विचार सन्निहित होने लगे। हृदयमन्त्र निश्चित कर दिये गए। राजा हर्षवर्द्धन और श्वेन्च्वाङ् ने स्वरक्षा हेतु हृदय का प्रयोग किया था। आचार्य कुमारजीव ने महामायूरी नामक ग्रन्थ के अनुवाद के आरम्भ में प्रज्ञापारमिता-धारणी का उल्लेख किया है। 13वीं शताब्दी तक तान्त्रिक साहित्य का सृजन होता रहा। भोट के कंजूर में प्रज्ञा° पर दश ग्रन्थ हैं। देर्गे के तंजूर में अनेक टीकाएं उपटीकाएं हैं। कंजूर में एक बीजाक्षर "अ" में सम्पूर्ण प्रज्ञा का ग्रन्थ है। दूसरे ग्रन्थ में प्रज्ञा° के 108 नाम दिये हैं। अन्य ग्रन्थ में प्रज्ञा° की प्राप्ति हेतु 25 मुखों का वर्णन है।

केवल दर्शन ही नहीं, प्रज्ञा° का कलामय रूप भी श्रद्धालु की भक्ति और ज्ञानमीमांसा का वर्द्धक था। पांचवीं शताब्दी के पूर्वार्द्ध में फाह्यान ने भारत में प्रज्ञापारमिता की मूर्त्ति के दर्शन किए थे। चीनी में अनूदित धारणीसमुच्चय में प्रज्ञा° का लम्बा अध्याय प्रज्ञापारमिता महाहृदयसूत्र से प्रारम्भ

होता है। इसमें प्रज्ञा के रूपाकार की विविध विशेषताओं, मुद्राओं, मंत्रों, मण्डल और पूजा का विस्तार से वर्णन है। साधनमाला में इसके अनेक साधन हैं। प्रत्येक साधन के लिए प्रज्ञा° का रूप और मंत्र निश्चित है। षड्बाहु प्रज्ञापारमिता का मंत्र है– ओं धी श्री श्रुतविजये स्वाहा। 13वीं शती तक भारतवर्ष में प्रज्ञा° पर साहित्य लिखा जाता रहा। इस युग में यद्यपि बुद्धधर्म का यहां प्रचार घट रहा था तथापि पालवंश के राज्याश्रय में 8वीं से 13वीं शताब्दी तक इस दर्शन का उल्लेखनीय अभ्युदय हुआ। दर्शन में तान्त्रिकता का समावेश हुआ। तारनाथ की पुस्तक "भारत में बौद्ध धर्म का इतिहास" में दी हुई यह सूचना महत्त्वपूर्ण है कि धर्मपाल (770–815) ने हरिभद्र और बुद्धज्ञानपाद को राजपण्डित बनाया। धर्म प्रज्ञा° और गुह्यसमाजतन्त्र से भर दिया। राजादेश था कि गुह्यसमाज और प्रज्ञा° के ज्ञाताओं को आदर और सम्मान का पद मिले। सिंहासनारुढ़ होते ही राजा ने इसके पण्डितों को आमन्त्रित किया। विद्वान् आचार्य हरिभद्र का विशेष सम्मान हुआ। राजा ने 50 सम्प्रदायों की प्रतिष्ठा की, जिनमें 35 प्रज्ञा° दर्शन के विस्तार के लिये थे। इस काल की 20 टीकाएं आज भी भोट साहित्य (तंजूर) में भोट अनुवाद के रूप में प्राप्य हैं। इस समय के आचार्यों ने प्रज्ञापारमिता को द्वितीय धर्मचक्र-प्रवर्तन माना। हीनयान को प्रथम और योगाचार दर्शन को तीसरा। बुतोन् (बौद्धधर्म का इतिहास के प्रसिद्ध भोट लेखक) के अनुसार इस समय के दार्शनिक विचारों में शून्यवाद की प्रमुखता थी। निर्वाणप्राप्ति में शून्यता एवं एकनय का विशेष स्थान था। प्रज्ञा° का उपदेशस्थल गृध्रकूट पर्वत था। भोट विद्वान् थोलो के अनुसार उपदेश की अवधि 30 वर्ष, चिम्बा के अनुसार 27 वर्ष, छग् के अनुवार 31 और कुछ ने 12 वर्ष मानी है। शतसाहस्रिका से अष्टसाहस्रिका तक के ग्रन्थों में प्रश्नकर्ता सुभूति, शारिपुत्र, आनन्द आदि हैं। उपदेश एक ही समय हुआ। केवल श्रोताओं की योग्यता, बौद्धिक क्षमता को ध्यान में रख कर संक्षेप से, विस्तार से और अधिक विस्तार से उपदेश दिया गया।

नेपाल प्रज्ञापारमिता के हस्लेखों का भण्डार रहा है। यहां 900 वर्षों तक हस्तलेखों की अनुकृतियों का क्रम चलता रहा। अष्टसाहस्रिका की गणना अष्टधर्मों में थी। भगवान् बुद्ध, चतुर्भुज प्रज्ञापारमिता और चतुर्भुज अवलोकितेश्वर की त्रिमूर्त्ति से, जो क्रमशः बुद्ध, धर्म और संघ की प्रतीक है, मन्दिर और घर सुशोभित एवं पवित्र थे। यहां प्रज्ञापारमिता दर्शन की सार है। अवलोकितेश्वर संघ के प्रतीक हैं। खमेर की कला में भी इस त्रिमूर्त्ति के दर्शन होते हैं। थाईदेश के 10वीं, 11वीं शती के ब्रःबिम्बो (votive tablets) में नाग पर ध्यानावस्थित बुद्ध हैं। उनके दाईं ओर चतुर्भुज अवलोकितेश्वर हैं और बाईं ओर द्विबाहु प्रज्ञापारमिता। कम्बुज देश के चैत्यों में अवलोकितेश्वर के

साथ प्रज्ञापारमिता मिलती हैं। कई बार इनके साथ नागावस्थित बुद्ध और वज्रपाणि अथवा हयग्रीव भी प्रतिष्ठित हैं। बौद्धधर्म पर शैव दर्शन का प्रभाव रहा है। 10वीं शताब्दी के शिलालेखों में लोकेश्वर, वज्रपाणि और बुद्ध के साथ प्रज्ञादेवी अथवा दिव्यदेवी का वर्णन आता है। लोकेश्वर महेश्वर हैं और प्रज्ञादेवी शैव उमा।

चीन में 179-180 ई॰ में कुषाण के पण्डित लोकक्षेम ने भारतीय और चीनियों की सहायता से अष्टसाहस्रिका प्रज्ञा॰ का सर्वप्रथम अनुवाद किया। अनुवाद कठिन और दुर्बोध था। उपलब्ध संस्कृत ग्रन्थ से तुलना करने पर इसमें कुछ स्थल नहीं हैं, कहीं संक्षेप है, और कहीं पंचविंशतिसाहस्रिका प्रज्ञा॰ के अधिक समीप है। 50 वर्ष पश्चात् एक और अनुवाद हुआ। यह लोकक्षेम के अनुवाद की अपेक्षा अधिक सुबोध था और चीनीपन लिए था। परन्तु तीसरी शती के उत्तरार्ध में इसका प्रभाव घटने लगा। 382 में श्रमण धर्मप्रिय ने छु-फो-निएन के साथ अष्टसाहस्रिका का 13 सर्गों में अनुवाद किया।। पंचविंशतिसाहस्रिका का प्रथमानुवाद तुन्ह्वाङ् के पण्डित धर्मरक्ष ने गीतमित्र के साथ, खोतान से लाए गए हस्तलेख से किया। इस अनुवाद के 27 सर्ग उपलब्ध हैं। तत्पश्चात् 291 में खोतानवासी मोक्षण ने उपासक चु-शु-लन् के साथ खोतान के ताड़पत्र लिखित हस्तलेख से किया। इसके प्रथम अध्याय में सूत्र का उपदेश करने से पूर्व बुद्ध भगवान् की सिद्धि कथाओं का वर्णन है। चीन में इस ग्रन्थ का बहुत प्रभाव रहा है। 304 में इसकी आवृत्ति हुई और इसे 20 भागों में बांट कर भागों के शीर्षक जोड़ दिए गए।

कूचावासी कुमारजीव 385 में चीन पधारे और 12 वर्ष (401-413) तक छाङ़ान् में कार्य करते रहे। आपने शतसाहस्रिका, अष्टसाहस्रिका, हृदयसूत्र, पंचविंशतिसाहस्रिका पर नागार्जुन की टीका, आदि ग्रन्थों का अनुवाद किया। सम्भवतः हृदय का अनुवाद इनके शिष्यों ने किया था, पर जैसे जैसे समय बीतता गया आचार्य कुमारजीव-लिखित ग्रन्थों की संख्या बढ़ाने की प्रवृत्ति हुई।। पांचवीं शती के उत्तरार्ध में चीनी भिक्षु शि शियाङ्-कुङ् ने पंचशतिका का अनुवाद किया। छठी शताब्दी में कम्बुजनिवासी मन्द्रसेन और संघभद्र ने दो अनुवाद किए। कुछ समय पश्चात् (509 में) उत्तर भारत के निवासी बोधिरुचि ने वज्रच्छेदिका सूत्र का दूसरी बार अनुवाद किया। तीसरा अनुवाद (562 में) उज्जयिनी-निवासी परमार्थ ने, और चौथा शब्दशः अनुवाद (600 में) दक्षिण भारत के धर्मगुप्त ने किया। ईचिङ् (इत्सिङ्) का 703 में पांचवां और अन्तिम अनुवाद था। मगध के उपशून्य ने 565 में ''देवराज प्रवर के प्रश्नों'' का अनुवाद किया। प्रसिद्ध यात्री श्वेन्च्वाङ् ने 659 से 663 के बीच शतसाहस्रिका का अनुवाद 600 उपभागों में किया। इसमें गृध्रकूट, श्रावस्ती के अनाथपिण्डद (वन),

परनिर्मितवशवर्ती देवों के आवासस्थान, राजगृह के वेणुवन– इन चार स्थानों पर बुद्ध के 16 उपदेशों का वर्णन है। 649 में हृदय का अनुवाद किया जो कुमारजीव के अनुवाद से बहुत मिलता है। दक्षिण भारत के बोधिरुचि (693 में) और खोतान के शिक्षानन्द ने (708-710) हृदय के जो अनुवाद किए वे अब अप्राप्य हैं। बोधिरूचि ने 693 में और नालन्दा में पढ़े हुए वज्रबोधि ने 725 में अध्यर्धशतिका के दो अनुवाद किए। पूर्वभारत के धर्मचन्द्र ने 741 में, काश्मीर और नालन्दा में पढ़े हुए प्राज्ञ ने 790 में, हृदय का पुनश्च अनुवाद किया। यह कुमारजीव के अनुवाद से मिलता जुलता है। वज्रबोधि के शिष्य लंका के अमोघवज्र चीन में 746 से 771 तक रहते हुए अनुवादकार्य में रत रहे। इन अनुवादों में अध्यर्धशतिका भी थी। नवीं और दसवीं शती में अनुवाद कार्य लगभग नहीं हुआ। केवल 861 में मध्य एशिया के प्रज्ञाचक्र ने हृदय का अनुवाद किया। 963 में नालन्दा के भिक्षु धर्मभद्र ने अध्यर्धशतिका का विस्तृत और रत्नगुणसमुच्चयगाथा का प्रथम बार अनुवाद किया। दसवीं शताब्दी के अन्त में स्वल्पाक्षरा का चीनी में अनुवाद हुआ। इसी समय उड्डि के दानपाल ने अष्टसाहस्रिका, दशसाहस्रिका, अध्यर्धशतिका और हृदय का एक बार फिर अनुवाद किया। उन्होंने अष्टशतिका, नीतार्थ, अर्धशतिका, कौशिका, अष्टसाहस्रिका पर दो टीकाएं, दिङ्नाग की प्रज्ञापारमिता-पिण्डार्थ और उस पर त्रिरत्नदास की प्रज्ञापारमिता-संग्रह-विवरण वृत्ति का प्रथम अनुवाद किया। पश्चिम भारत के धर्मरक्ष 11वीं शती के पूर्वार्ध में 50 वर्ष तक चीनी साहित्य समृद्ध करते रहे। आपने कम्बराम्बरपाद की आर्याष्टसाहिस्रिकायाः प्रज्ञापारमितायाः पिण्डार्थ का 1004 में अनुवाद किया।

साम्यवाद से पूर्व तक प्रज्ञापारमिता की मूर्तियां चीन के भोट-यानीय विहारों में प्रतिष्ठित थीं।

तिब्बत में आचार्य शान्तरक्षित और कमलशील (लगभग 750 ईस्वी) प्रज्ञापारमिता के प्रवर्तक हैं। 794 में कमलशील और चीनी भिक्षु ह्वाशङ् महायान में शास्त्रार्थ हुआ। रोचक है कि उभयपक्ष प्रज्ञापारमिता और वज्रच्छेदिका से उद्धरण देकर स्वमत की पुष्टि करते रहे। 800 में अभिसमयालंकार का भोट में अनुवाद हुआ। 790 और 840 के बीच ग्रन्थों और टीकाओं के अनुवाद हुए। येशेदे प्रमुख अनुवादक थे।

प्रसिद्ध भारतीय आचार्य श्रीदीपंकरज्ञान (अतीश), अभयाकरगुप्त आदि ने 11वीं शती में इसका पुनश्च प्रचार किया। प्रज्ञापारमिता के दर्शन को समझने के लिए अभिसमयालंकार अत्यावश्यक और अपरिहार्य ग्रन्थ है। इसपर लिखे गए विशाल टीका साहित्य का भोट में अनुवाद हुआ।

100,000 शतसाहस्रिका प्रज्ञापारमिता-संस्कृत, चीनी, भोट, मोंगोल और खोतनी भाषाओं में। धर्मश्री, दंष्ट्रसेन, स्मृतिज्ञानकीर्ति की टीकाएं हैं। खोतनी भाषा में इसका संक्षेप है। भोट में दो और टीकाएं हैं।

25,000 पंचविंशतसाहस्रिका प्रज्ञापारमिता– गिल्गित (1 से 187)। चीनी में मोक्षल, धर्मरक्ष और कुमारजीव के अनुवाद हैं। भोट और मोंगोल भी है। नागार्जुन की टीका महाप्रज्ञापारमितोपदेश का कुमारजीव ने 495 में चीनी में अनुवाद किया। आर्य-पंचविंशतिसाहस्रिका भगवती प्रज्ञापारमिता अभिसमयालंकारेण संशोधिता का 18वीं शताब्दी का नेपाली हस्तलेख है। शान्तिभद्र का भोट अनुवाद है।

अभिसमयालंकार मोंगोल में भी मिलता है। मैत्रेयनाथ का अभिसमयालंकार नाम प्रज्ञापारमितोपदेश-शास्त्र (अथवा कारिका) नामक प्रसिद्ध टीका है। अभिसमयालंकार पर 40 के लगभग टीकाएं हैं।

18,000 अष्टादशसाहस्रिका प्रज्ञापारमिता– गिल्गित 188 से 308, चीनी, भोट और मोंगोल में है। 87 अध्याय हैं।

10000 दशसाहस्रिका प्रज्ञापारमिता– भोट में जिनमित्र और प्रज्ञावर्मन् का अनुवाद है। मोंगोल भी है।

संस्कृत अनुपलब्ध है। इस ग्रन्थ की विशेषता है कि इसमें शतसाहस्रिका प्रज्ञा° के 87 अध्यायों में बिखरे पारिभाषिक शब्दों की प्रथम दो अध्यायों में व्याख्या की गई है। शेष 31 अध्याय शतसाहस्रिका का एक प्रकार से संक्षेप हैं।

8,000 अष्टसाहस्रिका प्रज्ञापारमिता– संस्कृत, लोकक्षेम, धर्मप्रिय और कुमारजीव एवं दानपाल के

चीनी अनुवाद, भोट और मोंगोल हैं। इस पर हरिभद्र की अभिसमयालंकारालोक नामक टीका है जिसका भोट अनुवाद है। भोट में धर्मपाल के राजाश्रय में त्रिकुटक विहार में लिखी गई। इसमें 4 बृहद् टीकाओं का आधार लिया गया– (1) असंग की तत्त्व-विनिश्य, वसुबन्धु की पद्धति, आर्य विमुक्तिसेन की वृत्ति और भदन्त विमुक्तिसेन की वार्तिका। भोट में– रत्नाकरशान्ति, अभयाकरगुप्त और जगद्दल-निवासी की तीन टीकाएं और हैं। दिङ्नाग की प्रज्ञापारमिता-पिण्डार्थ संस्कृत, चीनी, भोट में उपलब्ध। इस पर त्रिरत्नदास की उपटीका चीनी और भोट में है। छठी टीका कम्बराम्बरपाद की है जो संस्कृत, चीनी और भोट तीनों में है। भोट में

कमलगुप्त द्वारा अनूदित इसकी उपटीका पिण्डार्थ है। भोट में 7वीं टीका और है जिसमें हरिभद्र के अभिसमयालंकारालोक और दिङ्नाग के प्रज्ञापारमिता-पिण्डार्थ के भेदों का स्पष्टीकरण हैं।

गाथा प्रज्ञापारमितारत्नगुणसमुच्चयगाथा संस्कृत, चीनी (धर्मभद्र 980 में), भोट और मोंगोल में है। इस पर हरिभद्र, बुद्धश्रीज्ञान और धर्मश्री की टीकाएं भोट में मिलती है। इन तीनों में गाथा का अभिसमयालंकार से सम्बन्ध का वर्णन है।

2,5000 सार्धविंशतिसाहस्रिका प्रज्ञापारमिता, अथवा सुविक्रान्तविक्रमि-परिपृच्छा प्रज्ञापारमिता। इसकी संस्कृत, चीनी, भोट और मोंगोल है। इसमें 7 अध्याय हैं– निदान, आनन्द, तथता, औपम्य, सुभूति, चर्या और अनुशंसा हैं।

700 सप्तशतिका प्रज्ञापारमिता– संस्कृत, चीनी, भोट और मोंगोल में है। 450 ई॰ के लगभग लिखी गई। इसमें पांच भाग हैं। इस पर विमलमित्र और कमलशील की टीकाएं भोट में मिलती हैं।

500 पंचशतिका प्रज्ञापारमिता– संस्कृत अनुपलब्ध। शीलेन्द्रबोधि और जिनमित्र का भोट अनुवाद है। मोंगोल भी है।

300 **वज्रच्छेदिका** प्रज्ञापारमिता– संस्कृत है। चीनी में छः अनुवाद हैं– कुमारजीव, बोधिरूचि, परमार्थ, धर्मगुप्त, श्वेन्च्वाङ्, 3 चिङ् के। भोट में शीलेन्द्रबोधि का अनुवाद है। यह खोतनी, सोग्डियन, मोंगोल और मंचु भाषाओं में भी है। इस महत्त्वपूर्ण सूत्र के 32 अध्यायों में सुभूति और बुद्ध का वार्तालाप है। इस पर असंग की त्रिंशतिकायाः प्रज्ञापारमितायाः कारिकासप्ततिः है। यह संस्कृत, चीनी, भोट में है। इस पर वसुबंधु की उपटीका है जो बोधिरुचि (509 ईस्वी) और यिचिङ् (711) के चीनी अनुवाद के रूप में उपलब्ध है। संस्कृत खो गई है। इस उपटीका पर वज्रश्री की टीका के तीन चीनी अनुवाद हैं (1511)। दूसरी टीका बसुबन्धु की है– संस्कृत नहीं है, चीनी, भोट है। तीसरी श्रीदत्त की है, इसका 683 में दिवाकर ने चीनी में अनुवाद किया। चौथी कमलशील की टीका है। यह भोट में मजुंश्री और जिनमित्र द्वारा अनूदित है। चीनी में 9 और टीकाएं है। भोट में भी 2 टीकाएं हैं। इस प्रकार इस पर 15 टीकाएं हैं।

50 अर्धशतिका प्रज्ञापारमिता की संस्कृत अनुपलब्ध। चीनी, भोट और मोंगोल है।

प्रज्ञापारमिताहृदयसूत्र– इसके दो संस्करण हैं। एक छोटा और दूसरा बड़ा। बड़े में सूत्र के आदि और अन्त में जिन परिस्थितियों में उपदेश दिया गया था उनका वर्णन है। सूत्र भाग दोनों का

वही है। चीनी में कुमारजीव (400 ई॰), श्वेन्च्वाङ् (649), धर्मचन्द्र (741), प्राज्ञ (790), प्रज्ञाचक्र (861), काशङ् (856) और दानपाल (1000) के अनुवाद हैं। भोट, मोंगोल और मंचु अनुवाद भी है। इस सूत्र में अवलोकितेश्वर शारिपुत्र के सिद्धान्तों के हृदय का निवर्चन करते हैं। यह धर्मचक्रप्रवर्तन सूत्र है। शून्यता के आलोक में चार परम सत्यों का उपदेश है। अन्त में प्रसिद्ध मन्त्र है– गते गते पारगते पारसंगते बोधि स्वाहा। इस ग्रन्थ के महत्त्व का सहज अनुमान हमें इस पर लिखी गई टीकाओं से लगा सकते है। विमलमित्र, जिनमित्र, वज्रपाणि, प्रशास्त्रसेन, कमलशील, श्रीदीपंकारज्ञान, श्रीमहाज्ञान, वैरोचन की टीकाओं का भोट में अनुवाद है। चीनी में भी सात मुख्य टीकाएं हैं।

<u>150</u> (तान्त्रिक)– अध्यर्धशतिका प्रज्ञापारमितासूत्र अथवा प्रज्ञापारमितानय-शतपंचाशतिका संस्कृत में मिलती है। चीनी में श्वेन्च्वाङ् (660), बोधिरुचि (693), वज्रबोधि (725), अमोघवज्र (770), दानपाल (980), धर्मभद्र (1000) के अनुवाद हैं। इसकी भोट, मोंगोल, खोतनी भी है। इस तान्त्रिक प्रज्ञापारमिता पर जिनमित्र की दो टीका का भोट अनुवाद है। चीनी में दो टीकाएं और जापानी में एक।

<u>स्वल्पाक्षरा</u> (तान्त्रिक) प्रज्ञापारमितासूत्र– इसकी संस्कृत, चीनी, भोट और मोंगाल हैं। यह चित्तावरण को दूर करने के लिए है। यह भगवान् बुद्ध और अवलोकितेश्वर के संवाद के रूप में है। बुद्ध सर्वदुःखप्रमोचन समाधि में लीन हो जाते हैं। इसमें मन्त्र और धारणी दी हुई हैं। साधना से मन्त्र की सिद्धि निश्चित है।

<u>108 नाम</u>– प्रज्ञापारमिता-नामाष्टशतिका संस्कृत में नहीं मिलती। भोट और मोंगोल है। चीनी में दानपाल का अनुवाद है– आर्या सहस्रगाथा प्रज्ञापारमिता नाम अष्टशतसत्य-पूर्णार्थ-धारणी-सूत्र।

<u>25 मुख</u>– पंचविंशतिप्रज्ञापारमिता-मुख की चीनी, भोट और मोंगोल हैं।

<u>7 श्लोक</u>– आर्य-सप्तश्लोकिका भगवती प्रज्ञापारमिता नाम सूत्र केवल सुमनश्री द्वारा भोट में अनूदित है।

<u>एकाक्षरा</u>– भगवती-प्रज्ञापारमिता-सर्वतथागतमाता एकाक्षरा नाम– भोट ओर मोंगोल है। सूत्र का उपदेश आनन्द को दिया गया है।

<u>परिपृच्छा</u>–

1 नागश्रीपरिपृच्छा के चीनी में दो अनुवाद हैं। एक 5वीं शताब्दी का और दूसरा 7वीं शती का श्वेन्च्वाङ् द्वारा। प्रज्ञापारमिता के सिद्धान्तों के अनुसार भिक्षा, अन्नादि का वर्णन है।

2 देवराज-प्रवरप्रज्ञापारमिता-सूत्र– उपशून्य (565) और श्वेन्च्वाङ् के चीनी अनुवाद हैं।

3 कारुणिकराज-प्रज्ञापारमिता सूत्र– इसके कुमारजीव (401) और अमोघवज्र (765) के चीनी अनुवाद हैं।

प्रज्ञापारमिता की सहायता से राजा राष्ट्र और प्रजा की किस प्रकार रक्षा कर सकते हैं इस पर चीनी भाषा में चार और जापानी में दो टीकाएं हैं।

कौशिकप्रज्ञापारमिता-सूत्र– संस्कृत, भोट, मोंगोल और खोतनी में हैं। चीनी में इसका शीर्षक इन्द्रशक्रप्रज्ञापारमिता-हृदय-सूत्र है। यह 21 उद्धरणों का संकलन है। शतसाहस्रिका, अष्टसाहस्रिका, वज्रच्छेदिका, नागार्जुन की मध्यमककारिका, हृदय आदि मन्त्र से उद्धरण लिये गये हैं।

सूर्यगर्भ-प्रज्ञापारमिता-महायानसूत्र की भोट और मोंगोल मिलती है। सूत्र के आरम्भ में बोधिसत्त्व के ध्यान की तुलना सूर्य से की गई है।

चन्द्रगर्भ-प्रज्ञापारमिता-महायानसूत्र– भोट और मोंगोल में है। बोधिसत्त्व के ध्यान की तुलना चन्द्रप्रभा से की गई है।

SYMBOLISM OF WAYANG PURVA

Wayang purva or puppet shows are common performances as popular entertainment. They have three acts. The show is not just an amusement, it is also a symbol of human life values. The first part shows youth and impetuosity, the second part growth and reflection, and the third part mature age with insight and wisdom. It is a symbol of the cosmos. The banana trunks symbolise the surface of the earth where all the creatures carry out their functions in the way fixed by and through the power of the ḍalang (string operator). The puppets come to life under him and the ḍalang is also dependent on the puppets because he would not be able to realize his power without them. Thus, both divine and human complement each other.

The stories of wayang purva are from or based on the great epics. The most popular ones are stories from the Mahābhārata. The heroes of the Mahābhārata have been very popular among the people. The first among five Paṇḍavas is Puntadeva (or Dharmaputra). He loves truth and is modest. His clothes are simple, and he wears no ornaments. His nose is in a straight line with his forehead and indicates modesty. Bhīma called Werkudara, has an athletic build, his nose indicates that he does not possess inner refinement. As a Bāyuputra he typifies the storm which conquers every obstacle, he never uses his power for evil. Once he conquered Hiḍimba and married his sister Devi Arimbi (Hiḍimbī). Bhīma had a son by her, the famous Gaṭutkaca. He is recognized by his large thumb nail, a symbol of the greatest self-control and power of concentration. Once he made a journey to the bottom of the ocean in quest of life-giving water. He was attacked by a water-serpent. On this occasion he met Devaruci and got an initiation. As a remembrance of this he wears a checkered loin-cloth, the squares of which are in white, red, yellow and black. The last three colours symbolize the weaknesses and passions he had to overcome. The white shows nobility and purity.

Arjuna is Raden Pamadé (The Middle One). His profile is the ideal of beauty. The almond-shaped eyes indicate his noble birth. He is a person of refinement. His love-affairs are numerous. Son Abhimanyu resembles him. The twins Nakula and Sadeva are shown as messengers. Baṭara Krēṣṇa is dressed like a ruling king. The elevated position of his head indicates self-assurance and self-esteem. These six figures are vibrantly alive in the imagination of the inhabitants of Java.

The roads of Indonesia are a paradise of a word-watcher. The life insurance corporation of Indonesia has the name of Jivashraya. A souvenir shop has the name Pantjar arta (पञ्चअर्थ). Here five stands for diversity and is also a number that awakens in the mind of an Indonesian his favourite Pañca Pāṇḍavas, the symbol of his cultural inheritance and the source of his joy perennial. The Press Club in Jakarta is Wiśma Warta (*warta* is news and *wiśma* is chamber).

ŚAIVISM IN INDONESIA

We shall straightaway go to the un-chartered regions of Indonesian philosophical literature. Although the terrain may not be familiar to every Indologist, the verdant growth that meets the eye would be familiar to him to a remarkable degree. We start with the lontars or palm-leaves bearing Saṅ Hyaṅ Tattwajñāna, an unpublished philosophical text. It may be divided into fifty paragraphs. In order to understand it one has to keep in mind two other Indonesian treatises Wṛhaspatitattwa and Gaṇapatitattwa which I have edited, annotated and translated. While Śiva is the expositor, Wṛhaspati and Gaṇapati respectively are the enquirers. Tattwajñāna is a systematic exposition of the categories and formulations that have pervaded the minds of Indonesian philosophers. The style is simple and the language is replete with Sanskrit terms which lend dignity and precision. I have retained these Sanskrit terms in the following account.

Tattwajñāna starts with *bhuvanotpatti* which deals with two tattvas: cetana and acetana. Bhuvanotpatti is followed by pramāṇa, pramāṇa viśeṣa, śubhāśubha karma and in accordance therewith the positioning of the ātmā in jāgratpada, svapnapada, suṣuptapada, turyapada, turyāntapada or turyātīta, Then follow the yonis graded into sāttvika, rājasa and tāmasa, which are further divided into kaniṣṭha, madhyama and uttama. Sāttvika, rājasa and tāmasa as well as kaniṣṭha, madhyama and uttama are mixed inextricably and thereby produce the panorama of life.

Śubhāśubha karmas lie at the base. Bhaṭāra has made us the foundation of bhuvana. We die and are born again. This is the satya of bhuvana. To cross over births and rebirths, their joys and sorrows, as well as their bondage, our objective becomes tattvajñāna. It is likened to a torch, it is samyagjñāna. Vrata, tapa, yoga, samādhi are its ground. Prayogasandhi is its upāya. Tattvajñāna is the medicine for ātmasaṃsāra or afflictions of the soul.

The ātmā is verily posited in the turyapada. Driven by the kriyāśakti of the Lord, this ātmā comes to revel in the pañcagati saṃsāra being filled with ahaṃkāra, vāyu and nāḍis. The Lord is like an ironsmith and the ātmā is like His khaḍga. Not all khaḍgas are the same. Their differences correspond to the varieties of their functions. By itself the ātmā is acetana, but through the Lord's desire to behold the sakala it gets separated from the Bhaṭāra and joining itself with pradhānatattva it starts functioning like a cetana. When niṣkriya, the soul is known as ātmaviśeṣa. Another designation for ātmaviśeṣa is bhaṭāra-dharma. On the other hand, sakriya ātmā has been termed pramāṇa. Niṣkriya ātmā dwells in tūryapada. It is sūkṣma. Cetanātmā dwells in jāgratpada. This is the sthūlarūpa of niṣkriya ātmā. Another form of ātmā is that which has been joined on to ahaṃkāra. It produces pañcatanmātra, pañcamahābhūta and manaḥ. Manaḥ is reflected in the ātmā and thereby the ātmā becomes fivefold, pañcātmā or ātmaparivāra. To get involved into śubhāśubha actions is its gati. Along with ahaṃkāra buddhi is another fundamental characteristic of the ātmā. Icchāśakti of Bhaṭāra is at its back. It is ātmā with sāttvika buddhi which experiences duḥkha, the ātmā with rājasa buddhi inflicts duḥkha, while the ātmā with tāmasa buddhi is affliction itself.

Bhaṭāra is the life of all creatures. Saṃsāra is pervaded by the Lord. Does it mean that the Lord experiences sukha-duḥkha. No, the Lord permeates the universe in the same way as fire pervades wood. It is vyakta as well as avyakta. We might compare it with the Wṛhaspatitattwa st.49.

yad ghṛtam payasi, hariśca yad dāruṣu kṣitaḥ / jalaṁ nabhaḥ sthitaṁ sarvago 'nilaḥ /
rajastamodṛśyaṁ mano nare san nasat tathā / bāhye jagati tan nopalabhyate //

The world is full of persons of many kinds. Some are highly endowed with wealth and beauty while others are born lowly and deficient. Among them only he who knows prayogasandhi is cetana and prājña. He performs tapa, vrata, yoga and samādhi. He can be likened to one who is paripūrṇa with ātmaviśeṣa. Through samādhi he is graced by the Lord and attains an ādhyātmika status, for samādhi is not only the locus of ātmaviśeṣa but of the Lord too. Samādhi is Īśvarapraṇidhāna. Without samādhi one is reduced to pañcatiryak where only the soul resides. This soul is like the stem of a plantain. Here the ātmā is sthūla. It is vāyu, sound and its reception involves the soul into āvartta. From tiryak downwards, including the sthāvara, tṛna, taru, latā and gulma, there is growth but the soul is acetana.

An individual soul, devoid of ātmaviśeṣa is egoistic being motivated by ahaṁkāra. It decides and resolves but itself it stays undecided and undetermined. The soul that discriminates sad and asad is superior to a tiryak soul. Although such an individual is cetana and sporadically performs śubha but it remains dark and unenlightened in the absence of śāstrāgama.

There are other individuals who are vidagdha in śāstras but are not yet fully filled up with ātmaviśeṣa. Their soul is sakriya. If they had been duly filled with ātmaviśeṣa then their soul would have attained the state of being niṣkriya and would have thereby found its location in turyapada. When the soul is niṣkriya, it attains aṣṭaiśvarya and yogaviśeṣa. Bhaṭāra Ādipramāṇa or Bhaṭāra Sadāśivatattva resides in that soul.

When Bhaṭāra takes to a corporeal frame then the soul posited in jāgratpada and turyapada has also to assume a body. When it has taken to a body, it is identified through ahaṁkāra and begins to perform śubhāśubha. Never before that. The soul in the svapnapada becomes heavy and gross, slothy and torporous. In fact, it is acetana. At the approach of death kālanidrā dominates the soul and the soul gets lost. To illustrate how irrecoverable the loss is, Tattwajñāna cites an analogy: "take a barley grain, cut it into a thousand particles, throw them into the ocean. The particles become irrecoverable."

Turyapada and turyāntapada are vicārātīta. Sūkṣma turyapada is inferable but paramasūkṣma, turyāntapada is knowable only by āgama pramāṇa. To clarify: Turyāntapada is vicārātita.

Turyapada is the real locus of the soul. It is acetana, niṣkriya, sūkṣma, śubhāśubhātita, śuddha, and pervaded with ātmaviśeṣa.

In jāgratpada the soul is joined on to pradhānatattva, becomes cetana, sthūla, and is characterized by pramāṇa.

Svapnapada and suṣuptapada have been differentiated. In both these padas the soul is associated with ahaṁkāra and thereby generates pañcatanmātra, pañca-mahābhūta and the threefold manaḥ: sāttvika, rājasa and tāmasa. Svapnapada is characterized by heaviness and sloth. The ātmā is sakriya and altogether sthūla. It belongs to the fivefold family of ātmā, parātmā, nirātmā, antarātmā, sūkṣmātmā. These terms have been elucidated. Ātmā is stationed in the heart and functions as the thinking apparatus. Parātmā is located in the eye and serves as the apparatus of vision. Nirātmā is placed in the skin and experiences hot and cold. Antarātmā is lodged in the brain and controls waking and sleeping. It is the antarātmā which passes beyond the body through the brahmadvāra into the infinite. Sūkṣmātmā dwells in the ears and listens. These terms have to be compared with Sanskrit philosophical literature.

Suptapada is altogether acetana. It stands in close proximity to kalanidrā which shatters the soul into thousand pieces. The above is followed by a description of the birth of man. The soul is born on earth in order to dwell in bhuvanaśarīra. Kāma and rati are generated by the tasting of ṣaḍrasa. The human body as the microcosm lodges within itself the entire macrocosm. Pradhānatattva forms the corpus of the ātmā. The corpus is the instrument of the mind. The mind is the repository of śubhāśubha. The ten indriyas are its tools. This mind gets engrossed in sensuous enjoyment in aṇḍabhuvana (bhuvanāṇḍa). By retracting the ten senses into the mind, and the mind into pramāṇa, and pramāṇa into dharmaviśeṣa, and ultimately dharmaviśeṣa into antaviśeṣa, the soul is released. It becomes feasible through prayogasandhi and prayogasandhi itself is inconceivable without samyagjñāna. This is so because only one who is nipuṇa in tattva can grasp the sattva, rajaḥ and tamaḥ states, and is capable of keeping them at a distance during samādhi. Prayogasandhi is the arrow which will hit its mark only when it is directed and kept in track by samyagjñāna, the feather. Vrata, tapa, yoga and samādhi are the bow.

Prayogasandhi is a rare term. Prayoga has been explained as the seven yogas, namely āsana, prāṇāyāma, pratyāhāra, dhāraṇā, dhyāna, tarka, samādhi. Patañjali mentions aṣṭāṅgayoga. Wṛhaspatitattwa and Gaṇapatitattwa describe and explain ṣaḍaṅgayoga. Tarkayoga is available in Wṛhaspatitattwa, Gaṇapatitattwa and in the Indian Amṛtanādopaniṣad st.6. On the other hand, yamas and niyamas have been left out. They appeared as constituents of daśaśīla in Wṛhaspatitattwa. Sandhi is explained as the cetana which gives light for achieving ekatva. Āsana, prāṇāyāma etc. are the threads which are collected together into prayogasandhi.

In the Tattwajñāna, bhuvanāṇḍa is compared to a beehive. Here the ātmā is a young bee. In another context puruṣa is the vṛṣabha (bull) and pradhāna or pradhānatattva is the śakaṭa (cart), and Īśvara is the sārathi (driver). The Sanskrit stanza reads:

Sakaṭopamaṁ pradhānaṁ, puruṣo vṛṣabhopamaḥ /
Īśa-sārathi-saṁyuktam jagad bhramita-cakravat //

This stanza appears in the Wṛhaspatitattwa (st. 34) and in Ślokāntara (st. 66 edited by Dr. Sharada Rani).

The vāsanā of the triguṇas and the ātmā to which it has stuck is compared to asafoetida and the earthen pot to which its smell has stuck. How so often one may wash the pot, the smell keeps clinging.

Although the philosophical skein is tangled, its threads do yield to analyses and comprehensions. Tattwajñāna is an outstanding presentation of Śaiva thought in Indonesia.

PRAṆAVA IN THE ŚAIVA PHILOSOPHY OF INDONESIA

Om is the path and experience of universality. The concept of praṇava plays an important part in the Śaiva philosophy of Indonesia. It is invoked by the Śaiva priest known as pĕdaṇḍa in worship, ritual and in mantras. Even today in daily worship a Balinese pĕdaṇḍa recites *mantra viśeṣa*. This *mantra viśeṣa* is nothing but *tryakşara mantra*. *'A'* stands for Śivamantra, '*U*' stands for Sadāsīvapūjā, and *'M'* stands for Paramaśivajapa. *Om* symbolizes both *cetana* and *acetana*. Indonesian Śaiva text Wṛhaspatitattwa conceives the Highest Reality as twofold: *cetana* and *acetana*.

dvividhaṁ tattvaṁ paramaṁ cetanam acetanaṁ ca /
vyāpnoti sarva-tattveṣu sūkṣmam unneyaṁ yatnataḥ // (Wṛh. 6)

There is a vast literature on Śaiva philosophy and rituals in Indonesia. The language is Old Javanese. It is replete with Sanskrit terms which lend dignity and precision. I have retained these Sanskrit words. In some of the Old Javanese texts Sanskrit verses form the core which are followed by their Kawi commentary which is an elaboration of the ideas crystallised in the *śloka*. All the quoted Sanskrit verses are from Indonesian manuscripts. I have collected about 80 mss. on the subject.

In Indonesian Śaivism *Praṇava* emerges as a complete philosophical system. It is defined on the macrocosmic or somatocosmic plane as well as on the microcosmic or theocosmic plane. Indonesian Śaiva text Gaṇapati-tattwa explains *Mahāpraṇava* and the *praṇavajñāna* as *mokṣa*. In some manuscripts *Praṇava* is explained with the help of diagrams (*yantras*) inscribed with *bījamantras* and line drawings of main concepts conceived of as gods, for example the line drawings of Ātman and Agnirudra are interesting. At the time of final *mokṣa*, *yogīśvara* has two paths before him. They are *mārga nirmala* and *mārga śūnya*. *Mārga śūnya* is the highest path. It consists of *Caturpraṇava, Śivaliṅga, Caturdhyāna, Guhyavijaya, Pañcabrahma* etc.

In 1967 I went to Indonesia in search of Śaiva philosophy. I was amazed to find the use of *yantra* diagrams and line drawings in the daily worship of Bali. In these *yantras, Praṇava* occupies the highest place. Like a *maṇḍala*, it represents the whole concept of a *sādhaka*.

In the text entitled Pūjā, *Caturpraṇava* occurs with seven diagrams, which are termed *rahasya*. The first yantra[1] is a simple circle. *Śūnya* is in the centre and *Om* is in each direction. It is *Padmanāla*.

Another text entitled "Yogapralīna niṅ Ātmā" gives seven different diagrams. The first diagram has a line drawing of Ātman. In its front is the *bīja å,* arrow pointing to *śūnya*, then *aḥ* and *oṃ̊* ॐ. In the second diagram *aṃ̊* stands for Brahmā, *iḍā*, heart and *jāgrat* states of the *ātman.*[2] *Maṃ̊* stands for Viṣṇu, *piṅgalā*, liver and *supta*. The third diagram gives the macrocosmic description of *Oṁ* i.e. it consists of lung and bones on one side and hair etc. on the other side. The fourth diagram explains the *tryakṣara* in correlation with *pañcākṣara mantra* (*na maḥ Śi vā ya)*[3]. It leads to *saptoṁkāra*. This *saptoṁkāra* (written in the form of a diagram) consists of *bindus* placed under one another, then *0* and under it are again two bindus. M has 3 petals, 4 petals, 8 petals and finally a 1000 petals.[4]

Om and Praṇava are conceived cosmogonically as the Highest One Reality: *Oṁ̊* diversified into the triad of *niṣkala, sakalaniṣkala* and *sakala*. Thus, *Om* has three parts *A U M*. On the theocosmic plane '*A*' is Paramaśivatattva, that is absolute, unmanifested, indeterminate Real. '*U*' is Sadāśivatattva. It is the intermediary state of evolution. '*M*' is Śivatattva, the full manifested form of the Reality. The Indonesian text Gaṇapatitattwa

---

[1] The first yantra is simple *å*, that is '*a*' with *ardhacandra, bindu*, and *nāda*. The second yantra is *må śūnya oṁ̊*. It is *o* with *candra* and *bindu*. These three became four with the addition of *śūnya*. The third yantra is the mantra for *rva-bhineda oṁ̊ aṁ̊ aḥ*. The fourth yantra is a complex of *śūnya oṁ̊, śūnya oṁ̊* with *agniśikha prabhāmaṇḍala, maṁ̊* (*ma, ardhacandra, bindu* and *nāda*) and *am*. The fifth yantra is a circle with *śūnya* in the middle and *o* in the four directions. The sixth yantra is in the shape of *pañcaśikha patrākāra maṇḍala* with a (i.e. *a, ardhacandra, bindu* and *nāda*). The seventh yantra is a square with *oṁ̊* in it. It has another circle inside with *aḥ*.

[2] *Īśvara, suṣumnā,* lungs and *svapna* state, *oṁ̊* stands

[3] It then emerges as *ṣaḍakṣara mantra*, which is written in the form of a *guhya-mantra*. There are three *bindus* placed under one another, then *o* and under it two bindus. The fifth yantra explains three stages of *o* (i.e. with one *bindu,* three *bindus* and five *bindus* or *tridala padma*.

[4]Meditating on these *yantras* the yogīśvara attains *Śivadvāra* which is the abode of *ātmā bhauma Śiva*. The seventh yantra gives a line drawing of *agnirudra*.

explains '*praṇavamārga*' as follows: *Niṣkala* which is identified as Paramaśiva-tattva resides in *atyantaśūnya*. Praṇava in the form of creation (*viśva*) has *niṣkala* as its absolute source. From *niṣkala* comes *nāda*, from *nāda* comes *bindu*, and from *bindu ardhacandra* and finally from *ardhacandra* comes *Viśva*. *Ātman* enters *dvādaśāṅgula-sthāna* through *Praṇavamārga*. Here it is termed *niṣkala* and is equal to Paramaśiva. This *oṁkāra* is *Paramārtha*. It destroys rebirths (Tattwa saṅ Hyaṅ Mahājñāna st.65). It is the greatest friend of a pious person.

Oṁkāra is *paramaśūnya*. In this dreadful serpentine ocean of existence, *Oṁkāra* is like the Garuḍa which destroys the serpents. One who desires emancipation should consume the body by the fire of *Oṁkāra* (*oṁkār-āgni-pradagdh-ātmā*). *Oṁ* is the boat which leads us across the ocean of existence in Tattwa Saṅ Hyaṅ Mahājñāna st. 4:

saṁsāre sāgare ghore oṁkāro hi nauś cocyate /
yen-ottīrṇaḥ pārāvāro nāvasya kiṁ prayojanaṁ //

It is fire (*oṁkāraḥ pāvakaḥ smṛtaḥ*). One can burn sins with the fire of oṁkāra:

Oṁkārāgni-pradagdh-ātmā manasaḥ pravimucyate (Mahājñāna st. 65)

Yogīśvara meditates and holds *oṁkāra* in his heart while practising *dhāraṇā-yoga*.

oṁkāraṁ hṛdaye sthāpya tattva-līne śivātmakaṁ||

oṁkāraḥ saṁdhṛto yasmāt dhāraṇaṁ vai nigadyate|| (Wṛh. 57)

It is absolute void and very subtle. It leads to nirvāṇa. *Oṁkāraḥ paramaṁ sūkṣmaṁ tattvaṁ nirvāna-prāpakaṁ* || *Oṁkāra* is divine, supreme among mantras, subtle and the way of the great yogins. It leads to *nirvāṇa* which is beyond mantras, beyond existence, beyond form and beyond *niṣkala*.

Indonesian texts explain *Om* in various contexts and degrees. It is *ekākṣara, tryakṣara, tripada, Saṅ Hyaṅ Tiga* and *Saptoṁkāra*. The well-known mantras like Pañcabrahma, Daśākṣara and Caturdaśākṣara are formed by it. The OJ text Gaṇapatitattwa begins with *Ekākṣara oṁ*, from which come out all the vowels and consonants. *Ekākṣara* is Śivaliṅga. In the line of succession, it is the highest: *Ekākṣara*

→ *tryakṣara* → *pañcākṣara* → *sarvākṣara*:

sarveṣām akṣarāṇām ca oṁkāraś ca viśiṣyate /

oṁkāraḥ paramaṁ śūnyaṁ tattvaṁ nirvāṇa-prāpakaṁ //

From *tryakṣara* three vital mantras of *utpatti, sthiti* and *pralīna* are formed. The three mantras are:

makārāj jāyate 'kāra, ukāro 'kārād itaḥ /
utpattyartham idaṁ mantraṁ, parama-svarga-kāraṇaṁ //
akāraś ca ukāraś ca makāraś ca tathaiva ca /
sthiti-mantram idaṁ sarvaṁ parama-svarga-mayaṁ mataṁ //
ikāre līyate 'kāro, hyakāre va pralīyate /
makāro pralīnam etat para-svarga udīryate // (Gaṇapatitattwa st. 37-39)

Saptoṁkāra consists of *A,U,M, Oṁ, nāda, bindu* and *ardhacandra*. In the hymn *sakala-niṣkala-stava* it is identified with Śiva:

sakalaṁ niṣkalaṁ Śivaṁ oṁkāraṁ tu Śivātmakaṁ /
pañcākṣaraḥ saptoṁkāraḥ sarva-devātma-nirvāṇaṁ //

In the Saptoṁkāra mantra of the text Vedaparikrama-sāra-saṁhitā-kiraṇa the corresponding gods are Paramaśiva for Śūnyātman, Sadāśiva for *niṣkalātman*, Sadārudra for *antyātman*, Mahādeva for *nirātman*, Īśvara for *paramātman*, Viṣṇu for *antarātman*.
In the text Bhuwanakoṣa, the supreme Goddess Bhatāṛī Umā requests Lord Śiva to impart her the knowledge of eternal *tattva* of Praṇava: *kim idaṁ praṇavaṁ tattvaṁ brūhi brūhi ca tattvataḥ* / Śiva replies:

arcanāt paramaṁ mudrā, mudrāṇāṁ mantram uttamaṁ /
mantrāṇām uttamaṁ kūṭam, kūṭānāṁ praṇavaṁ paraṁ //

The world (viśva) is praṇava and its nature is Oṁkāra. World together with *ardhacandra* and *nāda* together with *bindu* form Oṁkāra.

According to the Bhuwana-saṁkṣepa, Praṇava consists of *pañcapadas*. They are *nādānta, nāda, bindu, ardhacandra* and *oṁkāra*. The first three *nādānta, nāda* and *bindu* are *sūkṣmatraya* and *paramārtha*. The five stages are correlated to *pañcabrahma*: Īśāna, Tatpuruṣa, Aghora, Vāmadeva and Sadyojāta. The respective gods of *pañcapadas* are Paramaśiva, Sadāśiva, Sadārudra, Pradhāna and Puruṣa. Whole cosmic evolution, both micro and macro, takes place from Praṇava.

Praṇava is threefold: Bhūr, Bhuvaḥ, Svaḥ are macrocosmic forms. *Hrasva, dīrgha* and *pluta* are its phonetic representations. *Hrasva ekabindu, dīrgha dvibindu* and *pluta tribindu* are three states of the universe i.e. *sthiti, utpatti* and *pralīna*. Its theocosmic forms are Brahmā, Viṣṇu and Īśvara. The text Praṇavabheda-stuti further explains the correlation between seven worlds and five gross elements i.e. Pañcamahābhūtas together with *ahaṁkāra, buddhi* and *avyakta Puruṣa*. Svarloka corresponds to Āpaḥ, bhūloka to Tejas, bhuvaḥ to Vāyu; tapas to Ākāśa, mahar to tanmātra, ahaṁkāra to buddhi, janas to avyakta, satya to puruṣa. We can understand the four stages of Ātman through Oṁkāra because *A* is the *bīja* of *jāgrat, U* of *svapna*, *M* of *suṣupta* and *Oṁ* of *turya*. Oṁ explains the four stages of ātman.

akāro jāgrad ity uktaṁ, ukāraḥ svapnam eva ca /

makāraś ca suṣuptaṁ, bho oṁkāras turyaṁ eva ca //

The Indonesian Śaiva text Saptabhuwana gives a comprehensive description of Oṁkāra and Praṇava. The commentary explains twenty-five *padārthas* or *tattvas*. The ten *padārthas* of '*A*' are *pañcamahābhūta* and *pañcatanmātra*. '*U*' stands for ten *amṛtas* i.e. *pañca-karmendriya* and *pañca-buddhīndriya*. '*M*' symbolizes Mahat, buddhi and ahaṁkāra. '*O*' is both Pradhāna and Purusa.

akāraś ca daśa-mantrāḥ, ukāraś ca daśāmṛtaḥ /

makāraś ca trayomantraḥ, pañcaviṁśati-yogeritaḥ //

Praṇava is twofold: *sūkṣma* and *susūkṣma*. It has eight *amṛtas*. It shines like Śukra. Sāvitrī is its goddess and Paramaśiva its god. It resides in śikhā. Then comes

Śivāṅga-praṇava. It resides in bindu. It has ten śaktis. It is *parama-paripūrṇa, parama-paritṛpta, parama-dhruvānandita, paramācintya, paramākṣara* etc. After knowing these two, yogīśvara knows *parama-rahasya* of Śivatattva, sūkṣma śivajñāna, Paśupati-śiva and Gaurīpati. Śivatattva has four characteristics: *sthūla, sūkṣma, para* and *śūnya. Sthūla* is *mantrātmaka* and Gaurīpati. Sūkṣma is Śivajñāna and Sadāśiva. *Para* is turya-turyāntapada. *Śūnya* is tūryāntapada.

The same text further explains eight praṇavas with eight liṅgas established on eight mountains, with respective Śaiva gods in liṅgasthāna or the directions. Among the eight mountains the last Kailāsa is Parvateśa. It is praṇavāśūnya, acintyapada, nirvāṇa, paramaliṅga, and mahāviśeṣa. It is aiśānyaliṅga. The first praṇava is praṇavacitta, direction is pūrvaliṅga, god is Īśvara, mountain is Mandāra and colour is white.

The text entitled Tritattwa correlates Oṁkāra to special sounds:

megha-śabda oṁkāro, vṛṣabha-śabdaś ca candramā /

varṣā-śabdas tathā binduḥ, ghaṇṭā-śabdas tu nādaḥ //

Lord Śiva explains to Kumāra in the Bhuwana-saṁkṣepa (st. 36):

sarvam oṁkāra-tattvaṁ hi pañca-deva-savarṇakaṁ /

saśabdaḥ oṁkāro jñeyo devaḥ sṛṇotīti mūkaṁ //

THE CONCEPT OF CETANA IN INDONESIAN ŚAIVISM

The concept of *Cetana* is important in Indonesian Śaiva philosophy. The term may be regarded as synonymous with highest reality, albeit in a slightly qualified sense, since the Indonesian philosophy, as it will be clear from what follows, appears to hover between monism and dualism. It is frequently in the context of the problem of evolution that Indonesian Śaiva texts treat also of the problems of reality. Perhaps the problem of evolution may be treated as one of the fundamental problems of philosophy. In any case, it is often felt that philosophy had its beginnings in cosmogonic speculations. In

Indonesian texts,[1] it is from the elaborate descriptions of evolution under headings *bhuvanotpatti, bhuvanarahasya, janmarahasya,* etc. that the concept of cetana emerges. The descriptions usually take the form of a dialogue between the expositor who is Śiva Himself and His worthy enquirer who may be Bṛhaspati, Gaṇapati or Kumāra.[2]

Highest Reality: Cetana and Acetana. The Indonesian Śaiva texts conceive Reality in two forms or as twofold, *cetana* and *acetana*. Confused due to the similarity of the nature of truth as taught in all scriptures, Bṛhaspati requests Lord Śiva to impart to him the knowledge of the eternal Tattvas:

भगवन् सर्वतत्त्वज्ञ अनादिपरमेश्वर।
त्वामेतच्छ्रोतुमिच्छामि भगवन् सर्वतत्त्वकम्।। 5 ।।

and he receives the following reply:

द्विविधं तत्त्वं परमं चेतनमचेतनं च।
व्याप्नोति सर्वतत्त्वेषु सूक्ष्ममुन्नेयं यत्नतः।।6।।

Another Kawi text, Saṅ Hyaṅ Tattwajñāna, starts with the evolution of the world, gods and men from the same two tattvas. The cetana is called Śivatattva[3] and acetana is

[1] The language of Indonesia's philosophical texts is Old Javanese known as Kawi. It is replete with Sanskrit terms which lend dignity and precision. In this account I have retained these Sanskrit terms. The texts entitled Wṛhaspatitattwa and Tattwa Saṅ Hyaṅ Mahājñāna give a systematic exposition and definition of the categories of cetana. Other OJ texts refer to one or the other forms of cetana. These references are helpful as they sometime support the definitions of these two texts. They shed light on their relations to the human body and the macrocosm.

[2] Bṛhaspati is in Wṛhaspatitattwa, Gaṇapati in Gaṇapatitattwa, Tattwa Saṅ Hyaṅ Kamokṣan and Tutur Ādhyātmika; Kumāra in Tattwa Saṅ Hyaṅ Mahājñāna; Bhaṭārī Umā in Bhuwanasaṁkṣepa.

[3] Śivatattva stands for Śiva. "The word Śivatattva has also been used as merely Śiva in Vāyavīya-saṁhitā" (Dasgupta, *History of Indian Philosophy*, 5.91)

Māyātattva. Consciousness and prakāśa[1] are the nature of Śivatattva. It is also termed jñānasvabhāva,[2] i.e. of the nature of jñāna and not affected by unconsciousness, and nitya i.e. eternal, standing firm for all time (*sadākāla.*) It is at the same time without definition. Cetana is prakāśa in the sense that it is self-luminous and cannot be veiled. In contrast to cetana, acetana is without knowledge. It is the principle of unconsciousness and is like a stone. Bṛhaspati's natural query is,[3] "when cetana is termed jñānasvabhāva, how is it without definition (*alakṣaṇa*)"? Lord Śiva's reply is[4] "the cetana is always without a definition if it is cetana in the highest sense (paramārtha[5] cetana).... Men only know as much as their experience. They are *kiñcid-jñānasvabhāva.* The cetana is discussed by them within the limits of their knowledge. But He is inconceivable (*acintya*) and very deep (*parama gambhīra*) and is the ideal of ascetics[6]". The cetana is that which experiences. The Māyātattva is that which is experienced. Māyā means the heavy mind, as it covers the powers of Puruṣa. These powers are the knowledge of all (*sarvajña*) and doing of all actions (*sarvakāryakartā*). The powers of Puruṣa disappear as He pervades Māyā. But Māyātattva itself is pure.[7] Pradhānatattva is a product of the Māyātattva. It is explained as the gross form of the latter. It manifests itself by causing unconsciousness of the Puruṣa. As unconsciousness is produced by the Pradhānatattva, therefore Puruṣa is a name of the ātman. Puruṣa is explained as *puru śete. Puru* is the residence. Residence of Ātman is the Pradhānatattva, in which the ātman rests, literally sleeps (*śete*). Thus, ātman is the experiencing subject. It is known as *cetana saṅsāra.* When it is free from Māyātattva, it is considered as *viśeṣa.* Paramārtha cetana is not viśeṣa. Hence, it is

---

[1] Saṅ Hyaṅ Tattwajñāna st. 2 p.3

[2] Wṛhaspatitattwa comm on st. 6

[3] Wṛhaspatitattwa comm on st. 50

[4] *rahasya iki tĕmĕn tĕmĕn* (st. 50)

[5] Paramārtha is niṣkala and the highest form of cetana; Paramaśivatattwa is Lord's position in niṣkala. Wṛhaspatitattwa st. 48,49

[6] Yogīśvara returns to Paramaśiva and becomes one with Him by practising ṣaḍaṅgayoga. This process is described in detail under the stages (उत्तरोत्तर पद) of *pratiṣṭhita cetanā.*

[7] Cf. Saṅ Hyaṅ Tattwajñāna 2, p. 2-3: paḍa litnya mvaṅ sūkṣmanya. kunaṅ kasor nikaṅ Māyātattva deniṅ Śivatattva.

without definition (*alakṣaṇa*) and not capable of being ascertained. "It is *viśeṣa* or *cetanasaṅsāra* which we define.

The knowledge of the cetana is never transformed into unconsciousness.[1] Paramārtha cetana and Puruṣa are obviously not the same. Ātman is termed puruṣa in special circumstances. Here the Puruṣa and the Prakṛti are not the two paramatattvas. Pradhāna (Prakṛti) is the product of Māyātattva, when it is made conscious by the *kriyāśakti* or *icchāśakti* of the Ātmikatattva (i.e. Śivatattva, the third form of cetana). Puruṣa is defined as cetana but it is pervaded by Māyātattva and thus devoid of powers of *sarvajña* and *sarvakāryakartā.*

It will be obvious from the above that the concept of reality in Indonesian texts, although monistic, in its dicthotomy of cetana and acetana appears to correspond roughly to Sāṁkhya dualism. But the definition of the two terms *avyakta* and *vyakta* is extremely complex here. Avyakta is defined as Puruṣa and *sad* and is *nirvikāra*[1] in its nature. *Vyakta* is Prakṛti and *asad*:

व्यक्तं च प्रकृतिं विद्यादव्यक्तं पुरुषं विदुः।
तयोरसदव्यक्तं सच्च पुरुषमव्यक्तं विदुः।। 80।।

Indonesian Śaiva text Tattwa Saṅ Hyaṅ Mahājñāna explains Prakṛti and Puruṣa with new similies. In st. 6, we are introduced to an interesting sandhābhāṣita: having slain one's parents, two thieves, two Brahmins, the city and the kingdom, one attains the world of Rudra. These rather violent injunctions are explained in the next śloka:

मातरं प्रकृतिं विद्यात् पुरुषं च पितरं विदुः।
धर्माधर्मश्च द्वौ हरौ बुद्धिर्मनश्च ब्राह्मणौ ।। 7।।

---

[1] Ibid p. 2 *cetana ṅaranya jñāna vruh meṅĕt riṅ tutur tanpabalik lupa.*

Hana ta sira saṅ puruṣa ṅaranira, jāti nira nirvikāra prakṛti ṅaranira.(OJ. comm. on st. 80 of Tattwa Saṅg Hyaṅ Mahājñāna).

One who desires emancipation should know Prakṛti and Puruṣa. It is explained in an answer to the crypticism: "the sun dawns at night" (st. 9). This secret is revealed in the following verse:

रात्रिश्च प्रकृतिर्ज्ञेया रविश्च पुरुषस्तथा।
आत्मज्ञानं तु विज्ञाय मुच्यते नात्र संशयः।।12।।

This night (Prakṛti) is further explained in st. 13 as Pañcamahābhūta-śarīra or skandha. Surprisingly, Ravi the sun, which is Puruṣa, is explained as daśendriya in the commentary and as "eyes" in the śloka. Soon (st. 15), we are led to a new simile: the senses are the chariot (*ratha*) Puruṣa is the charioteer (*sārathi*), and pradhāna is the body. The deitic equivalent of the sārathi is Īśvara.[1]

It is however, the parable of the cart which is very common in Indonesian literature[2]:

शकटोपमं प्रधानं पुरूषो वृषभोपमः।
ईशसारथिसंयुक्तं जगद् भ्रमितचक्रवत्।।

Pradhāna represents a cart. Puruṣa or Ātman[3] is called the ox which pulls the carriage. Or "Puruṣa sets into action the good and evil mind, the reason being that Puruṣa represents the ox. The Lord orders him to pull the cart. He carries therein deeds of good and bad incarnations"[5].

Forms of cetana. Cetana and acetana are considered perfect and as the basis of all the tattvas[6]. There are three distinct forms (*prabheda*) of cetana: Paramaśivatattva,

---

[1] "ईश्वरः सारथिर्ज्ञेयो" Tattwa Saṅ Hyaṅ Mahājñāna st.16.

[2] It occurs in Wṛhaspatitattwa st. 34, Saṅ Hyaṅ Tattwajñana st. 27 p. 67, and Ślokāntara 66 with v.l. प्रधानं शकटोपमम्.

[3] According to commentaries on Wṛhapatitattwa and Tattwa Saṅ Hyaṅ Mahājñāna.

[5] Ślokāntara, comm. on st. 66 p.107.

[6] Wṛhaspatitattwa comm. on st. 50: *yeka pinakatasak ṅūni pinakatattva niṅ tattva kabeh.*

Sadāśivatattva and Ātmikatattva or Śivatattva[1]. These are three different expressions[2] of cetana. Sadāśivatattva is subordinate to Paramaśivatattva[3]. After defining cetana as bliss[4], a clear distinction between these three forms is given in the Wṛhaspatitattwa (comm. on st. 50): Śivatattva is the bliss which does not change into the reverse of it. Sadāśivatattva is the bliss without bottom and without summit. Paramaśivatattva is the bliss indivisible (*niṣkala*): it cannot be ascertained and has no characteristics. Thus, the cetana is which experiences in contrast to Māyātattva (*acetana*) which is experienced. The special features of each form are described below.

PARAMAŚIVATATTVA. It is Lord Śiva in niṣkala, which is explained thus:

सद्भावेन परित्यक्तमसद्भावविवर्जितम्।
सदसद्भावरहितं निष्कलान्तमलक्षणम्।।[5]

This niṣkala is also known as paramārtha. The name niṣkala itself is expressive of the utter transcendence of the Supreme Reality, which is therefore above the distinctions of *sat* and *asat*. The Supreme Reality is devoid both of the state of being and of non-being. For, if the Lord is being (*sat*), he can be grasped and will be subject to sufferings of the world. If he is considered non-being (*asat*), then how would this whole world exist as well as your life, because He is the basis of it all?[6] Therefore He is neither *sat* nor *asat*.

Indonesian Śaiva texts explain and identify niṣkala with Paramaśiva. Niṣkala resides in atyantaśūnya[7]. Praṇava which is viśva[8] has niṣkala as its absolute source:

---

[1] Wṛhaspatitattwa comm. st. 6 gives Śivatattva (Śivātmatattva in 5 mss), and not ātmikatattva. According to Saṅ Hyaṅ Tattwajñāna cetana itself is termed Śivatattva. So for the third category ātmikatattva is used instead of Śivatattva. Compare note 33 on st. 60 of Wṛhaspatitattwa p. 56.

[2] Comm. on Wṛhaspatitattwa st. 6.

[3] Only in comm. on Wṛhaspatitattwa st. 7-10: nihan yaṅ Sadāśivatattwa ṅaranya, i sor niṅ Paramaśivatatva

[4] Cf. saccidānanda

[5] Wṛhaspatitattwa st. 48.

[6] Wṛhaspatitattwa comm st. 49.

[7] Gaṇapatitattwa, common. on st. 27 on p.52.

[8] Ibid comm. on st. 25 p 48 … *viśva ṅaran saṅ hyaṅ praṇava….*

niṣkala → nāda → bindu → ardhacandra → viśva (praṇava)[1]. Ātman through Praṇavamārga enters dvādaśāṅgulasthāna, and hence it is called niṣkala, and is equal to Paramaśiva[2]. When the ātman is able to liberate itself from the dvādaśāṅgula-sthāna, it becomes Paramaśivatattva. It is no more the ātman. It is śūnyakevala and returns to Paramaśūnya. The one who seeks liberation should know these stages (krama) of ātman[3].

We come back to our point. Paramaśivatattva is residing in niṣkala. Indonesian writers of the tattva texts try to define this Highest Reality as without any characteristics (*alakṣaṇa*) in attributive words of a negative nature. These are summarized in a Sanskrit verse:

अप्रमेयमनिर्देश्यमनौपम्यमनामयम् ।
सूक्ष्मं सर्वगतं नित्यं ध्रुवमव्ययमीश्वरम्[4] ।।

He[5] is *aprameya* i.e. immeasurable on account of His being without end (*anantatvāt*). The Lord (Bhaṭāra) is unimaginable for his being ananta. He is without limits. He is anirdeśya i.e. uncharacterizable because He is without characteristics (*anirdeśyam alakṣaṇam*). He is indefinable. He is *anaupamya* i.e. incomparable for there is nothing like him (*anādṛśyam*). He is without comparison because of his having no equal. He is unsoiled (*anāmaya*) for He is unsullied (*vimalatvāt*). Anāmaya is also defined as having no disease or pain because of being pure[6]. He is really subtle (*sūkṣmañ ca*) because He cannot be perceived (*anupalabhyatvāt*). In Tattwa Saṅ Hyaṅ Mahājñāna (st. 75), He is described as *mokṣa,* being *nirguṇa* and *sūkṣmajñānabhāva:*

निर्गुणं सर्वभूतानां सूक्ष्मज्ञानभावस्थितम् ।
हृदये लक्षयेत्ततो मोक्ष एष[7] प्रकीर्तितः ।।

---

[1] Ibid st. 25

[2] Gaṇapatitattwa comm. on st. 47… *samaṅkana ta saṅ hyaṅ ātmā msat. makamārga saṅ hyaṅ Praṇava. anĕrus tĕkeṅ dvādaśāṅgulasthāna. sira ta sinaṅguh niṣkala. paḍa Bhaṭāra Paramaśiva ika….*

[3] Ibid. st. 48 on p. 86

[4] Wṛhaspatitattwa st. 7 and these are explained in the next three stanzas.

[5] This description is according to Tattwajñāna 3,4 and Wṛhaspatitattwa comm. on st. 7-10

[6] Cf. *tatan kĕneṅ lara, ri kadadinyan alilaṅ* in S.H. Tattwajñāna.

[7] Comm. on p. 225 explains *eṣa* as *mūrti Bhaṭāra*.

He exists in all places (*vyāpakatvāc ca sarvaga*). He is *sarvagata* i.e. all- pervasive. The whole world is entirely filled with Him. He is in the entire cosmos. All the seven worlds are surrounded, covered and permeated (*vyāpta*) by Him. Seven nether worlds are in His reach. The *jagat* is under His universal pervasion.

He is eternal[2] because he is void in form (*nityākāreṇa śūnyatvam*). He is *nitya*, ever stable, on account of having no origin. He does not emerge in anything. He has neither beginning nor end. Śūnya and Paramaśiva are one. He is śūnyātiśūnya. He is the only, the absolute (*kevala*), pervading, calm and steady. He is neither *atīta*, nor *anāgata*, nor *vartamāna*. He cannot be divided into time and remains forever. He is indestructible for He is constant and eternal. He is *dhruva* because He does not move (*acalatvāc ca tad dhruvam*). He is steadfast. He is without any waves and without any flow.[3] He is undiminishing (*avyayam*) for He is fully complete (*paripūrṇatvāt*). Nothing could be subtracted from Him, and nothing could be added unto Him· Similarly, His nature is placid (*saumyabhāva*). He is Īśvara on account of his being master (*prabhutvāt*). He rules but is not ruled. This is Paramaśivatattva encompassing all (*sarvataḥ parisaṁsthitam*)[4].

He is niṣkārya and niṣprayojana. So, He is apart from all kinds of actions, whether good or bad (*śubhāśubha vyāpāra*)[5].

The supremacy of Paramaśivatattva is also brought out in other ways which are connected more with the practical spiritual discipline or *sādhanā*. The *sādhanā* is frequently based on an elaborate— although not always systematic— symbolism in which a correspondence between the Reality and the Individual, or between the macrocosm and microcosm is established. Thus, seven *ākāśas* are said to be established

---

[2] Saṅ Hyaṅ Tattwajñāna st.3, 4

[3] S.H. Tatwvajñāna st. 3 on p. 4
[4] Wṛhaspatitattwa st.10.

[5] S.H. Tattwajñāna st.3.

inside the human body. They are also termed seven *sūkṣmapiṇḍas*. OJ comm. uses the synonym *saptatanu*. *Paramakaivalya* is highest among *saptākāśas*[1].

It resides in the head. The colours of the seven are specified. The last *Paramakaivalya* is luminous (*prabhāsvara*) and leads to mokṣa. It is *ātmavad* and bestower of *śānti*. Its deity is Paramaśiva, the emancipator. It is also explained as:

सूर्यकोटिसहस्रांशुर्हृदयं विमलं शुभम् ।
हृदयान्ते पदं शून्यं परं कैवल्यमुच्यते ।। (Tattwa Saṅ Hyaṅ Mahājñāna st. 62)

The Paramakaivalya is elaborated[2] as *śūnyātiśūnya* and *atyantasūkṣma*. In addition to the statement that Paramakaivalya resides in the head, it is very minute, smaller than the smallest. *Paramakaivalya* and *niḥśreyas* also lives in the secret quarter at the extremity of the heart (*hṛdayānte guhyālayam*)[3].

---

[1] These are described in detail in Tattwa Saṅ Hyaṅ Mahājñāna st. 39-47:

Saptākāśa	placed in	colours	deities
Jāgrat	Pūrvāhna	Śukla	Brahmā
Svapna	Madhyāhna	Ravisannibha	Viṣṇu
Suṣupta	Aparāhna	Candrasaṁkāśa	Rudra
Turya	Rātri	Sphaṭikavarṇa	Maheśvara
Kaivalya	Pāṇi	Kāñcanopama	Īśāna
Turyānta	Lalāṭa	Rūpyasaṃkāśa	Mahādeva
Paramakaivalya	śira	Ātmavad, śāntida	Paramaśiva

[2] Gaṇapatitattwa st. 23

[3] Trilokakaivalya occurs in Bhuwana-saṁkṣepa st. 93. Here the *citta* is Śiva, *kaivalyaśūnyatā* is Sadāśiva, and *śunyatara kaivalya* is Paramaśiva.

चित्तज्ञानं शिवो ज्ञेयः केवलं च सदाशिवः ।
परः परमकैवल्यं तत्र कैवल्यमुच्यते ।।

OJ Comm. *śiva pinakacitta. kaivalyaśūnyatā sadāśiva. Śūnyatara kaivalya paramaśiva: nahan taṅ triloka kaivalya ṅa.*

The yogīśvara or sādhaka just performs his religious functions corresponding to *japa, tapa, samādhi* and *yoga.* Afterwards he takes to paramakaivalya-jñāna which is *mokṣa.*[1]

Similarly, several types of ātmans are sometimes imagined and Paramaśiva is termed as the highest of them. Occasionally, as if to complete the symbolism and with a touch of syncretism, not only various forms of Śiva but also other gods are arbitrarily introduced into the scheme. Thus, there is ātmā which corresponds to Viṣṇu. Antarātmā is Brahmā. Lord Rudra is the deity of paramātmā. In the middle of these three is atyantātmā which is *vibhu, śūnya, prabhu* and *niḥśreyas*. Paramaśiva is its deity[2].

In the Balinese ritual text Vedaparikrama[3] we have ऊँ ऊँ परमशिव शून्यात्मने नमः। ऊँ ऊँ सदाशिव निष्कलात्मने नमः। ऊँ ऊँ सदारुद्र अन्त्यात्मने नमः। ऊँ ऊँ महादेव निरात्मने नमः। ऊँ मं ईश्वर परमात्मने नमः। ऊँ उं विष्णु अन्तरात्मने नमः। ऊँ ब्रह्म आत्मने नमः। Elsewhere in this text seven deities are identified with Sūrya[4]. The first one is Paramaśiva as in ऊँ ऊँ परमशिवसूर्याय नमः. Others are Sadāśiva, Sadārudra, Maheśvara, Īśāna, Viṣṇu and Brahmā. In Balinese pūjā, the priest makes his añjali at the feet of Lord Śivāditya[5] with the mantras: ऊँ ह्रं ह्रिं सः परमशिवादित्याय नमः. After *Devapratiṣṭhā* he recites the same mantra under the designation *kūṭamantra*[6].

Paramaśivatattva occupies the highest position in Pañcākṣara[7] which is *mantra viśeṣa.* It is *namaḥ Śivāya. Namaḥ* is the *stuti* of Śiva. In *Śivaya śi* is *śivatattva*, *vā* is Sadāśivatattva, and *ya* is *Parama°*. Again, these tattvas are connected with tryakṣara Aum. Here *A* is *śivayoga śivamantra* and *śivatattva, U* stands for *sadāśivayoga,*

---

[1] Gaṇapatitattwa st. 50 p. 93
[2] Tattwa Saṅ Hyaṅ Mahājñāna st.68,69 and their OJ comm.
[3] Lévi § 97 p. 22.
[4] Lévi § 127 p. 29.
[5] Lévi § 117 p. 28.
[6] Lévi § 131 p. 30.
[7] Gaṇapatitattwa comm. on st. 51-53 p. 102

sadāśivajapa and *sadāśivatattva,* and *Ma* is *Paramaśivayoga, Paramaśivajapa* and *Paramaśivatattva*.

Sadāśivatattva is the second category of cetana. In contrast with Paramaśivattva which is constant and void in form, Sadāśiva is active and has properties. Its detailed description runs as follows:

i. Sadāśiva as tattva:

सव्यापारः शिवः सूर्यः चैत्ततत्वः सदाशिवः।
सपदः सगुणो व्यापि अरूपत्वात् प्रचर्य्यते[1]।।

Thus Sadāśiva is active, beneficial, luminous, formed of the element of consciousness, has a position and properties. He is pervasive. On account of being formless people worship him. Some of the epithets are similar to both the tattvas. Both are elements of cetana and are pervasive. They are formless but in different contexts. Parama° is eternal because He is void in form (*nityākāreṇa śūnyatvam*). Sadā° is worshipped because of his being formless. He is mantrātmā. Both are *nitya.*

ii. Sadāśiva as the creator of the world:

उत्पादको न साधकः तत्तस्यानुग्रहपरः।
विरोचनकरो नित्यः सर्वज्ञः सर्वकृद्विभुः।।[2]

He is generator, destroyer, bestowing favour on one and all, having shinning rays, eternal, omniscient, omnificent and omnipresent.

iii. Sadāśiva and man:

अशरणस्य स भ्राता स माता स पिता मतः।
स मोचकः सर्वदुःखात् यथा जन्मनि-जन्मनि[3] ।।

He is the brother, the mother, and the father to one without a refuge. He is the liberator of man from all pains and for ever, from one incarnation to another.

---

[1] Wṛhaspatitattwa st. 11

[2] Wṛhaspatitattwa st. 12.

[3] Ibid st. 13.

The foremost characteristic of Sadāśivatattva is its dynamic quality, its activeness. He is *savyāpāraḥ*. The word *vyāpāra* is clearly explained[1] as "He is filled with *sarvajña* and *sarvakāryakartā*. Both these qualities express themselves through padmāsana which serves as his seat[2]. The *padmāsana* is further explained as his four powers (*śaktis*)[3] which are: pervading power (*vibhuśakti*), dominating power (*prabhuśakti*), power of knowledge (*jñānaśakti*) and power of action (*kriyāśakti*). *Vibhuśakti* is defined as:

ऊतप्रोतं जगदिदं शिवेन परमेशिना ।
ऊतं व्याप्तमिति प्रोक्तं प्रोतं च मणिसूत्रवत्[4] ।।

Old Javanese comm. explains the stanza with the help of similes. By Him all elements (*sarvatattva*) are *inūta* i.e. He pervades them just as butter pervades milk. Butter exists in milk but is not seen. This is identified by the term *ūta, prota* is *maṇisūtravat* i.e. just as a thread holds together in one place, [so Sadāśiva holds all the things together]. This pervading power has created the whole world. There is nothing in the world which is without Him[5]. Prabhuśakti denotes that nothing in the world resists Him. He cannot be transgressed or violated in his desires[6]. Jñānaśakti has three forms[7]. The first *dūradarśana* means that he can see far and near. The second is *dūraśravaṇa*.

(Final pages have been lost)

---

[1] Tattwajñāna st. 4: *vyāpāra ta Bhaṭāra Sadāśiva. Vyāpāra ṅaranya kinahanan sira deniṅ sarvajña mvaṅ sarvakāryakartā...,* Wṛhaspatitattwa comm. on st. 11-13.

[2] Saṅ Hyaṅ Tattwajñāna st. 4.

[3] Wṛhaspatitattva comm. on śt.14.

[4] Wṛhaspatitattwa st.14.

[5] Tattwajñāna st. 4 explains this power in one sentence: *vibhuśakti ṅaranya tan hana katunanira irikaṅ rāt kabeh.*

[6] Tattwajñāna st. 4: *prabhuśakti ṅaranya tan kalaṅghanan ri sakecchā nira...*

[7] Ibid : *jñānaśakti ṅaranya tiga prabhedanya......*

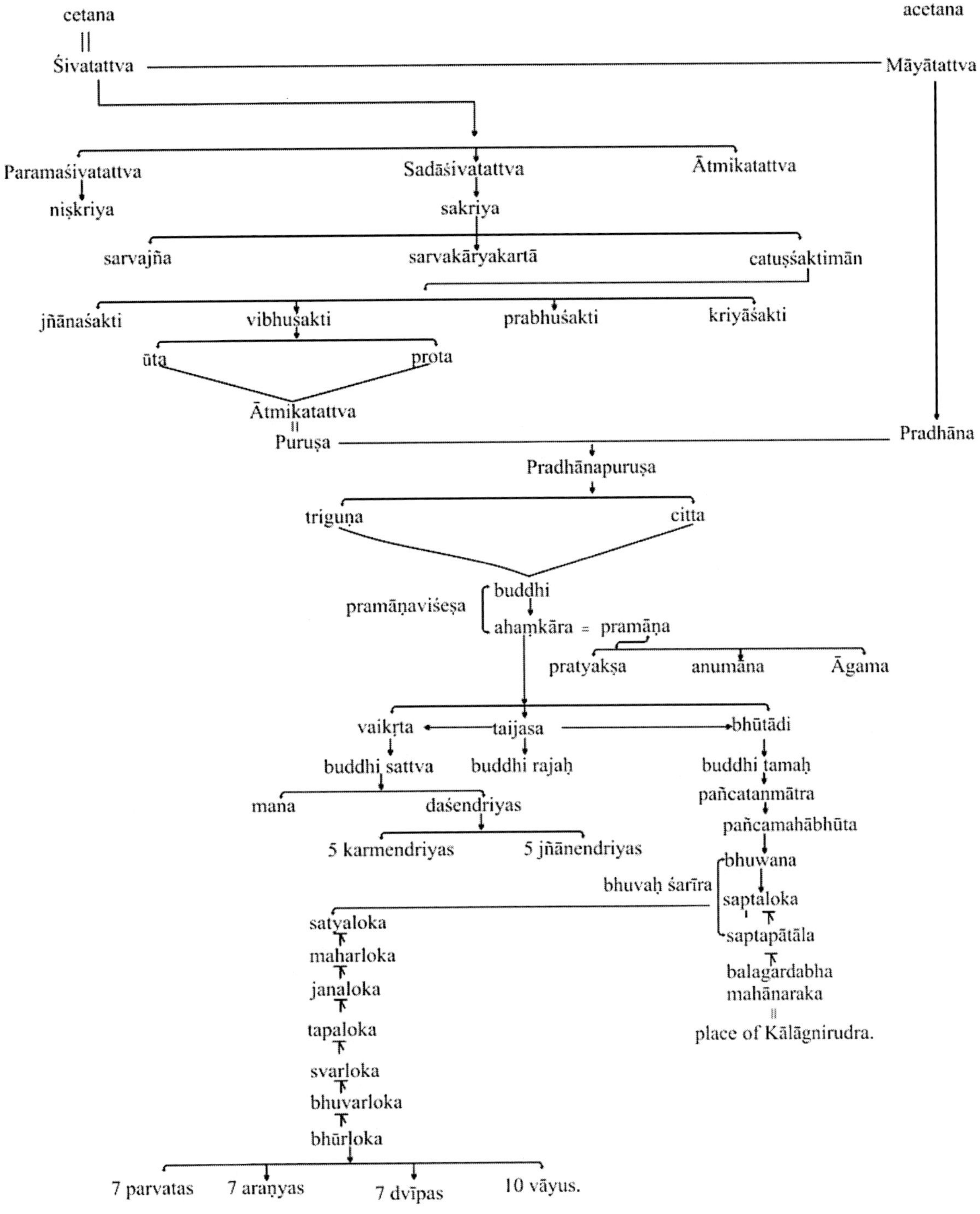
cetana
acetana
Śivatattva
Māyātattva
Paramaśivatattva
Sadāśivatattva
Ātmikatattva
niṣkriya
sakriya
sarvajña
sarvakāryakartā
catuṣśaktimān
jñānaśakti
vibhuśakti
prabhuśakti
kriyāśakti
ūta
prota
Ātmikatattva
Puruṣa
Pradhāna
Pradhānapuruṣa
triguṇa
citta
pramāṇaviśeṣa
buddhi
ahaṃkāra = pramāṇa
pratyakṣa
anumāna
Āgama
vaikṛta
taijasa
bhūtādi
buddhi sattva
buddhi rajaḥ
buddhi tamaḥ
mana
daśendriyas
pañcatanmātra
pañcamahābhūta
5 karmendriyas
5 jñānendriyas
bhuwana
bhuvaḥ śarīra
saptaloka
saptapātāla
balagardabha
mahānaraka
place of Kālāgnirudra.
satyaloka
maharloka
janaloka
tapaloka
svarloka
bhuvarloka
bhūrloka
7 parvatas
7 araṇyas
7 dvīpas
10 vāyus.

RUDRA AND KĀLĀGNIRUDRA IN INDONESIA

'स रूद्रः स महादेवः सोऽग्निः स उ सूर्यः स उ एव महायमः (अथर्ववेद 13.4.5)

Rudra is the God of Fire. Fire symbolizes creative energy. The principle of fire comprehends the whole space. The sun is the visible form of Rudra and his rhythmic movements of radiation is the cosmic dance. The invisible transcendent principle of the self is the liṅga (*avyaktam liṅgam ucyate*). Sādhaka with his power of intuition and meditation can succeed in comprehending its full glory. He visualizes the divine splendour as millions of Sūryas. Balinese ritual entitled Rudra-kavaca explains dhyāna of Lord Rudra who is *sahabhūṣaṇa* and *bhāskarakoṭiprakāśa*.

In the Śaiva philosophy and rituals of Indonesia Rudra occupies a central place in the Śaiva pentad i.e. *Pañcabrahma*. He is *Tatpuruṣa* and *Sadāśiva* in Pancāsyastava.

यश्च तत्पुरूषो देवो नमस्तेऽस्तु शिवात्मक।
देवोऽग्निश्च नमो दिव्यं रूद्रश्चैव सदाशिवः।। (Stuti and Stava, p. 490)

In Wṛhaspatitattwa (st. 11a) सव्यापारः शिवः सूर्यः चैत्ततत्त्वः सदाशिवः। Sadāsíva is *mantrātmaka* i.e. mantras form his body. Īśvara is the head, Tatpuruṣa is the face, Aghora is the heart, Vāmadeva is the secret part and Sadyojāta is his form (Wṛhaspatitattwa st.14). He permeates the macrocosm and microcosm. Our body is the abode of Gods: *deho deva-śarīra-bhṛt* (Bhuwanasaṅkṣepa st.16). Kāla, Mahākāla, Rudra and Mṛtyu are among them.

Before creation Rudra is Void: *Rudro haṁ nirmalaṁ śūnyam*. In the process of evolution, He is the infinite Ego, *ahaṁkāras tathā Rudraḥ*. When the world comes into existence, He is the form. He controls the world and sustains it. He is *Lokeśa* and *Bhuvanes'a*. At the time of dissolution He devours everything. He is *Vahni*, the Fire: *Rudro Vahnilakṣaṇaḥ*. It imparts warmth and life. He is also *mahāgni*, the great fire. He is *mahākrūra* and *mahāraudra*. He consumes all. Whatever comes in his way, loses its identity. He is termed *kālāgnighora*. He resides in the centre of the earth.

The Balinese ritual entitled Rudrānalāgni describes Śiva as fivefold fire i.e. in the four prime directions and as Sūrya in the sky. The fires are given colours, deities, etc.

They are themselves *maṅgala*, the good omens and destroy evils and demons when evoked by the devotee.

Rudra is all-pervasive. He is light as well as fire (*teja, rūpa, agni*). He is space, void and represents the primeval sound (*ākāśa, śūnya, nādānta*). Winds and breath (*marut* and *prāṇa*) are his manifestations.

Thus Rudra is not only the destructive form of the highest reality. It is the dynamic reality, force, motion and energy. He motivates evolution. He is responsible for its existence as well as destruction. Infinite eternal time (kāla=Rudra) limits existence and causes annihilation which appears again. He regulates the complete cycle of *kālacakra*.

Gaṇapatitattwa 15 explains the cosmic evolution (*bhuvanotpatti*). Form (*rūpa*) comes from Rudra, Rudra resides in the west and looks after the luminaries. It is Rudra who comprehends the eyes, it is He who has made light. Brahma is in *mūlādhāra*, Viṣṇu in the nave, Śiva in the throat, Sadāśiva at the tip of the tongue, and Rudra in the heart.

Rudra occupies a central place amongst fivefold Ātmans. He is Paramātman.

आत्मा विष्णुरिति ज्ञेयः अन्तरात्मा पितामहः ।
परमात्मा तथा रूद्रः अत्यन्तः परमः शिवः । (Tattwa Saṅ Hyaṅ Mahājñana st. 69)

Rudra represents the third stage of the Ātman i.e. *suṣuptapada*. Five stages of the Ātman are *jāgrat, svapna, suṣupta, turya* and *turyātīta* (ibid. st. 46-51).

Rudra is Oṁkāra: *Oṁkāra Rudra eva ca* (last quarter of Nāgabandhastuti p. 364). Īśvara resides in *Oṁ*, Sadārudra in *ardhacandra*, Sadāśarva in *bindu*, Paramaśiva in *nāda*, Mahāśūnyaśiva in *nādānta* and Atiśūnyaśiva in *ūrdhvād urdhvataraṁ* (Puja Pamralīnan "worship for involution" in *Stuti and Stava* p. 414).

Brahmapada, Viṣṇupada and Rudrapada are termed Oṁkāra. The mind fortified by it resorts to Lord Śiva who is Śivaliṅga (Tattwa Saṅ Hyaṅ Mahājñāna 51).

Rudra is the great protector, and wards off all dangers. He is hidden but may be experienced by devotion guided by the symbol Oṁ.

ओंकारं कारणं भक्तिं सर्वरोगविनाशनम्।
सर्वशत्रुशमने गुह्यज्ञाने करं सदा।। (Mahādevarudrastuti, *Stuti and Stava* p. 501)

Śivarudra is beyond qualities. He supercedes even knowledge.

शिवरुद्रनिरात्मकं परमात्यन्तकैवल्यम्।
निरक्षरं निर्ज्ञानं पादान्तं परमं शिवम्।।

(One-stanza stuti used in Bali for ancestor worship, *Stuti and Stava* p. 456)

Rudra with the attribute mace (*mokṣala*) and his śakti Śāntanī Devī is honoured in the southwest (*nairṛtyām*) in the digbandha of Aṣṭaliṅga-stava and Navadevatā (*Stuti and Stava* p 422, 424). Rudra is also adored as the God of SW, in the worship of the Lokapālas (Rudra-stava in *Stuti and Stava* pp 439). Rudra represents Tuesday (*aṅgāra*) in the seven-day week (*Sapta-dina-mantra* p. 499). Rudrabhavana is surrounded by Viṣṇubhavana which is encircled by Brahmabhavana (Tattwa Saṅ Hyaṅ Mahājñāna 17). Having slain one's parents, two thieves, two brahmins, the city and the kingdom one atains the World of Rudra (this is a *sandhābhāṣita*):

मातरं पितरं हत्वा, द्वौ हरौ, द्वौ च ब्राह्मणौ।
स राष्ट्रं नगरं हत्वा रुद्रलोकमवाप्नुयात्।।6।।

These violent injuctions are explained. *Prakṛti* is the mother, *Puruṣa* is the father, *dharma* and *adharma* are two thieves, *buddhi* and *manas* are two brahmins, the ten senses are the kingdom, and body is the city. By the abandonment of these elements, one is emancipated and attains Rudraloka (Tattwa Saṅ Hyaṅ Mahājñāna 6-8).

A person who has worshipped the God of Gods is glorified in Rudra's World: *sarva tattva-vimuktātmā Rudraloke mahīyate* (Liṅgastotra 6 in *Stuti and Stava* p. 393). A person who recites the twelve names of Śiva (Rudra as the eleventh) is released from all evil and reaches Rudra's sphere: *mucyate sarva-pāpebhyo Rudralokaṁ ca gacchati* (Rudra-dvādaśa-stava 6 in *Stuti and Stava* p. 418). Gaṇapatitattwa 54, 55 enumerates *pañcapada-dhyāna* corresponding to five gross elements. *Rudradhyāna* is *mahāteja*. Rudra as *devarṣi* is concentrated on by a yogīśvara. Concentration on Tripuruṣa is followed by pañcarṣi (Kusíka, Garga, Maitri, Kuruṣya and Vṛttañjaya) and saptarṣi (Maheśvara, Rudra, Śaṅkara, etc.)

Ekādaśarudra. Pura Besakih, the famous temple of Bali, is an Ekādaśarudra temple. It is a Śaiva maṇḍala. During the ekādaśarudra-homa, Śiva-stava (*Stuti and Stava* p. 226) is recited. Here Rudra is considered the highest (*śreṣṭha*). The stava has five parts, corresponding to five forms of Śiva. The third one is: ॐ वामदेवाय नमः। ॐ ज्येष्ठाय नमः। ॐ रुद्राय नमः।। ॐ कालाय नमः। ॐ कालविकरणाय नमः। ॐ बलाय नमः। ॐ बलप्रमथनाय नमः। ॐ सर्वभूतदमनाय नमः। ॐ मनोन्मनाय नमः।। The fourth stanza is Rudragāyatrī:

तत्पुरुषाय विद्महे, महादेवाय धीमहि ।

नमः शिवाय रूद्राय तन्नो रूद्रः प्रचोदयात्।। (*Stuti and Stava* p. 226)

Kālāgnirudra serves as a base for the entire universe. Tattwajñāna st. 14 specifically states the place of Kālāgnirudra in the scheme of bhuvanāṇḍa. It is the burning fire, whose flames spread out as far as hundred thousand yojanas. On it stabilizes mahānaraka, then seven underworlds (*pātāla*). On top of them are seven worlds, the topmost first is *satyaloka* and the seventh is *bhūrloka*, with seven mountains, seven oceans, seven continents encircled by space, wind (*prāṇa*) and Sūrya. The utmost heat of Kālāgnirudra cools down a bit as it goes higher up. After crossing underworlds, it reaches the *bhūrloka*, the seventh of the *saptalokas*. It has the required temperature for the sustenance of life. This earth, which is full of life, is encircled by Pañcāgni Śiva in the four directions and space above. The sky is illuminated by Sūrya, who is a form of Rudra. Earth provides the appropriate conditions and environment for life. Rudra is the centre of the earth: *bhūmadhye bhagavān Rudraḥ*, Rudra is the ātman. He is the form (*rūpa*), the visible, as well as *avyakta*. He is birth, life and death. He is *kāla* (eternal time) and *agni* (creativity and heat), and *ākāśa* (space). Rudra resides in *satyaloka*, the uppermost world in the Śivālaya-tattva 15: *Rudras' ca satyam, bhuvanāni sapta* (*Stuti and Stava* p. 229). Thus, universe has *Kālāgnirudra* at the bottom and Rudra at the top. Rudrastava pays homage to Rudra as: ॐ कालाग्निरुद्रज्वालाय नमः। ॐ सिद्धिरस्तु य नमः स्वाहा।

WOMEN IN BUDDHISM

Woman as Goddess Prajñāpāramitā occupies a predominant place in the world of Buddhist ideals. In Mahayana philosophy men and women, all have Buddha nature.

Woman in general has been regarded as a potential danger to man's progress along the path of Enlightenment. She is a temptress. She upholds the family as a mother and a wife. Even as a mother she is inextricably entwined with a world of suffering, namely a world of children and attachment to them, which prevents her active involvement with religious institutions. As housewives, women were the supporters of Dharma through daily alms-giving. Due to their generosity bhikkhus rested assured that their material needs would be attended to. This aspect was faithfully rewarded. Viśākhā by her constant gifts of alms, clothes and dwellings and also by her criticism of bhikkhus and her faith in religion was certain of gaining nirvāṇa (Horner 1930:358).

Buddha himself was very kind and benevolent towards women. In the Dhammapada commentary on verse 174 Gotama went 30 leagues to preach to a weaver's daughter. She was late. Buddha waited for her before beginning his discourse (ib. 300). He was sympathetic to women. Suppavāsā, striken with acute, piercing labour pains for seven days sent her husband to Gotama to announce her faith in Buddha. Gotama at once responded: let her bring forth in health a healthy son. She delivered a son and rejoiced (Udāna, Mucilinda 8). He himself explained Dhamma to women. Princess Sumanā and Caṇḍī came to him with their large retinue of women attendants. Buddha explained the value of giving *dāna* and advisability of keeping the five *śīlas* (Aṅguttara-nikāya 3.32,35, Horner 1975:342). Gotama also sent other bhikkhus to preach Dhamma to women. Ānanda went to king Prasenajit's palace to instruct queens Mallikā and Vāsabhakhattiyā (Dhammapada comm. on verses 51-55).

Buddha was benevolent towards them and wished them well. No question was too subtle, none was too trivial for him to give the best of his attention. He listened to their woes, gave them advice, explained the merits of Dhamma. This attitude of the Buddha raised the status of women. He realised the impact of their manifold devotion to religion. Buddha accepted them as devotees, as bhikkhuṇīs and as preachers. Viśākhā was one of the greatest lay benefactors of the Order. She had free access both to Gotama and to the monasteries. She built a seven-storied vihara (Paul 1979:13), supplied medicine to sick monks. Queen Mallikā followed the teachings of ahiṁsā. She decried animal sacrifice by King Prasenajit (Dhammapada comm. on verse 60). King Udena was converted through his queen Sāmāvatī (ib. 21-23, Horner 1930: 371). Another queen influential in the spread of Buddhism was Khemā (of Bimbisāra). Viśākhā converted her parents-in-law to Buddhism. Due to Dhanañjanī's efforts, her husband became a bhikkhu and attained arhatship (Saṁyutta-nikāya 7). Mothers encouraged their sons and daughters to enter the Order. One mother dedicated her unborn child to the Saṁgha (Majjhima-nikāya 2.97).

From all walks of life women entered the Saṁgha. Some of them were married, some unmarried and some widows. Entry into the Order was in no way dependent on social status, only consent of parents or husband was required. The chief guiding impulse to enter the order was the hope of freedom from worldly grief, troubles, temptations, dissatisfaction and uneasiness arising from unfulfilled desires. Therī Isidāsī joined the Order as she was frustrated in traditional role of woman as wife (Therīgāthā 72), Bhaddā Kuṇḍalakesī had an unfortunate love-affair (ib. 46). Nandottarā, a renowned speaker argued with Therī Mahā-moggalānā and convinced by her entered the Order wherein she found an outlet for her intellectual needs (ib. 42). Dhamma urged women to come forward, such as Sumedhā, Sumanā (ib.16), Ānopamā (ib. 54).

Some of the bhikkhuṇīs were great preachers. Dhammadinnā (ib. 12) is regarded foremost among dhammakathikā therīs. Pāṭācārā, well-versed in Vinaya, was honoured by women whom she showed the way to happiness as a saviour of no less persuasiveness than Gotama himself (Horner 1975: 169). The brāhmaṇī Bhaddā of the Kāpilas (Therīgāthā 37) was learned, fluent, wise and famed for her religious discourses. Therī Sukalā was assigned a topmost place for higher vision as *dibbacakkhukā* (Aṅguttara-nikāya 1.25).

Śrīmālā is the Buddhist feminine ideal. She wrote an important work Śrīmāladevī-siṁhanāda-sūtra, an exegesis on Emptiness embodied in Prajñāpāramitā. In the text,

Buddha had predicted that queen Śrīmālā will become the Buddha Samantaprabhā. Buddha Samantaprabhā is portrayed in the Chinese pantheon as a Buddhist goddess. Śrīmālā addresses the members of the assembly as *kula-putrāḥ* and *kula-duhitaraḥ* thus including women in the audience. This text is a unique development within the Buddhist tradition because of its egalitarian view concerning women, portraying on the one hand, the dignity and wisdom a laywoman and her concern for all beings, and on the other. The role of a woman as a philosopher and a teacher" (Paul 1980:1). Śrīmālā is not an historical person. She cannot be related to king Prasenajit as the text was composed between 250-350 CE. Queen Śrīmālā is a symbolic figure for propagating the Dhamma. From Saddharmapuṇḍarīka where a young girl becomes a Buddha, there is a gradual elevation of women's role in Buddhism. "Before the Śrīmālādevī-siṁhanāda-sūtra there was no symbolization attributed solely to women as a key figure in propagating the dharma, devoting an entire scriptural text to her exposition on the dharma" (Paul 1980:29).

The concept of Unconditioned or Emptiness and women. According to Mahāyāna texts like the Vimalakīrtinirdeśa, Vajracchedikā Prajñāpāramitā, both noble sons and noble daughters can achieve enlightenment by reaching the Unconditioned. There is no dichotomy between male and female in the Unconditioned. Attitudes repudiating a woman's capabilities are merely another form of discrimination which binds one to a profane level of existence. In an episode from the Vimalakīrtinirdeśa, the goddess changes Śāriputra into a female in order to reinforce her assertion that all things are neither male nor female when one views the world as Emptiness (Paul 1980:220). Jewel-Brocade, daughter of the Nāga king Sagara replies to Mahākāśyapa: you have said: one cannot attain Buddhahood within a woman's body, then one cannot attain it within a man's body either. What is the reason? Because the thought of Enlightenment is neither male nor female (ib. 236). It is an unenlightened mind, a prejudiced mind which adheres to notions of sexuality, a mind not emptied of discrimination.

In the Mahayana pantheon of maṇḍalas female deities occur in various forms. They are consorts (prajñā) or attendants. In the 1037-deity Vajradhātu-maṇḍala the central deity Vairocana is surrounded by four female deities: Sattva-vajrī, Ratna-vajrī. Dharma-vajrī and Karma-vajrī. Ideals are personified as goddesses. Ten Pāramitās are renowned in Buddhism.

Avalokiteśvara, known as Kuan-yin in China and Kannon in Japan, is usually represented as a female. It is intriguing as to how this transformation from male to female took place. Perhaps Avalokiteśvara was consciously made a Goddess specially for worship by women. Prof. Ulrich Mammitzsch is of the opinion, that as women in China could not worship a male God, this Bodhisattva of compassion was transformed into a Goddess. Kuan-yin is a transformation of Pāṇḍaravāsinī, the consort of Amitābha. In Kumārajīva's Chinese translation (406 CE) of Saddharma-puṇḍarīka, Kuan-yin assumes thirty-three appearances of which seven are female. Sanskrit text refers to only 16 appearances, all of them male. But in Chinese, to men or women who are anxiety-ridden, she appears as a male or female respectively. The seven female forms are: a nun, a Buddhist lay-woman, a woman, a housewife, an officer's wife, a brāhmaṇa woman and a young girl (Paul 1979:253).

In China a woman could not be an Empress. When Empress Wu-chao ascended the throne in 690 CE she got active support of Buddhists. Ten monks said that in the Buddhist sutra Ta-yün-ching (Skt. Mahāmegha-Sūtra), it was amply expounded that she had received the heavenly mandate. The text was distributed throughout the empire and it was ordered that in every prefecture a Ta-yün/ Mahāmegha monastery should be established (Forte 1976:4). Thus Buddhist clergy stabilized the Chou revolution by inculcating in the people the idea that the Empress was predestined to the throne (ib.14). According to the Mahāmegha-sūtra king Prasenajit of Śrāvastī would become Nāgārjuna, his minister king Aśoka and the queen will become once more a queen and in the territory of that kingdom because of the birth of this woman, the cereals and rice will ripen abundantly and joy will be without limits; the people shall prosper... the woman having received the true power will subdue the world...none will resist or oppose her… She will teach numberless beings and will guide them. By preaching the Ta-yün-ching she will bring harmony to their hearts (ib. 40).

Some of the Goddesses of the Tantric text Sarvatathāgata-tattva-saṅgraha became gods in the Sino-Japanese representation of its Vajradhātu-maṅḍala. In maṇḍala 1.2 entitled Guhya-dhāraṇī-maṇḍala the deities are goddesses in the Sanskrit text but they are substituted by male gods in Chinese who are represented by symbols only. Samantabhadrā, the consort of Vajrasattva in the Sanskrit text, is shown in the samaya form with the caption Vajrasattva, Sādhumatī as Vajra-sādhu, Vajrambhujā as Vajra-dharma, Ojaḥpratyāhāriṇī as Vajra-yakṣa and so on. It was due to their world-view of Yin-Yang. Yang signifies Heaven, Light, Male, while Yin stands for Earth, Darkness, Female. Yang is the superior male principle and it produces Yin the inferior female principle of nature (Lokesh Chandra 1986:29, 141-147).

LITERATURE CITED

Forte 1976
Antonino Forte, *Political Propaganda and Ideology in China at the end of seventh century*, Napoli (Istituto Universitario Orientale).

Horner 1930
I.B. Horner, *Women under Primitive Buddhism*, London.

Lokesh Chandra 1986
Lokesh Chandra, *A Ninth Century Scroll of the Vajradhātu Maṇḍala*. New Delhi (International Academy of Indian Culture)

Paul 1980
Diana Mary Paul, *The Buddhist Feminine Ideal,* Montana (American Academy of Religion Dissertation Series No. 30).

Paul 1979
Diana Y. Paul, *Women in Buddhism*, Berkeley (Asian Humanities Press).